D1882147

बुत जब बोलते हैं

सुधा अरोड़ा

सातवें दशक की बहुचर्चित कथाकार सुधा अरोड़ा का जन्म 4 अक्टूबर, 1946 को विभाजन पूर्व लाहौर में हुआ। कलकत्ता विश्वविद्यालय से 1967 में हिन्दी साहित्य में एम. ए. तथा बी. ए. ऑनर्स में दो बार स्वर्णपदक प्राप्त करनेवाली सुधा जी ने 1969 से 1971 तक कलकत्ता के दो डिग्री कॉलेजों में अध्यापन कार्य किया। उनकी पहली कहानी 'मरी हुई चीज' ज्ञानोदय सितम्बर, 1965 में और पहला कहानी संग्रह 'बगैर तराशे हुए' 1967 में प्रकाशित हुआ। 1972 में मुम्बई आने के बाद वे 'हेल्प संस्था' से जुड़ने के बाद वे सामाजिक कार्यों के प्रति समर्पित रहीं।

अब तक उनके बारह कहानी संकलन प्रकाशित हो चुके हैं—जिनमें 'महानगर की मैथिली', 'काला शुक्रवार', 'रहोगी तुम वही', 'एक औरत : तीन बटा चार' और 'अन्नपूर्णा मण्डल की आखिरी चिट्ठी' चर्चित रहे हैं, एक उपन्यास—'यहीं कहीं था घर' और कविता संग्रह - 'कम से कम एक दरवाज़ा' के अतिरिक्त वैचारिक लेखों की दो किताबें 'आम औरत ज़िन्दा सवाल' और 'एक औरत की नोटबुक' भी प्रकाशित हो चुकी हैं।

उर्दू में उनकी कहानियों का अनुवाद 'रहोगी तुम वही' और मराठी में उनके स्त्री विषयक आलेखों का अनुवाद 'उंबरठ्याच्य अल्याड पल्याड' और पंजाबी में उपन्यास 'यहीं कहीं था घर' का अनुवाद 'वेख धीयां दे लेख' प्रकाशित हो चुका है।

उनकी कहानियां लगभग सभी भारतीय भाषाओं के अतिरिक्त' अंग्रेजी, फ्रेंच, पोलिश, जर्मन, इतालवी, चेक, डच, जापानी और ताजिकी आदि में अनूदित हो चुकी हैं। उन्होंने बड़े पैमाने पर अनुवाद, सम्पादन और स्तम्भ लेखन किया है।

1977-78 में पाक्षिक सारिका में 'आम औरत : ज़िन्दा सवाल', 1997-98 में दैनिक अखबार जनसत्ता में साप्ताहिक स्तम्भ 'वामा', 2004 से 2009 तक कथादेश में 'औरत की दुनिया' और 2013 से 'राख में दबी चिनगारी' स्तम्भ ने साहित्यिक परिदृश्य पर अपनी खास जगह बनायी है।

सुधा जी के लेखकीय सरोकार उन्हें दूसरी समकालीन लेखिकाओं से अलग खड़े करते हैं। उन्होंने समाज से अपना रिश्ता महज कहानियों के उपजीव्य के लिए नहीं बनाया बल्कि उन मुद्दों पर लगातार आलेखों के माध्यम से हस्तक्षेप करती रहीं जो सबसे उत्पीड़ित तबके के रूप में स्त्री को लगातार अलगाव, अवसाद और आत्महत्या की ओर धकेलते रहे हैं।

सन् 1978 में उ.प्र. हिन्दी संस्थान, 2008 में भारत निर्माण सम्मान, 2010 में प्रियदर्शिनी पुरस्कार, 2011 में वीमेन्स अचीवर अवॉर्ड, 2012 में महाराष्ट्र राज्य हिन्दी अकादमी सम्मान और 2014 में राजस्थान के वाग्मणि सम्मान आदि से सम्मानित।

सम्पर्क– 1702, सॉलिटेअर, डेल्फी के सामने, हीरानन्दानी गार्डेन्स, पवई
मुम्बई–400 076

sudhaarora@gmail.com

फोन : 02240057872 / 09757494505

सुधा अरोड़ा

बुत जब बोलते हैं

लोकभारती पेपरबैक्स

पहला पेपरबैक संस्करण : 2015

लोकभारती पेपरबैक्स : उत्कृष्ट साहित्य के लोकप्रिय संस्करण

लोकभारती प्रकाशन
पहली मंजिल, दरबारी बिल्डिंग, महात्मा गाँधी मार्ग,
इलाहाबाद-211 001

वेबसाइट : www.lokbhartiprakashan.com
ईमेल : info@lokbhartiprakashan.com
शाखाएँ : 1-बी, नेताजी सुभाष मार्ग, दरियागंज, नई दिल्ली-110 002
अशोक राजपथ, साइंस कॉलेज के सामने, पटना-800 006 (बिहार)
36-ए, शेक्सपियर सरणी, कोलकाता-700 017

त्रिवेणी ऑफसेट प्रिंटर्स
इलाहाबाद द्वारा मुद्रित

मूल्य : ₹ 110

BŪT JAB BOLTE HAIN
by Sudha Arora

ISBN : 978-93-5221-008-4

गरिमा और गुंजन को

जो मेरी ताक़त हैं, मेरा सम्बल हैं

जो मेरा गर्व हैं!

अनुक्रम

मुश्किल होते जा रहे समय में

(2005-2015)

मेरा पहला कहानी-संकलन—'बग़ैर तराशे हुए' लोकभारती प्रकाशन, इलाहाबाद से सन् 1967 में प्रकाशित हुआ था जिसमें मेरी 1964-1967 के बीच लिखी दस कहानियाँ संकलित थीं। अब लगभग पाँच दशक के लम्बे अन्तराल के बाद कथा-संकलन—'बुत जब बोलते हैं' फिर से लोकभारती प्रकाशन से ही आ रहा है, यह मात्र संयोग नहीं है। इसके चयनकर्त्ता भी वही हैं—श्री रमेशचन्द्र ग्रोवर, जिन्होंने 1967 में मेरा पहला कहानी-संग्रह 'बग़ैर तराशे हुए' प्रकाशित किया था। बरसों बाद वे एक ऐसे साहित्य-प्रेमी प्रकाशक के रूप में मेरे सामने हैं, जिन्होंने खुद आगे बढ़कर मेरी नयी कहानियों का यह संकलन प्रकाशित करने का प्रस्ताव रखा। इस प्रस्ताव ने मुझे पिछले पाँच दशकों की अपनी कथायात्रा पर ठिठककर कुछ सोचने पर मजबूर किया।

अपनी कहानियों को मुड़कर फिर से देखना और उन पर सोचना सचमुच एक कठिन और दिलचस्प अनुभव से गुज़रना है। कठिन इसलिए कि उपलब्धियाँ जहाँ आह्लाद और मोह पैदा करती हैं वहीं रचनात्मकता का सीमित निकास हताशा जगाता है। दिलचस्प इसलिए कि मुड़कर देखना अपने को ही निरासक्त होकर जाँचने-परखने का एक अवसर देता है कि समकालीन रचनात्मक परिदृश्य में आखिर हम कहाँ खड़े हैं ! एक ओर आत्म-मोह कि हमने यह मुक़ाम बना लिया और यह हमारा हासिल है। दूसरी ओर एक जरूरी सवाल कि आज के जीवन की चुनौतियों के साथ, अपनी रचना के माध्यम से मुठभेड़ करने में हम कितने सक्षम हैं ! इस बदलती हुई दुनिया में, बदलती हुई दुनिया की, हमारी समझ क्या है ! जाहिर है यह सवाल कई तरह की असुविधाएँ और उलझनें पैदा करता है लेकिन एक लेखक के सामने इससे बच निकलने का कोई चोर दरवाज़ा नहीं है! वह रणछोड़ मुद्रा अख़्तियार नहीं कर सकता।

इसी सन्दर्भ में मैं अपनी रचनायात्रा को ठिठककर देखती हूँ। सितम्बर, 1965 में कलकत्ता से प्रकाशित प्रमुख साहित्यिक मासिक पत्रिका 'ज्ञानोदय' में प्रकाशित अपनी पहली कहानी 'मरी हुई चीज़' और अब 'लमही' के जनवरी-मार्च, 2015 के अंक में 'बुत जब बोलते हैं' और 'हंस' के जून, 2014 के अंक में 'उधड़ा हुआ स्वेटर' तो इस लम्बी साहित्यिक यात्रा के दौरान पहली प्रतिक्रिया चौंकने की ही होती है। इन पाँच दशकों में कथा साहित्य में लगातार रूप, कथ्य, भाषा और बुनावट के स्तर पर नयी ज़मीन तैयार होती रही है। समय के अनुरूप कहानियों के विषय और ट्रीटमेण्ट—दोनों में बदलाव आना वक़्त की ज़रूरत रही है। चुप्पियों और बोलने की कई पारियों में फैली इन कहानियों को देखकर लगता है, साहित्य के नितान्त अलहदा दौर से हम कैसे अपने समय के सवालों और अपने समय की भाषा को आत्मसात करते हुए, अपने ही बीते हुए से खुद को अलगाकर, एक अलहदा साँचे में इतनी आसानी से ढाल लेते हैं कि इस सूक्ष्म कायान्तरण का कोई प्रकट अहसास तक नहीं होता। शायद निरन्तर बदलता समय और निरन्तर ढहता-बनता समाज अपने बहाव में आपके जाने बग़ैर भी आपको आगे ठेल देता है, पीछे रुके रहने का मौक़ा नहीं देता...। रुक जाना एक तरह से चुक जाने का पर्याय-सा लगता है।

फिर से अपने को देखना, क्या चुकने से अपने बचे होने का भरोसा पाना है? निस्सन्देह हर मनुष्य की तरह लेखन की भी एक विकास-प्रक्रिया होती है जिसके चलते, पहले के मुक़ाबले, बाद में वह ज़्यादा शिद्दत से अपने आसपास और समकाल को पकड़ने की कोशिश करता है। कभी-कभी ऐसा भी होता है कि किसी रचनाकार की अपनी ही रचना उसके लिए मानक बन जाती है जिसे पार करने की दुःसाध्य चुनौती उसके सामने होती है लेकिन प्रायः रचनाकार धीरे-धीरे अपने फॉर्म में आते हैं। शुरुआती दौर में गुमनामी के अँधेरे में रहनेवाला लेखक अपने रचनाकाल के आखिरी पड़ाव तक पहुँचते-पहुँचते बहुत-कुछ ऐसा दे जाता है जो उसके समकालीनों से उसे कुछ अलग खड़ा कर देता है। बहरहाल, मेरे साथ क्या हुआ, इसका विश्लेषण करना ज़रा मुश्किल है। इतना समझ सकती हूँ कि बहुत- से आड़े-तिरछे मोड़ों से गुज़रने और चुभते दंशों को झेलने के बाद भी भीतर कहीं आँच बची रह गयी जिसने हमेशा मुझे बेचैनी में बनाये रखा और उस बेचैनी को शब्दों में ढालने पर मजबूर किया।

इसी लेखन ने मुझे अपने-आपसे लड़ना और अकेले जीना सिखाया है। सामाजिक संस्कारों और द्वन्द्वों से उबारकर लेखन ही यथार्थ की खुरदुरी ज़मीन पर चलने को मजबूर करता है और संवेदना को खण्डित होने से बचाता भी है वर्ना ज़िन्दगी के हथौड़े तो हमें हर वक़्त पटखनी देने को तैयार खड़े रहते हैं। एक लेखक

के लिए क़लम एक बड़ी भूमिका अदा करती है--एक सच्चे हमदर्द और थेरेपिस्ट की।

कुल जमा हासिल यह कि यह एक ऐसी डोर थी जो खुद चाहे कितनी नाज़ुक और मुलायम हो पर ज़िन्दगी की नकेल को कसकर रखने में इसने सख़्त ज़ंजीर का काम किया! जो लिखना कभी मेरे लिये एनासिन की टैब्लेट का काम करता था, कब विटामिन के कैप्स्यूल में तब्दील हो गया, पता ही नहीं चला। पीड़ामुक्ति का जिजीविषा में बदल जाना रास आने लगा।

सात-आठ साल पहले एक प्रकाशक ने 'मेरी प्रेम कहानियाँ' शृंखला के अन्तर्गत मुझसे एक संग्रह लायक कहानियाँ माँगी। जब अपनी पुरानी कहानियों को खँगालना शुरू किया तो यह जानना मेरे लिये दिलचस्प और चौंकानेवाला था कि मैंने प्रेम कहानियाँ लिखी ही नहीं। 'बग़ैर तराशे हुए' में अठारह-उन्नीस साल की उम्र में जो तथाकथित प्रेम कहानियाँ लिखी थीं, वे उस उम्र जितनी ही अल्हड़ और बेपरवाह थीं। उन्हें अपने नाम के साथ जोड़ने में मुझे संकोच हो रहा था। सलीके की एक प्रेम कहानी तक नहीं थी मेरे पास। आखिर 2007 में एक प्रेम कहानी का ढाँचा दिमाग़ में अपने शीर्षक 'उधड़ा हुआ स्वेटर' के साथ तैयार हुआ पर बहुत कोशिशों के बावजूद उसे लिखा नहीं जा सका। कहानी छह-सात साल मेरे भीतर घिसटती ही रही। प्रेम की अनुपस्थिति में प्रेम की व्याप्ति पर कहानी लिखना एक वक़्त बिलकुल असम्भव-सा लग रहा था। इस कहानी को पूरा करवाने में मन्नू दी (मन्नू भण्डारी) का योगदान कम नहीं है। सन् 2007 में जब मैंने उन्हें बताया कि चार दशकों में मैंने एक प्रेम कहानी तक नहीं लिखी तो मन्नू दी ने हँसकर कहा--'और भी ग़म हैं ज़माने में मुहब्बत के सिवा।' बाद में उन्हें जब इस प्रेम कहानी का ख़ाक़ा बताया तो इसे पूरा करवाने में वे जुट गयीं इस आदेश के साथ कि यह कहानी 'हंस' में ही छपेगी। उम्र की सान्ध्य वेला में 'हंस' जून, 2014 के अंक में प्रकाशित यह प्रेम कहानी आखिर मेरे खाते में दर्ज़ हो ही गयी और अपनी इस पहली तथाकथित प्रेम कहानी पर जितनी प्रतिक्रियाएं आयीं, उसने मेरी पिछली कहानियों को पीछे छोड़ दिया।

सच तो यह है कि अब समय के साथ-साथ लिखना मुश्किल-से-मुश्किलतर होता जा रहा है। अब पहले की तरह कहानियाँ आसानी से अपने को लिखवा नहीं ले जातीं। पहले जहाँ एक सिटिंग में या हफ़्ते भर में कहानी पूरी हो जाती थी, अब एक कहानी को पूरा करने में कई-कई साल लग जाते हैं। खाका दिमाग़ में तैयार होता

है पर लिखना शुरू करते ही दिमाग़ कोरी स्लेट हो जाता है। कई बार शब्द मिलकर वाक्य नहीं बनते और वाक्य भाषा बनने की कला भूल जाते हैं। ये सभी कहानियाँ लगभग ऐसी ही बेढब मनःस्थिति में लिखी गयी हैं। अपनी ही कहानी को जाँचने और आँकने के अपने पैमाने और मापदण्ड भी इतने सख़्त और निर्मम हो गये हैं कि कहानी लिखे जाने के बाद भी कोल्ड स्टोरेज में डाल दी जाती है।

इस संग्रह में दो कहानियाँ ऐसी भी हैं जिनमें दो घटनाएँ दस-ग्यारह साल के अन्तराल में घटित हुईं और एक कहानी में सूत्रबद्ध हुईं। 'काँच के इधर-उधर' में मोबाइल क्रेश में मूक बधिर मज़दूर के दो बच्चों से एक मुलाक़ात और उनकी मासूम आँखें ज़ेहन में कहीं दबीं रह गयीं। ग्यारह साल बाद जब अपने टावर की ऊपरी मंज़िल पर मक्खियों के एक बड़े-से छत्ते को तोड़ने की क़वायद होते देखी तो जाने कैसे इतने लम्बे अन्तराल में भीतर दर्ज़ हुई दोनों घटनाएँ एकाकार होकर एक कहानी के वितान में समा गयीं। पात्र वही जो दस साल पहले 'काँसे का गिलास' कहानी में आ चुके थे। इसलिए 'काँसे का गिलास' कहानी को भी इसमें शामिल करना ज़रूरी लगा।

ऐसा ही कुछ 'बुत जब बोलते हैं' कहानी के साथ हुआ। डॉक्टर अभिभावकों का जुनून की हद तक यह मानकर चलना कि उनके बच्चे भी डॉक्टर ही बनें, बेशक उनकी सारी रचनात्मक प्रतिभा ऑपरेशन टेबल के औजारों के बीच दम तोड़ दे, मुझे बेहद डिस्टर्ब कर रहा था। इसे एक कथा में ढालना था पर एक दशक के बाद यह सम्भव तब हुआ जब विवाह के एक भव्य समारोह में एक गरीब बच्चे को नामालूम-सी मज़दूरी के लिए सर्दी के दिनों में बुत बने देखा।

'काँच के इधर-उधर' के लिये शुक्रवार के सम्पादक विष्णु नागर और 'बुत जब बोलते हैं' के लिये लमही के सम्पादक विजय राय का आभार जिनके अप्रकाशित कहानी देने के सतत आग्रह ने अरसे से टाली जाती इन दोनों क़हानियों को पूरा लिखवा लिया।

कहानियाँ ज़रूर मेरी क़लम से आयीं पर कहानी-संग्रहों की अपनी दसवर्षीय योजना के तहत उनका संयोजन करने में मैं बेहद सुस्त हूँ।

आज के बेहद व्यावहारिक माहौल में, 84 वर्षीय रमेशचन्द्र ग्रोवर-जैसे साहित्य रसिक प्रकाशकों की प्रजाति विलुप्त होती जा रही है—जो न सिर्फ़ किताब की एक-एक कहानी पढ़ते हैं बल्कि उस पर बारीक़ राय भी देते हैं कि कौन-सी लाइनों को संकेत में कहने से काम नहीं चल रहा...किस हिस्से में दिमाग़ की सोच लेखक की उँगलियों को पीछे पछाड़ती हुई आगे जा रही है इसलिए वहाँ कुछ रुककर, कुछ और जोड़ने

की ज़रूरत है...कहाँ उर्दू के किसी शब्द ने अर्थ का अनर्थ कर दिया है जो लेखक शायद अपनी बेख़याली में लिख गया है। अपने लेखन पर ऐसा मार्गदर्शन हर रचनाकार को रचनात्मक ऊर्जा से भर देता है। ग्रोवर भाईसाहब ने जो सम्मान दिया, उसके लिये विनम्र आभार!

ये कहानियाँ इस सम्मान की कितनी हक़दार हैं, इसका आखिरी निर्णय तो आप पाठकों के हाथ में है! आपके हाथों इस अमानत को सौंप कर मैं मुक्त होती हूं! आमीन!

15 मई, 2015

उधड़ा हुआ स्वेटर

यों तो उस पार्क को लवर्स पार्क कहा जाता था पर उसमें टहलनेवाले ज़्यादातर लोगों की गिनती वरिष्ठ नागरिकों में की जा सकती थी। युवाओं में अलस्सुबह उठने, जूते के तस्मे बाँधने और दौड़ लगाने का न धीरज था, न ज़रूरत। वे उस आभिजात्य इलाके के पंचसितारा जिम में शाम को पाये जाते थे—ट्रेड मिल पर हाँफ-हाँफकर पसीना बहाते हुए और बाद में बेशक़ीमती तौलियों से रगड़-रगड़कर चेहरे को चमकाते और ख़ूबसूरत लम्बे गिलासों में गाजर-चुकन्दर का महँगा जूस पीते हुए। लवर्स पार्क इनके दादा-दादियों से आबाद रहता था।

सुबह-सवेरे जब सूरज अपनी ललाई छोड़कर गुलाबी चमक ले रहा होता, छरहरी-सी दिखती एक अधेड़ औरत अपनी बिल्डिंग के गेट से इसी पार्क में दाख़िल होती, चार-पाँच चक्कर लगाती और बैठ जाती। अकेली। बेंच पर। वह बेंच जैसे ख़ास उसके लिए रिज़र्व थी। तीन ओर छोटे पेड़ों का झुरमुट और सामने बच्चों का स्लाइड और झूला जिसके इर्द-गिर्द जापानी मिट्टी के रंग-बिरंगे सैण्ड पिट खाँचे बने थे, जहाँ बच्चे अगर स्लाइड से गिर भी जायें तो उनकी कुहनियाँ और घुटने न छिलें। यह बेंच उसने अपने लिये क्यों चुनी थी, वह ख़ुद भी नहीं जानती थी। शायद इसलिए कि यह बेंच सैर करने आनेवाले वाशिन्दों के रास्ते में नहीं पड़ती थी और वह इत्मीनान से सैर पूरी करने के बाद घुटने मोड़कर प्राणायाम की मुद्रा पर आ सकती थी। भ्रामरी प्राणायाम का ओम् करते हुए भी, सैर करते लोगों की बतकही, उसकी एकाग्रता में ख़लल नहीं डालती।

तीन महीनों से लगभग रोज़ ही वह इस वक़्त तक बेंच पर अपना आसन जमा चुकती थी। उस दिन आँखें मूँदे हुए लम्बी साँस भीतर खींचते अचानक जब उसने हाथ बदला तो पाया कि दाहिने हथेली की मध्यमा उँगली लॉक हो गयी है। अक्सर

ऐसा हो जाता था। उसने आँखें खोलीं और बायीं उँगलियों से उस उँगली को थोड़ा नरमाई से घुमाया तो देखा उसके सामने की रोशनी को एक सफ़ेद आकार ने ढक लिया था। झख सफ़ेद उजला कुरता-पायजामा पहने वह बूढ़ा किसी साबुन कम्पनी की सफ़ेदी का इश्तहार मालूम होता था। सिर पर दोनों कनपटियों पर बस नाम भर को थोड़े-से सफ़ेद बाल। आर. के. लक्ष्मण के कार्टून के काले बालों पर सफ़ेदी फिरा दी हो जैसे।

"सॉरी, लेकिन इट्स नॉट द राइट वे टू डू प्राणायाम।" बूढ़े ने अंग्रेज़ी में कहा तो औरत की तन्द्रा टूटी। उसने समझा कि बूढ़ा उससे कुछ कहना चाहता है।

"प्लीज़ आप इस ओर आ जायें।" औरत ने अपनी उँगलियों को बायें कान की ओर ले जाकर इशारे से बताया कि सुनायी नहीं दे रहा, वे दाहिनी ओर आकर बतायें।

थोड़ा खिसककर बेंच पर खाली जगह पर बूढ़ा दाहिनी ओर बैठते ही बोला—"मैं रोज़ तुम्हें देखता हूँ, आज अपने को रोक नहीं पाया! उँगलियों की मुद्रा ऐसी होनी चाहिए"—बूढ़े ने तर्जनी और अँगूठे का कोण मिलाकर बताया।

"ओह अच्छा! शुक्रिया।" औरत ने तर्जनी और अँगूठे का कोण मिलाया—"अब ठीक है?..."

"यस! गुड गर्ल! चलूँ...?" बूढ़े ने उसकी पीठ थपथपायी जैसे किसी बच्चे को शाबाशी दे रहा हो, फिर उठने को हुआ कि तब तक फिर औरत की उँगली ने, ऐंठकर दोबारा अपने को बन्द कर लिया—"ओह! यह फिर लॉक हो गयी। डबल लॉक!"

"मेरी भी हो जाती थी।"...उठते-उठते बूढ़ा फिर बैठ गया।..."कम्प्यूटर पर हर दस-बीस मिनट बाद उँगलियों को हिलाते-डुलाते रहना चाहिए। यह मॉडर्न टेक्नॉलॉजी की दी हुई बीमारियाँ हैं।" बूढ़ा हँसा—"आर यू वर्किंग?"

"नहीं, ऐसे ही घर पर थोड़ा काम करती हूँ! लैपटॉप पर!" औरत ने दोबारा उँगली को आहिस्ता से खोला!

"टेक केअर! सॉरी, तुम्हें डिस्टर्ब किया!...चलूँ, मैंने राउण्ड नहीं लगाये अभी।" आर यू ऑलराइट नाउ? सी यू...! बूढ़ा अब अपनी उम्र से ज़्यादा तेज़ चाल में सैरवाले रास्ते पर निकल गया।

अगले दिन फिर प्राणायाम करते-करते औरत की आँख खुली तो बूढ़ा सामने था। ओफ़्! यह पता नहीं कब से खड़ा है। औरत झेंपी। फिर सरककर अपने दाहिनी ओर उसने जगह बनायी। अब?

"और...पीठ ऐसे सीधी रखो!" बूढ़े ने जैसे ही उसके दोनों कन्धों को अपने दोनों हाथों के दबाव से पीछे किया, पीठ पर दर्द की चिलक-सी उठी।

"ओफ़्!" उसके मुँह से दर्द के मारे एक चीत्कार-सी उठी। बूढ़ा ज़बरदस्ती उसके योग शिक्षक की भूमिका में आ रहा है। वह खीझी।

"ओह सॉरी, सॉरी! स्पॉण्डिलॉसिस है या...?" बूढ़ा हँसा जैसे उसके पीठ दर्द का मखौल उड़ा रहा हो—"क्या-क्या है तुम्हें—इतनी-सी उम्र में?"

"कुछ ख़ास नहीं, कभी-कभी दर्द उठ जाता है!" औरत ने काँपते होंठों से कहा।

"व्हेन ब्रेन काण्ट होल्ड एनी मोर स्ट्रेस, इट रिलीज़ेज़ स्पाज़्म टु द बैक (जब दिमाग़ तनाव झेल नहीं पाता तो उस जकड़न को नीचे पीठ की तरफ़ सरका देता है) तब आपकी गर्दन और आपके कन्धे अकड़ जाते हैं और दुखने लगते हैं। आप कन्धे का इलाज करते चले जाते हैं जबकि इलाज कन्धे की जकड़न का नहीं, दिमाग़ में जमकर बैठे तनाव का होना चाहिए।"...बूढ़ा रुक-रुककर बोला।

हूँ...औरत भौंचक-सी उसे देखने लगी। यह सब इसने कैसे जाना। क्या मेरे चेहरे पर तनाव लिखा है?

औरत ने एक चौड़ी-सी मुस्कान चेहरे पर जबरन सजाकर कहा—"चेखव कहते थे...चेखव...नाम सुना है?"

"हाँ, हाँ! द ग्रेट रशियन राइटर! क्या कहते थे?"

"डॉक्टर थे न! डायरिया के लिए कहते थे—योर स्टमक वीप्स फॉर यू...मन उदास और बेचैन होता है तो पेट सिम्पथी में रोने लगता है!"

"ग्रेट! सच है! पता है, अगर बहुत नेगेटिव फीलिंग्स एक-दूसरे को ओवरटेक कर रही हों और आप उन्हें हैण्डल न कर पायें तो एक्ज़ीमा हो जाता है। आपका स्किन बता देता है कि रुको, इतना काम-क्रोध ज़रूरी नहीं।...और अन्दर-ही-अन्दर गुस्सा, नफ़रत दबाये चलो तो पाइल्स, अल्सर, ब्रेन स्ट्रोक न जाने क्या-क्या हो जाता है। सप्रेशन इज़ द रूट कॉज़ ऑफ़ ऑल सिकनेस। एंग्री पाइल्स, एग्रेसिव अल्सर! तो इलाज की ज़रूरत तो इसको है, इसको..." बूढ़े ने चलते-चलते दिमाग़ को दो उँगलियों से ठकठकाया।

औरत ने बताने की एक फ़िज़ूल-सी कोशिश की कि वह तो...ठीक है! यानी उसके साथ ऐसा कुछ नहीं। पीठ और कन्धों पर तो वैसे ही अक्सर दर्द उठ जाया करता है। उम्र का तकाज़ा है!

"सॉरी, मैं बिना माँगे ज्ञान दे रहा हूँ!" बूढ़े ने कहा और झेंप गया!

"ठीक है।" औरत ने अपनी मुस्कान समेटकर हाथ उठा दिया—"बाय!"

"सॉरी अगेन। कन्धा दुखाने के लिए!"

"नहीं, कोई बात नहीं। नथिंग सीरियस।"

अगले दिन वह औरत जब पार्क के अपने पाँच चक्कर पूरे कर बेंच पर पहुँची तो बूढ़ा पहले से बेंच पर बैठा था। उसको देखकर उसने सरककर जगह बना दी। औरत ने कहा—"नहीं, आप बैठें, मैं दूसरी जगह बैठ जाती हूँ।"

"अरे, मैं तो तुम्हें प्राणायाम के सही पोस्चर सिखाने के लिए बैठा हूँ।...पर तुम नहीं सीखना चाहती तो कोई बात नहीं।"

"अच्छा तो आप इस तरफ़ बैठ जायें। मुझे बायें कान से...सुनायी नहीं देता, इसलिए...!"

"अच्छा? ओह!" बूढ़े ने इस ओर सरककर अपने बायीं ओर जगह बना दी।

उसके बैठते ही बूढ़े ने कहा—"उँगलियों में, कन्धे में, अब कान में भी कुछ प्रॉब्लम है? इतनी कम उम्र में...क्या उम्र है तुम्हारी। आय नो, औरतों से उम्र नहीं पूछते, फिर भी..."

"पैंसठ!"

"कि-त-नी?" बूढ़ा चौंककर बोला जैसे उसने ठीक से सुना नहीं...

"सिक्स्टी फाइव!" औरत ने दोहराया और कान की ओर इशारा किया—"क्या आपको भी...?" 'कम सुनायी देता है'...वाक्य पूरा करते-करते उसने बीच में ही रोक लिया।

"नहीं-नहीं! आय ऐम पर्फेक्ट। मुझे दोनों कानों से सुनायी देता है। तुम...आप...आप तो लगती ही नहीं..."

"नहीं, तुम ही कहिये, तुम ठीक है! आप मुझसे बड़े हैं।"

"हाँ, सिर्फ़ चार साल!...लेकिन आप, पचास से ऊपर की नहीं लगतीं, बिलीव मी!"

"उससे क्या फ़र्क पड़ता है!"

बूढ़े ने बात बदल दी—"अच्छा, आप रहती कहाँ हैं?"

"यहीं सामने!" उसने अपनी बिल्डिंग की ओर इशारा किया।

"मैं इसमें...बग़लवाली बिल्डिंग में...आप कौन-से माले पर..."

"इक्कीसवें..."

"अरे, स्ट्रेंज! मैं भी वहाँ इक्कीसवें पर...फ़्लैट नम्बर?"

"इक्कीस सौ दो!"

"डोण्ट टेल मी। मेरे बेटे का भी...फ़्लैट नम्बर—इक्कीस सौ दो...और इण्टरकॉम?"

"स्टार नाइन सेवन टू वन टू!" औरत ने मुस्कुराकर कहा—"अब यह मत कहियेगा कि फ़ोन नम्बर भी वही है!"

"अनबिलिवेबल! बस, एक डिजिट का फ़र्क है—थ्री वन टू!...याद रखना कितना आसान है न!"

"आपका नाम जान सकता हूँ?"

"शिवा।" औरत ने ऐसे कहा जैसे नाम बताने को तैयार ही बैठी थी।

"शिवा मीडियम?" बूढ़ा हँसा!

"वह क्या है?"

"नहीं, स्मॉल, मीडियम, लार्जवाला नहीं। शिवा मीडियम फॉण्ट। मेरी पोती हिन्दी सीरियल्स में स्क्रिप्ट राइटर है। हिन्दी में संवाद लिखने के लिए यह फॉण्ट इस्तेमाल करती है।"

"अच्छा, हिन्दी के बारे में मेरी इतनी जानकारी नहीं! औरत फीकी हँसी हँसकर बोली—"आपका नाम...?"

"मैं आशीष कुमार। शॉर्ट फॉर्म—ए. के.। सब ए. के. ही बुलाते हैं। मेरा बेटा अनिरुद्ध कुमार। उसे भी उसके दफ़्तर में ए. के. ही कहा जाता है। मेरे बंगाली दोस्त मज़ाक में कहते हैं—एई के? मतलब कौन है यह?"

"मेरे दो पोते, एक पोती है। इक्कीसवें फ़्लोर के दो फ़्लैट्स को एक कर बड़ा कर लिया है। फिर भी बच्चों को छोटा लगता है। हरेक को अपने लिये अलग कमरा चाहिए। यहाँ तक कि कामवाली को भी। क्या ख़ूब मुम्बई के नक़्शे हैं...! अच्छा, आपके घर में कौन-कौन हैं?"

यह बातूनी बूढ़ा उसका भूगोल-इतिहास जानना क्यों चाह रहा है। घर में इतने सदस्य कम हैं क्या!

"नहीं...नहीं बताना चाहें तो कोई बात नहीं...मैंने तो ऐसे ही पूछ लिया।"

"मेरी दो बेटियाँ हैं। बड़ी यू. एस. में है—न्यू जर्सी में। छोटी मेरे साथ है यहाँ! दोनों जॉब करती हैं।"

"और आपके पति?"

"हैं...वह कुछ अटकी", फिर बोली—"पर नहीं हैं..."

"मतलब?"

"वह मेरे साथ नहीं..."

"ओह!" बूढ़े ने अकबकाकर सिर हिलाया—हैरानी में और उससे ज़्यादा घबराहट में। यह औरत झूठ भी तो बोल सकती थी। लेकिन सच है, उसने सोचा ऐसे खुलासे अजनबियों के सामने यकायक हो उठते हैं।

"आप जो प्राणायाम करती हैं न, उसमें एक एडीशन करता हूँ।" बूढ़े ने ऐसे इत्मीनान से कहा जैसे औरत के अपनी ज़िन्दगी के खुलासे को उसने तवज्जो दी ही नहीं।" देखिये, ओम तो आप करती ही हैं! उसके पहले का हरी ई ई ई...खींचकर उसी अन्दाज़ में करिये! इससे वायब्रेशन्स यहाँ ब्रह्मतालू पर होते हैं जहाँ छोटे बच्चों के सिर पर टप-टप होती देखी होगी, वहाँ! ओम् से तो कनपटियों के पास, दिमाग़ के दायीं-बायीं ओर की नसें रिलैक्स होती हैं पर इन दोनों से तो पूरा दिमाग़—आपका ब्रह्माण्ड!...रिफ्रेश हो जाता है बिलकुल!"

"आप योग प्रशिक्षक हैं या...यह आपका इन्वेन्शन है?" शिवा उसके बयान का अन्दाज़ देखकर हलकी हो आयी जैसे किसी ने साथ चलते के रास्ते के उस पत्थर

को—जिससे टकराकर वह गिरने ही वाली थी, हटाकर रास्ते को साफ़ और सुरक्षित कर दिया हो।

"थैंक्यू सो मच। कल से इसे भी करूँगी।"

"ओके! चलूँ मैं अब?"

बूढ़े ने ऐसे पूछा जैसे उसके न कहने से वह कुछ और प्राणायाम विधियाँ बताने के लिए रुक जायेगा।

शिवा ने हाथ जोड़कर एक बार और थैंक्यू कहा!

शिवा ने जाने को तो कह दिया—'आप चलें अब' का संकेत थैंक्यू की सौजन्यता में लपेटकर—पर अपने को उसे जाते हुए देखता पाया, जब तक बूढ़े की वह आकृति घुमावदार रास्ते का मोड़ लेकर आँख से ओझल नहीं हो गयी।

घर लौटकर आज शिवा ने व्हाइट सॉस में ब्रोकोली बनायी और बनाते हुए सोचती रही कि शायद साल भर हो गया इसे बनाये। वही हुआ। छोटी बिटिया काम से लौटी और जैसे ही खाना मेज़ पर देखा, बोली—वाउ! आज क्या है मॉम! किसी का बर्थ डे है? "वह सिर खुजाने लगी और याद करते बोली—"मुझे तो याद नहीं आ रहा।..."

"नहीं रे! ऐसे ही मन हुआ बनाने का!" शिवा ने झेंपते हुए कहा। बेटी ने फ़ुर्सत से उँगलियाँ चाटने की आवाज़ को भी नहीं रोका। एटीकेट्स के चलते खाने की मेज़ पर जिसकी मनाही थी! खिली हुई मुस्कान के साथ बोली—तो मन से कहो, कभी-कभी ऐसा हो जाया करे। शिवा मन्द-मन्द मुस्काती रही। बेटी कितना ख़याल रखती है उसका। ऑफ़िस के टेन्शन कभी उससे शेअर नहीं करती। अपनी दोस्तों से जब फ़ोन पर बात करती है तभी उसके जॉब के तनाव उस तक पहुँचते हैं। जब-तब छुट्टी के दिन किसी अच्छी फ़िल्म की दो टिकट ले आती है और अपने दोस्तों के साथ न जाकर अपनी माँ के साथ एक वीक एण्ड बिताती है। और वह है...कि बरसों इस इन्तज़ार में रही कि बेटी का किसी से अफ़ेयर हो जाये तो कम-से-कम इसकी शादी तो वह भर आँख देख ले। एक लड़का उसे पसन्द आया भी पर जब तक शिवा उसे पसन्द कर अपने घर का हिस्सा बनाने को तैयार हुई, वह लड़का बेटी की ही एक दोस्त पर रीझ बैठा और बेटी को पैरों के एक्ज़ीमा का महीनों इलाज करना पड़ा। शिवा ने बेटी की शादी के सुनहरे सपनों से तौबा कर ली और ख़ाली वक़्त में दोनों माँ-बेटी स्क्रैबल खेलकर या सुडोकू के खाने भरकर सन्तुष्ट होती रहीं। तब से ज़िन्दगी एक व्यवस्थित पटरी पर चल रही थी।

सुबह, बेटी के टिफ़िन में गाजर के परौंठे के साथ लहसुन का अचार रखना, शिवा नहीं भूली और बेटी ने रात की ब्रोकोली के एवज़ में गले में बाँहें डालकर विदा

ली—"आज भी कल की तरह कुछ डैशिंग बना लेना मॉम! मूड न हो तो मैं चायनीज़ लेती आऊँगी। जस्ट गिव मी अ टिंकल!" शिवा की मुस्कान आँखों की कोरों तक खिंच गयी।

बेटी को भेजकर उसने पार्क का रुख़ किया। अपनी उसी बेंच पर, सैर के चक्कर पूरे करने के बाद वह बैठी थी। पाँच-दस मिनट वह राह तकती रही। फिर दूर से बूढ़ा आता हुआ दिखा। झक सफ़ेद कुरता-पाजामा पास आकर ठिठक गया। उसने मुस्कुराकर देखा तो वह बेंच के एक ओर बैठ गया लेकिन बैठते ही उठकर दूसरी ओर जाते बोला—"ओह! मैं भूल गया था कि आपको इस कान से सुनायी नहीं देता। ...मेरी वाइफ़ भी एक कान से थोड़ा कम सुनती..."

शिवा सकते में आ गयी—"क्या...?" उसे झटका लगा। जैसे कोई उसके दिमाग़ की सारी शिराओं को अस्त-व्यस्त कर रहा था—"क्या आप...?"

बूढ़ा अटका—"अरे नहीं, नहीं...। आप ग़लत सोच रही हैं। मैंने उस पर कभी हाथ नहीं...मैं तो..."

शिवा ने सूखी आवाज़ में अटपटाकर पूछा—"तो फिर आपको कैसे मालूम कि हाथ उठाने से...कान का पर्दा फट जाता है?"

बूढ़े ने गला खँखारा—मेरी बीवी एक एन. जी. ओ. में मदद करने जाती थी। बताती थी कि डोमेस्टिक वायलेन्स की शिकार अस्सी प्रतिशत औरतों के कान के पर्दे फटे होते हैं। लेकिन उसे हियरिंग की प्रॉब्लम थी। उसने हियरिंग एड लगा रखा था।"

शिवा ने सशंकित निगाहों से बूढ़े को आर-पार देखा! वह जैसे आश्वस्त नहीं थी—"यहाँ? किस एन. जी. ओ. में...?"

"नहीं नहीं...हम मुम्बई में नहीं रहते..."

शिवा की आवाज़ में थकन थी—"नये आये हैं इस इलाक़े में...?"

"नहीं, पहले भी आ चुके हैं कई बार। बेटा यहाँ रहता है। हम तो आसनसोल रहते हैं।...रहते थे।...माय वाइफ पास्ड अवे!...छह महीने पहले।..."

बूढ़ा बोलते-बोलते रुका और उसने आँखें झुका लीं। झुकाने से ज़्यादा फेर लीं कि आँखों की नमी कोई देख न ले।

"ओह सॉरी! सॉरी!..."

"...तो बेटा ज़िद करके अपने साथ ले आया—पापा अकेले कैसे रहेंगे। यहाँ पोते-पोतियाँ, नौकर-चाकर, ड्राइवर-माली सब हैं। चहल-पहल है। पर..."

"आपकी बीवी...बीमार थीं?"

"बस, दस दिन।...कभी बताया ही नहीं उसने कि तकलीफ़ है उसे कहीं। डॉक्टर के पास जाने को तैयार ही नहीं थी। अपनी डॉक्टर ख़ुद थी वो। ख़ुद ही आयुर्वेदिक होमियोपैथिक खाती रहती थी। चूरन चाटती रहती थी। जिस दिन उल्टी में ख़ून के थक्के निकले, उस दिन कहा—डॉक्टर बुलाओ। लास्ट स्टेज में बीमारी डिटेक्ट हुई। उसने कभी शिकायत ही नहीं की। पता ही नहीं चला कि कैन्सर पूरे पेट से होता हुआ लंग्स तक पहुँच गया है। उसके माँ-बाबा दोनों कैंसर से गुज़र गये थे। जब कैन्सर डिटेक्ट हो गया तो कहती थी—आशी, मुझे ज़्यादा याद मत करना, नहीं तो वहाँ भी चैन से रह नहीं पाऊँगी। वह मुझे आशी कहती थी।"

आशी!—बूढ़े ने बिन्दा की आवाज़ को याद करते अपने को पुकारा। पुकार के साथ ही चेहरे पर गहराते बादलों की धूसर छाया पसर गयी—"हमेशा कहती थी कि मैं धीरे-धीरे मरना नहीं चाहती, बस चलती-फिरती उठ जाऊँ आपके कन्धों पर...वही हुआ। मेरे साथ वॉक करते-करते अचानक लड़खड़ा गयी। मैंने बाँहों का सहारा दिया तो मेरी ओर ताकते एक हिचकी ली और बस...सब कहते हैं—ऐसी मौत सन्तों को आती है...पर जानेवाला चला जाता है, पीछे छूट जानेवालों के लिए ऐसी विदाई को झेलना आसान होता है क्या?..." कहते हुए बूढ़े के चेहरे पर स्मृतियों में डूब जाने की जो रेखाएँ उभरीं, संवाद वहाँ से आगे नहीं जा सकते थे। चुप्पी में ही, बग़ैर हाथ हिलाये, विदा की मुद्रा में बूढ़ा उठा और चल दिया।

शिवा घर पहुँची तो साढ़े दस बज चुके थे। बातों-बातों में वह भूल ही गयी थी कि शनिवार की सुबह बड़ी बिटिया न्यू जर्सी से फ़ोन मिलाती है। शुक्रवार रात को वह फ़ुर्सत से बात करती है क्योंकि शनिवार उसे काम पर जाना नहीं होता। जब फ़ोन की लम्बी-सी घण्टी बजी तो उसे वार याद आ गया। फ़ोन उसने लपककर उठाया। उधर से खीझी हुई आवाज़ थी—क्या माँ, फ़ोन क्यों नहीं उठातीं? शिवा ने अटकते हुए कहा—आज ज़रा पार्क में देर हो गयी। उधर से सुरीले सुर में डाँट-डपट थी—कितनी बार कहा है माँ, मोबाइल लेकर जाया करो। मॉम से माँ बनी शिवा ने इतराकर कहा—अपना वज़न उठा लूँ, वही बहुत है। उसके बाद आदतन उसने सारी दवाइयों के लिए पूछा—कैल्शियम लेना याद रहता है न? और विटामिन बी? यह बेटी अब उसकी माँ के रोल में आ गयी है। जैसे स्कूल से लौटे हुए बच्चे का कान पकड़कर माँ पूरे दिन का ब्यौरा पूछती है—कुछ-कुछ उसी अन्दाज़ में यह बेटी उसकी ख़ुराक, दवाइयाँ, मालिश और व्यायाम के बारे में दरियाफ़्त करती है। ख़ासियत यह कि फ़ोन पर उसकी आवाज़ भर से वह पहचान जाती है कि माँ झूठ बोल रही है और दवा अक्सर भूल जाती है। उससे झूठ बोला ही नहीं जा सकता।

बेटी ने एक हिन्दी फ़िल्म देख ली थी और वह उसके बारे में बताती रही। बात के बीच में एकाएक उसने टोका—अँ अँ...कहाँ हो आप? डिस्ट्रैक्टेड क्यों हो? ध्यान

कहाँ है? फ़ोन पर जैसे आईना लगा हो। सही वक़्त पर माँ के हुंकारा न भरने पर दो सेकेण्ड में बेटी पहचान जाती थी कि माँ कुछ और सोच रही है। देर तक दोनों फ़िल्म के बारे में बात करते रहे।

फ़ोन रखते हुए उसने पूछा—"और मैक कहाँ?"

"...कहाँ होगा भला—अपने रिहर्सल पर गया है।"

"आये तो उसे मेरा प्यार देना"—शिवा ने कहा।

बेटी एकाएक चहकी—"ओह, आप सुधर गये हो माँ। एकदम से—न वॉयस। नॉट सिनिकल एनी मोर।"

शिवा मुस्कुरायी। बहुत डाँट खायी है उसने मैक को लेकर। माँ, आप ऐसे नाम लेते हो उसका जैसे आपका बड़ा लाड़ला दामाद है। और हो भी, तो लाड़ को अपने तक रखो। ही इज़ नॉट माय हसबैण्ड। और होने का कोई चान्स भी नहीं है। ही इज़ अ गुड फ्रेण्ड। वह हमेशा रहेगा। लेकिन शिवा तो शिवा। कोंचती रही—इतने सालों से साथ हो, कितना आजमाओगे एक-दूसरे को, अब तो शादी कर लो। एक बार तो बेटी ने तल्ख़ी से कह दिया था—शादी करके अपना हाल देख-देखकर जी नहीं भरा अभी जो अपनी बेटी को शादी की सलाह दी जा रही है।...आज वही बेटी चहककर बोल रही थी—"लव यू माँ। जाओ, नाश्ता करो। मुझे भी बहुत नींद आ रही है। अब सोऊँगी। यू हैव अ नाइस डे।"

शाम को छोटी-बेटी चाइनीज़ खाने का पार्सल लेते हुए आयी। शिवा की पसन्द के मोमोज़ और उसकी अपनी पसन्द का वेज़ हक्का और पनीर मंच्यूरिअन।

एक बेटी माँ कहती है, दूसरी 'मॉम'! दोनों उस पर जान छिड़कती हैं, फिर भी शिवा बादलों के साये से बाहर नहीं आ पाती। उसका बीता हुआ सामने अड़कर खड़ा हो जाता है। शिवा ने चाहा, आज वह खुलकर मुस्कुरा ले।

"थैंक्यू"—उसने बेटी का माथा चूमा और कमरे में सोने चली गयी।

अगले दिन जब शिवा पार्क में दाखिल ही हुई तो दूर से ही उसने देखा कि बूढ़ा उसे उँगलियों के इशारे से बुला रहा है। शिवा पास गयी तो उसने बेंच पर बैठने का संकेत दिया। शिवा ने कहा—पहले चक्कर लगा आऊँ।

"आज रिवर्स कर लो। पहले बेंच! फिर सैर!"

शिवा कुछ अनमनी-सी जैसे उसके इंगित से परिचालित हो बैठ गयी। वहीं—जहाँ उसने जगह बनायी थी।

बूढ़े ने अपनी जेब में हाथ डाला, अपना वॉलेट निकाला और उसे ऐसे खोला जैसे बन्द फूलों की पंखुरियाँ खोल रहा हो—"देखो, यह है मेरी वाइफ़—बिन्दा!"

शिवा ने देखा—सफ़ेद सलेटी बालों में एक ख़ूबसूरत-सी औरत की तस्वीर! उसके चेहरे के पीछे के बैकग्राउण्ड से जितने फूल झाँक रहे थे, उससे कहीं ज़्यादा उसके चेहरे पर खिले थे। बूढ़े ने सफ़ेद प्लास्टिक पर चढ़ी धूल की महीन-सी परत को उँगलियों से ऐसे पोंछा जैसे अपनी बिन्दा के माथे पर आये बालों को लाड़ से पीछे सरका रहा हो।

"बहुत ख़ूबसूरत है!" शिवा ने कहा और अपने भीतर एक टीस को महसूस किया। फिर तस्वीर धुँधली हो गयी और जाने कैसे उस साफ़ चौकोर प्लास्टिक शीट के नीचे उसने अपना अक्स देखा जो नीचे से झाँकने की कोशिश कर रहा था। पर आँखों की नमी जैसे ही छँटी—वहाँ बिन्दा थी—अपनी भरे-पूरे अहसास के साथ! मटमैली-सी शिवा उसके सामने खड़ी थी।

"सुन्दर है न!" बूढ़े ने फिर पूछा और इस बार धूल पुँछी तस्वीर को निहारता रहा।

"बहुत!" शिवा होंठों को खींचकर मुस्कुरायी और अपने में सिमट गयी।

शुरू जनवरी की ठण्डक हवा में थी। सुबह और रात को एक हलके से स्वेटर के लायक़! बूढ़े ने भी आज एक स्वेटर पहन रखा था। झख़ सफ़ेद कुरता और ठीक बीचोंबीच क्रीज़ किया हुआ सफ़ेद पायजामा। लेकिन स्वेटर जैसे किसी पुराने गोदाम से धूल झाड़कर निकाला हो। नीचे के बॉर्डर में कुछ फन्दे गिरे हुए और फन्दों के बीच से बिसूरता दिखता छेद! यह स्वेटर किसी भी तरह बूढ़े की पूरी पोशाक से मेल नहीं खाता था।

शिवा सैर और प्राणायाम निबटाकर अपनी बेंच पर आ जमी। बूढ़ा आकर पास खड़ा हो गया।

"बैठने की इजाज़त है या...?"

"आइये न!" शिवा बेंच पर थोड़ा सरक गयी। बूढ़े के बैठते ही उसकी निगाह स्वेटर पर गयी।

"उधड़ गया है...यह स्वेटर..." शिवा ने झिझकते हुए कहा।

"हाँ, बहुत पुराना है। एण्टीक पीस!"

"इसको ठीक क्यों नहीं कर लेते। एक फन्दा गिर जाये तो फन्दे उधड़ते चले जाते हैं।" कहकर अपने ही जुमले ने उसे उदास कर दिया।

"ऐसे ही ठीक है यह," बूढ़े ने उधड़ी हुई जगह पर अपनी पतली-पतली उँगलियाँ ऐसे फेरीं जैसे किसी घाव को सहला रहा हो।

"किसने बुना? आपकी...?"

"हाँ, मेरी वाइफ़—बिन्दा ने बिना था यह स्वेटर मेरे लिये...शादी के बाद। बाद में बेटे-बेटियों, नाती-पोतों के लिए स्वेटर बिनती रही। इस बार सर्दियाँ आने से पहले गरम कपड़ों का ट्रंक खोला तो यह हाथ आ गया। कितना सुन्दर डिज़ाइन है न!" बूढ़े ने जैसे अपने-आपसे कहा!

हूँ...शिवा बस सिर हिलाकर और मुस्कुराकर रह गयी, कह नहीं पायी कि आख़िर आपकी बिन्दा की उँगलियों ने बिना है, सुन्दर तो होगा ही!

"मेरी बिन्दा मुझसे दो साल बड़ी ही थी पर कोई कह नहीं सकता था कि...। इस उम्र में भी तुम सोच नहीं सकतीं कि वह कितनी ख़ूबसूरत लगती थी।"

"ज़रूर लगती होगी।" शिवा ने कहा नहीं, सिर्फ़ सोचा—जिसको अपने पति से इतना प्रेम मिलता रहा हो, उसे हर उम्र में ख़ूबसूरत दिखने से भला कौन रोक सकता है। प्रेम की चमक को भला कौन नकार सकता है!

शिवा अपने मटमैलेपन में खो गयी थी। लग रहा था एक बार फिर संवाद के सारे सूत्र यहाँ आकर समाप्त हो गये हैं। अब आगे जुड़ नहीं सकते। बिन्दा की उजास पूरे माहौल को चमका रही थी।

तभी शिवा ने सुनी बूढ़े की आवाज़—उसे अपने सन्नाटे से उबारती-सी—"आपकी दो बेटियाँ हैं न! शादी नहीं की उन्होंने?"

"नहीं।"

"दो में से किसी...?"

"हाँ, दो में से किसी ने भी नहीं...!" शिवा ने एक-एक शब्द पर ज़ोर देकर कहा और मुस्कुराहट को होंठों के एक सिरे पर उभरने से पहले ही झटक दिया। जैसे मखौल उड़ा रही हो किसी का।

"क्यों भला? ऐनी ग्रजेज़ अगेन्स्ट मैरेज?"

"हाँ, वे कहती हैं—नो मैन इज़ वर्थ अ वुमैन!" (कोई भी मर्द एक औरत के लायक़ नहीं होता)

"कौन-सी बेटी कहती है? बड़ी या...?"

"दोनों!..." सवाल के पूरा होने से पहले ही उसने जवाब दे दिया! बोलते हुए शिवा को लगा—वह अपनी कुढ़न बेवजह इस बूढ़े तक क्यों पहुँचा रही है!

"अजीब बात है!..." बूढ़े के चेहरे पर असमंजस था।

"वैसे दे आर ओपन टू इट! कोई सही मिल गया तो...!" उसने 'सही' को दोनों हथेलियों की तर्जनी हिलाकर इन्वर्टेड कॉमा में होने का संकेत दिया। और अपनी तल्ख़ी को छिपाने में कामयाब हो गयी।

"हम्मू...वेटिंग फॉर मिस्टर राइट!...आय टेल यू...दिस जेनेरेशन इज़ गोइंग हेवायर..." (यह पीढ़ी बदहवास हुई जा रही है)

"नो, दे आर मोर एक्यूरेट अबाउट देअर च्वॉयसेज़" (नहीं, वे अपने चुनाव के बारे में ज़्यादा आश्वस्त हैं)...वो अपने कान का पर्दा फटने देने के लिए तैयार नहीं हैं—शिवा ने महसूस किया कि उसका अपने पर से नियन्त्रण छूट रहा है और मुस्कुराकर वह अपने स्वर के तंज़ को बेरोकटोक उस ओर पहुँचने दे रही है। मुस्कुराहट भी इतनी तल्ख़ होकर बहुत-से राज़ खोल सकती है, उसने पहली बार जाना।

"ओह यस! ऑफ़ कोर्स! आय नो! मेरा बेटा कभी मेरी बहू को डाँटता था तो बिन्दा उसे झिड़क देती थी—ख़बरदार जो मेरी बहू से ऊँची आवाज़ में बोले। आदर्श सास थी बिन्दा जिसमें माँ का ही प्रतिशत ज़्यादा था! कभी बहू से रार-तक़रार नहीं। मेरी बहू भी, अपने पति की हर शिकायत, अपनी सास से ऐसे करती जैसे वह माँ हो उसकी।..." बूढ़ा एकाएक रुका—"सॉरी! मैं बहुत बोलता हूँ न बिन्दा के बारे में?"

"कोई बात नहीं, मुझे सुनना अच्छा लगता है! शिवा ने डूबते स्वर में कहा। बूढ़े ने शिवा के चेहरे पर उदासी की लकीर खिंचती देख ली और उसके कन्धे पर हाथ रखा—"लाइफ़ नेवर स्टॉप्स लिविंग, शिवा! बूढ़ा कन्धा थपथपाकर चला गया—सी यू टुमॉरो! चीअर अप, शिवा!"

"चीअर अप, शिवा!" शिवा ने कन्धे से अपना नाम उठाकर अपने चेहरे पर सजा लिया और ख़ुश दिखने की कोशिश की।

बूढ़ा अपने पीछे अपनी बिन्दा का अहसास छोड़ गया था—बिन्दा यह थी, बिन्दा वह थी। इन बोगनबेलिया के लहलहाते फूलों की तरह। इन हरे-हरे पत्तों से झुकी शाख़ की तरह। इन शाख़ों पर बहती दिसम्बर की भीनी-सी ठण्डक लिये महक से भरी हवा की तरह। उस बूढ़े की साँस-साँस में बिन्दा बसती थी।...और एक शिवा—जिसे पति का प्रेम कभी मिला ही नहीं और हिटलर पति की दहशत से कभी उसने अपनी ओर आँख खोलकर देखा तक नहीं। इन लहलहाते फूलों-पत्तों में एक अदना-सा ठूँठ! कितना बदसूरत-सा लगता है इस हरी-भरी आबादी के बीच! इस पार्क में जहाँ हँसते खिलखिलाते जोड़े हाथ थामे जब सामने से निकल जाते हैं तो शिवा की हथेलियाँ अपने सूखेपन में अकड़ जाती हैं और उसके बाद धुँधली आँखों के सामने सारी हरियाली धुँधला जाती है।

बच्चों के लिए पीले चमकदार प्लास्टिक से बने ख़ूबसूरत स्लाइड और गेम स्टेप्स के क्यूबिकल्स देखकर शिवा सोचती रही कि ज़िन्दगी हमारे लिये जापानी तकनीक के ऐसे सुरक्षित सैण्ड पिट क्यों नहीं बनाती कि हम गिरें तो हमारे ओने-कोने लहूलुहान होने से बच जायें!

बस, फिर अतीत के धूसर सायों ने इस क़दर छा लिया शिवा को कि उसी शाम हरारत-सी महसूस होने लगी और अगले दिन बुख़ार हो आया। जब मन और दिमाग़ पर कोहरा छाता है तो शरीर पहले अशक्त होने लगता है, फिर अनचाहा तापमान सिर से शुरू होकर पूरी देह को गिरफ़्त में ले लेता है। वह तीन दिन इस बुख़ार से लस्त-पस्त पड़ी रही। शिवा को लगा, पार्क में जाकर बैठने की उसकी हिम्मत जवाब दे रही है।

छोटी बेटी का टिफ़िन तैयार कर, शिवा अब अपने चाय के कप के साथ बाल्कनी में बैठी थी। इस बाल्कनी के साथ सुबह की बहुत-सारी यादें जुड़ी थीं। कभी-कभी वह अपने पति और अपनी दोनों बेटियों के पिता के साथ इस बाल्कनी में बैठकर चाय पीते हुए भरसक इस कोशिश में रहती कि बेटियाँ रात का कोई भी निशान उसके चेहरे या गर्दन पर पढ़ न लें। इस कोशिश में वह अपने चेहरे पर एक मुस्कान को ढीठ की तरह अड़कर बिठाये रखती पर बेटियों के स्कूल, कॉलेज या नौकरी पर जाते ही वह मुस्कान अड़ियल बच्चे की तरह उसकी पकड़ से छूट भागती और वह ज़िन्दगी के गुणा-भाग में फिर से उलझ जाती।...

अब मुस्कान के उस खोल की ज़रूरत नहीं रही, उसने सोचा और बग़ैर शक्कर की चाय के फीके घूँट गले से नीचे उँड़ेलती रही।

कमरे की ठहरी हुई हवा में नय्यारा नूर की आवाज़ में फ़ैज़ की नज़्म तैर रही थी–

जिस घड़ी सीनों में डूबे हुए दिन
आस्तीनों में निहा हाथों की राह तकने लगे
आस लिये
जब न कोई बात चले
जिस घड़ी रात चले
जिस घड़ी मातमी सुनसान सियाह रात चले
तुम मेरे पास रहो...

कब बेटी उससे कहकर चली गयी–ओ के मॉम! गोइंग। योर मॉर्निंग वॉक फ्रेण्ड इज़ कमिंग टू सी यू। आय हैव लेफ़्ट द डोर ओपन! (जा रही हूँ। आपके सुबह की सैरवाले फ्रेण्ड मिलने आ रहे हैं। मैंने दरवाज़ा खुला छोड़ दिया है!) उसने सुना तक नहीं।

अपनी कुर्सी के हत्थे पर एक झुर्रियोंवाला हाथ देखकर शिवा चौंकी–"अरे, आप कब...!"

"मैं यहाँ एक मिनट नहीं...तो चालीस सेकेण्ड से तो खड़ा ही हूँ। तुम्हारी बेटी ने इण्टरकॉम पर मेरा स्वागत किया और कहा–ममी ठीक हैं, चाय पी रही हैं, यू कैन

गिव हर कम्पनी!...लेकिन आप कहाँ खोयी हैं मैम?'' बूढ़े ने लाड़-भरे स्वर में कहा—''लॉस्ट इन द स्काय? आय हैव डिस्टर्ब्ड यू...परहैप्स...!'' फिर रुककर किंचित् मुस्कुराते हुए वाक्य पूरा किया—''शायद मैंने आकर तुम्हारी दुनिया में ख़लल डाला!''

शिवा ने आँखें ऊपर नहीं उठायीं।

बूढ़े ने अब धीमे से कहा—''मुझे लगा, तुम कहीं बीमार न हो, इसलिए देखने चला आया तुम्हें।''

''सॉरी!'' उसने माफ़ी माँगी पर शब्द बुदबुदाहट में सिमटकर रह गये। बायें हाथ की उँगलियों ने उठकर धीरे से दूसरी कुर्सी की ओर इशारा किया—''बैठ जाइये प्लीज़!''

बूढ़े ने सुना नहीं और कुर्सी पर अनमनी-सी बैठी शिवा की आँखों में झाँका। शिवा ने एकाएक महसूस किया कि उसकी आँखों की कोरों पर बूँदें ढलकने को ही थीं। ये आँसू भी कभी-कभी कैसा धोखा देते हैं—बिन बुलाये मेहमान की तरह मन की चुग़ली करते हुए आँखों की कोरों पर आ धमकते हैं और बेशर्मी से गालों पर ढुलककर मन के बोझिल होने का राज़ खोल जाते हैं।

शिवा ने जैसे ही आँखें उठायीं, उसकी पनियायी आँखों से एक बूँद ढलक गयी। बूढ़े ने उन आँखों में अपना अक्स देखा और धीमे से अपनी हथेलियाँ उसके चेहरे की ओर बढ़ा दीं! उस मुरझाये चेहरे को दो बूढ़ी हथेलियों ने भीगे पत्तों की तरह जैसे ही थामा, चेहरे ने अपने को उस अँजुरी में समो दिया। गुलाब की पंखुरियों-सा इतना मुलायम स्पर्श जैसे कोई रुई के फाहों से घाव सहला रहा हो। हथेली के बीच आँसू अब पूरी नमी के साथ बेरोकटोक बेआवाज़ बह रहे थे। कोई बाड़ जैसे टूट गयी थी। शिवा को लगा यह वक़्त जिसका उसे सदियों से इन्तज़ार था, यहीं थम जाये। बूढ़े की उँगलियाँ उसके बालों में हलके-से फिर रही थीं। उन अँगुलियों की छुअन कानों की लवों तक पहुँच रही थी!...शिवा भूल गयी थी कि एक फ़्लैट की बाल्कनी होने के बावज़ूद यह एक खुली जगह थी—दायीं-बायीं ओर बने टावरों की बाल्कनी में खड़े होकर या इसी इमारत के दूसरे बरामदों से उन्हें देखा जा सकता था। जो अपने आँसुओं को अब तक अपने से भी छिपाती आयी थी, वह आज इस तरह अपने को उघाड़ क्यों रही है। लेकिन उन हथेलियों की नमी थी कि शिवा अपने को हटा नहीं पा रही थी।

कमरे में हवा लहराने लगी थी। आँसुओं से भीगे चेहरे पर ताज़ा ठण्डी हवा की छुअन पाकर शिवा ने अपनी मुँदी हुई आँखें खोलीं। उसके ज़ेहन में एक पुरानी भूली-बिसरी पंक्ति बजी—''टू डाय एट द मोमेण्ट ऑफ सुप्रीम ब्लिस...।''

ज़िन्दा रहने के लिए सिर्फ़ इतनी-सी छुअन ज़रूरी होती है, उसे नहीं मालूम था। इस छुअन को पाने की साध इतने बरसों से उसके भीतर कुण्डली मारे बैठी थी और उसे पता तक नहीं चला। एक ख़ूबसूरत सपने से जैसे लौट आयी थी वह। उन हथेलियों पर अपनी पकड़ को वह कस लेना चाहती थी पर अचानक उसने पूरा जोर लगाकर अपने चेहरे को आज़ाद कर लिया।

बूढ़ा अब बाहर फैले शून्य में ताक़ता हुआ खड़ा था। मुट्ठी बाँधे अकबकाया- सा। पास रखी ख़ाली कुर्सी पर ढहते हुए उसने कहा–"आय'म सॉरी!" कहने के बाद उसने बँधी मुट्ठी खोली और हथेलियों से अपने चेहरे को ढक लिया। भीगे चेहरे को छिपाये वह बुदबुदाया–"आय'म सॉरी, शिवा!" कुरते की जेब से रूमाल निकाला और अपनी भीगी आँखों को पोंछा। बिना उसकी ओर देखे उसने जैसे अपने-आपसे कहा–"शिवा, मुझे क्यों ऐसा लगा जैसे बिन्दा लौट आयी है!...मेरी बिन्दा! छह महीने से मैं उसे ढूँढ़ रहा था और वह यहाँ बैठी थी मेरे सामने।...शिवा, मुझे माफ़ कर देना! मुझे आज वह बहुत दिनों बाद दिखी तो मैं अपने को रोक नहीं पाया..." और वह फफककर रोने लगा।

शिवा जैसे पत्थर की शिला हो गयी। पथरायी-सी वह उठ खड़ी हुई। "चाय लाती हूँ।" उसके होंठ हिले और वह रसोई की ओर मुड़ गयी।

बिन्दा! तो यह छुअन शिवा के हिस्से की नहीं थी। शिवा के लिए नहीं थी। बिन्दा के लिए थी।

एक पनीले सपने से बाहर आते हुए उसके भीतर बार-बार वह वाक्य बज रहा था–मुझे क्यों ऐसा लगा जैसे बिन्दा लौट आयी है! यह गुलाब की पंखुरियों-सा स्पर्श तुम्हारे लिये नहीं था! ज़ाहिर है। उसके हिस्से ऐसे मुलायम स्पर्श तो कभी आये ही नहीं। उसके हिस्से में पहला पुरुष स्पर्श उस चुम्बन का था जो होंठों पर जबरन प्रहार की तरह था–उसके अपने फूफा का–जब उसकी उम्र सिर्फ़ बारह साल थी, जिसके बाद होंठ तीन दिन तक सूजे रहे थे और वह अपनी माँ, पापा, सबसे अपने होंठों को छिपाती रही थी जैसे कितना बड़ा अपराध कर डाला था उसके होंठों ने। उसे लगा था जैसे अब वे होंठ फिर से पहले जैसे होंठ कभी बन नहीं पायेंगे। लेकिन नहीं, ऐसा नहीं हुआ। वह फिर से लौट आयी थी, जब उसकी शादी हुई, और उसने अपने वजूद को उतना ही नम पाया–फिर से एक भीगी-सी छुअन के लिए तैयार! पर शादी के बाद की वह पहली ख़ौफ़नाक रात...पूरी देह पर जैसे चोट देते ओले पड़ रहे थे। उसके बाद वैसी ही अनगिनत रातें और बीहड़ चुम्बन। होंठों ने दोबारा, तिबारा, सौ बार, हज़ार बार धोखा खाया। खाते रहे। सालों साल। वे सारे चुम्बन ऐसे थे जैसे उसके होंठ, अनचाही लार और थूक से लिथड़-लिथड़कर बार-बार लौट आते हों। वह उन्हें

कितना भी पानी से धोती, तौलिये से पोंछती पर थूक और लार की लिथड़न उसके भीतर एक उबकायी की तरह जमकर बैठ जाती—उतरने से इनकार करती हुई। उसके बाद स्पर्श की नमी को तो भूल ही गयी थी वह। सब-कुछ भीतर जम गया था। नहीं सोचा था कि कभी यह बर्फ़ पिघलेगी।...

...पर स्पर्श ऐसा भी होता है—हवा से हलका, लहरों पर थिरकता हुआ और गुलाब की पंखुरियों-सा मुलायम...यह तो उसने पहली बार जाना। अब तक वह अपने जीने की निरर्थकता को स्वीकारती आयी थी। आज उसे पल भर को लगा था कि अब वह मर भी जाये तो उसे अफ़सोस नहीं होगा।...पर यह तो ग़लती से एक नक्षत्र उसकी झोली में आ गिरा था। जब तक उसकी चमक को वह आँख भर सहेजती, उसकी झोली को कंगाल करता हुआ, नक्षत्र वापस अपने ठिये से जा लगा था।

बरामदे में दो कुर्सियों के बीच की छोटी-सी तिपायी पर उसने चाय का कप रख दिया। बूढ़ा जा चुका था।

चाय का प्याला बरामदे में पड़ा-पड़ा उसके सामने ठण्डा होता रहा। उसने चाय को उठाकर अन्दर वॉशबेसिन में उलट दिया।

अगले दिन वह पार्क गयी। उसी बेंच पर बैठी। देर तक प्राणायाम की कोशिश में लगी रही पर अपने मन को एकाग्र नहीं कर पायी। जैसे ही आँखें बन्द करती, लगता वह सफ़ेद कुरता पास आकर खड़ा है। उसकी खुशबू भी हवा में घुलकर उस तक पहुँच रही थी। खुशबू को छूने के लिए वह आँखें खोलती तो वहाँ कोई नहीं होता। बस, पेड़ों की शाख़ों में हिलते हुए पत्ते थे। बीच में टहलने के लिए बने रास्ते पर एक के बाद एक अधेड़ अपने ट्रैक सूट में तेज़ चल रहे थे, दौड़ रहे थे पर वह ए. के. कहीं नहीं था।

किसी तरह वह अधूरे प्राणायाम लेकिन सैर के पूरे बदहवास चक्कर लगाकर लौट आयी। शिवा अपनी उम्र के पैंसठ साल फलाँग गयी थी। उसने कहा था—वह पचास की लगती है। पैंसठ की हो तो भी क्या! शिवा ने सोचा—उम्र से कहीं कोई फ़र्क़ नहीं पड़ता।

दो दिन। तीन दिन। चार दिन। आँखें उन नर्म काँपती हथेलियों को ढूँढ़ती रहीं जिनमें उसका चेहरा था उस दिन। शिवा बेचैन हो उठी। रोज़ दिखता आसमान जैसे ढक गया था, बदली गहरा आयी थी लेकिन उसके पीछे छिपे हुए सूरज की किरणें तेज़ थीं जो शिवा के भीतर जमे ग्लेशियर को पिघला रही थीं।

पाँचवें दिन शिवा के क़दम खुद-ब-खुद उस सफ़ेद कुरते और उधड़े हुए स्वेटर की उँगली की दिशा में उठ गये। वही इक्कीसवाँ माला। फ़्लैट नम्बर वही जो उसका

है। फ़ोन नम्बर में सिर्फ़ एक का फ़र्क़। बस, बिल्डिंग का नाम अलग। ढूँढ़ पाना मुश्किल नहीं था।

लिफ़्ट का दरवाज़ा खुला और शिवा सकुचाते हुए बाहर निकली। क्या कहेगी। क्यों आयी यहाँ। क्या वैसे ही जैसे सफ़ेद कुरता चला आया था उसके घर, जब वह पार्क में कुछ दिन नहीं दिखी थी। क्या लौट जाये वह?

शिवा दुविधा में थी।

फ़्लैट के बाहर ही चन्दन की अगरबत्तियों का धुआँ और भीनी-सी ख़ुशबू आ रही थी। सामने ख़ूब सारी चप्पलें पड़ी थीं। आख़िर पोते-पोती, नाती-नातिनियोंवाला घर है। उसके घर की तरह उजाड़ नहीं कि एक जोड़ा चप्पल न दिखे कभी।...

फ़्लैट का दरवाज़ा खुला था और सामने इतने सारे सिर—अड़ोसी-पड़ोसी, नाते-रिश्तेदार!

"क्या हुआ?" उसने हैरत से पूछा।

"ए. के. के फादर नहीं रहे। रात को सोये तो बस, सुबह उठे ही नहीं!" एक सज्जन ने सूचना दी।

"क्या—आ?" शिवा की साँस थम गयी। ऐसा कैसे हुआ! उसे तो किसी ने यहाँ बुलाया नहीं था। आज ही उसके पैरों ने इस घर का रुख़ क्यों किया? क्यों? इस मलाल से कहीं बड़ा मलाल था कि उसके पैरों ने इस घर का रुख़ इतने दिन क्यों नहीं किया? पूरे पाँच दिन। रोज़ उसकी निगाहें पार्क में ही क्यों ढूँढ़ती रहीं उसे। ये पैर पहले भी तो इस ओर मुड़ सकते थे। क्या उसकी उम्र आड़े आ रही थी? शायद...शायद वह पहले यहाँ आ गयी होती तो बिन्दा से मिलने की ऐसी अफ़रा-तफ़री न होती इन...इन ए. के. को?...गले के भीतर रुलाई का एक गुबार-सा उठा जिसे नीचे धकेलने की कोशिश में उसका सिर वज़नी हो रहा था। मन ने चाहा कि यहीं से अपने को लौटा ले पर पैर अपने-आप सामने खड़े लोगों के बीच से राह बनाते आगे को बढ़ चले, जहाँ ज़मीन पर एक रंगीन चटाई पर सफ़ेद चादर से ढका वह चेहरा लेटा था—शान्त, निस्पन्द। कसकर भिंचे हुए पतले-पतले होंठ!

शिवा एकटक आशीष कुमार के चेहरे को निहारती रही, जहाँ अब 'आय एम सॉरी!' का कोई माफ़ीनामा नहीं था। 'कोई बात नहीं'—अब वह किससे कहती! किस तक पहुँचाती जो वह कहना चाह रही थी और न कह पाकर अपने गले तक कुछ फँसा हुआ महसूस कर रही थी।

ज़मीन पर बिछी हुई एक रंगीन चटाई पर लेटे हुए उस चेहरे पर एक अपूर्व शान्ति थी—कोई इच्छा, आकांक्षा, लालसा जहाँ बची न हो। खुली हुई मुट्ठी ऐसे खुली थी जैसे सब-कुछ पा लेने के बाद, सब-कुछ छोड़कर चले जाने की तसल्ली!

सहसा शिवा की निगाह उनके कन्धों पर गयी। वही क्रीम और ब्राउन धारियों में, उनकी अपनी बिन्दा के हाथ की उँगलियों का बुना हुआ स्वेटर। ऐसे स्वेटर का बिना जाना और ऐसे सहेजते हाथों में उस स्वेटर को पहुँचा पाना, ज़िन्दगी की नायाब हक़ीक़त है। कितनी औरतें अपने पतियों के लिए ऐसे स्वेटर बुनतीं हैं पर वे उधड़ने के बाद भी ऐसे सहेजनेवाले हाथों में कहाँ पहुँच पाते हैं। सारे स्वेटर हवा में तैरते रहते हैं और कोई हाथ उन्हें लोकने के लिए आगे नहीं बढ़ता। एक दिन वे सारे स्वेटर पूरे आसमान को ढक लेते हैं और उजाले की एक किरण को भी धरती तक पहुँचने नहीं देते। उसके गले तक आया रुलाई का गुबार आँखों के रास्ते बह निकला जैसे कोई बढ़ती आती लहर सूखी रेत को दूर तक भिगो दे। और फिर भिगोती चली जाये।

आख़िर अपनी बिन्दा के पास वे इस उधड़े हुए स्वेटर को पहने बिना कैसे जा सकते थे। शिवा ने सोचा और अपने को तसल्ली दी। नहीं, उनकी जगह वहीं थी जहाँ वे इस वक़्त चले गये हैं। क्या सचमुच—अपनी बिन्दा के पास?

शिवा एक साये की तरह मुड़ गयी। जैसे अपने को वहीं छोड़ आयी हो।

पैरों ने अपने फ़्लैट की ओर का रुख़ किया। जहाँ बाल्कनी की कुर्सी पर चाय का अनछुआ कप जैसे बरसों से अब तक वहीं पड़ा था।

●

बुत जब बोलते हैं

"इस घर में चूहे-ही-चूहे हैं। इन्सान यहाँ रहे कैसे!"

पापा पहले खीझकर बोलते हैं, फिर बुदबुदाते हैं—"आख़िर चूहे आते क्यों हैं, कभी सोचा है? जब घर गन्दगी से अटा-पटा रहता है, तब!"

पापा हमेशा दाँत पीसते हुए ही क्यों बोलते हैं, समझ में नहीं आता। पर शब्द हैं कि अन्दर नहीं पिसते, बाहर आते हैं और घर की सारी पुरानी धूल खायी चीज़ों पर उफनने लगते हैं।

पता नहीं इस उफान का इस दीवार से कोई कनेक्शन है! क्यों मेरी निगाह दीवार पर टँगी सिद्धार्थ भैया की तस्वीर पर चली जाती है। एक तस्वीर जिस पर माला टँगी होने भर से उसके सारे रंग बदल जाते हैं। तस्वीर की आँखों में नमी दिखने लगती है, उस चेहरे के इर्द-गिर्द गोलाकार में एक प्रभामण्डल खिंच आता है और मन में आता है कि तस्वीर के होंठ अभी हिलें और कुछ बोलें। पर फ्रेम के अन्दर से तस्वीरें कहाँ बोलती हैं!

दस साल पुरानी तस्वीर है भैया की, पर इस पर कभी धूल नहीं देखी। बाक़ी पूरे घर की साफ़-सफ़ाई में माँ की कोई दिलचस्पी नहीं। भैया के सामान पर भी धूल जमी दिख जाती है। उनकी गिटार पर। उनके आधे-अधूरे कैनवस पर। अलमारी में बन्द उनके रंग और ब्रश पर। संगीत की उनकी किताबों पर। उनके सारे साज़ो-सामान पर। अलमारी के किवाड़ के अन्दर उनके लगाये पोस्टर तक पीले और बदरंग हो चले हैं। उनके किनारे उखड़ने लगे हैं पर वे हैं वहीं। पापा इनके बारे में कभी कुछ नहीं कहते।...पर जब वह कहते हैं तो दाँत भींचकर ही कहते हैं। जो कहते हैं उसका मतलब यह होता है कि घर का कोई भी पुराना, फट-फटा चुका सामान भी माँ बाहर नहीं फेंकती, सहेज-सहेजकर रखती जाती हैं और घर धीरे-धीरे एक कबाड़

में बदलता जा रहा है।...और ऐसे कबाड़ में चूहे नहीं आयेंगे तो क्या तितलियाँ आयेंगी!

"अभिजित, आज देर मत करना, समय पर पहुँचना है वहाँ।" पापा के याद दिलाने से पहले ही माँ मुझे बता चुकी थीं कि आज अपने जन्मदिनवाले कपड़े निकाल लेना। वही पहनना। और कार्डिगन ज़रूर ले लेना। खुले फॉर्म हाउस में ठण्ड लगेगी।

"जी!" मैं भीतर से चहक उठा था। इसलिए नहीं कि अच्छे कपड़े पहनकर सज-धजकर हम आउटिंग पर जा रहे हैं। वैसे तो मुझे दोस्तों के साथ अपने बरमूडा या रिप्ड जीन्स में बाहर जाकर धमाल करना ज़्यादा पसन्द है बजाय इसके कि माँ-पापा के साथ राजा बेटा बनकर सलीक़े से चलूँ! ज़ोर से हँसने पर या झूम-झूमकर टेढ़ा चलने पर भी जहाँ पाबन्दी हो। हर बड़े-बुज़ुर्ग को झुककर प्रणाम करने की जगह अगर ग़लती से 'हाय या हलो अंकल' बोल दिया तो अपनी ख़ैर नहीं। पापा के साथ चलते हुए मुझे हमेशा 'अटेन्शन' की मुद्रा में रहना पड़ता है।

मेरी चहक की असली वजह है कि माँ ज़रा ढंग के कपड़े पहनकर बाहर निकलेंगी। घर में तो माँ ऐसे कपड़े पहने रहती हैं कि उनसे साफ़ तो हमारी लक्ष्मीताई दिखती हैं—साफ़-सुथरी चमकदार साड़ी और कान में चमकते सोने के बुन्दे और कलाई भर-भर लाल-हरी काँच की चूड़ियाँ।

आज हम सब मेहता अंकल के बेटे की शादी में जा रहे हैं। माँ भी चलेंगी। अक्सर माँ कहीं भी जाने से सीधे मना ही कर देती हैं। जहाँ भी जाना होता है, मैं और पापा ही जाते हैं। माँ साथ जाती हैं तो वह खास दिन होता है। दरअसल माँ को पता ही नहीं कि वे जब ढंग से सजती-सँवरती हैं तो हम दोनों को कितना अच्छा लगता है। जी होता है कि उन्हें देखता ही रहूँ। फिर उन्हें ऐसे एकटक निहारने से मुझे खुद अपने पर शर्म आने लगती है।

"अभि ! कैश गिनकर अलमारी के ड्रॉअर में डाल देना।" पापा मुझे नोटों का बण्डल थमा देते हैं।

"वहाँ से लौटकर गिनता हूँ न पापा!" मैं शादी में तैयार होने के लिए कपड़े निकालता हूँ।

पापा पहले माँ को यह नोटों का ढेर थमा देते थे पर माँ का गणित बहुत कमज़ोर है। वह हमेशा गिनने में ग़लती कर देती हैं। एक दिन पापा बौखला गये—रोज़ का यही हाल। अभि ! तेरी ममी से आजकल कुछ नहीं किया जाता।...और यह काम मेरे जिम्मे आ गया।

मेरे पापा—डॉ. देवाशीष कुमार शहर के नामी डॉक्टर हैं ! पापा के पास कितने सारे मरीज़ आते हैं। उनके क्लिनिक में शीरीन दीदी का दराज़ नोटों से भर जाता है। वे हालाँकि गिनकर ही पापा को पकड़ाती हैं पर दोबारा चेक तो करना ही पड़ता है न!

जब पहली बार इतने सारे नोट देखे थे तो कैसी चुहल-सी पैदा हुई थी। नोट गिने। फिर सहेजे। इतने-इतने ढेर-सारे नोट। मैंने माँ से चहककर कहा—"माँ, मुझे भी डॉक्टर बनना है। पापा की तरह।"

माँ ने मेरी ओर ऐसे देखा जैसे मेरे पार कहीं और देख रही हों। बस, फिर हलके-से मुस्कुरा दीं—"पापा को बताना। खुश होंगे।"

पापा तो हर वक़्त फोन पर ही रहते हैं। हर वक़्त बिज़ी। हर वक़्त जैसे लाम पर। मैं पापा को लेकर गर्व से भर जाता हूँ। कितना भरोसा करते हैं उनके मरीज़ उन पर। कार ड्राइव कर रहे होते हैं, तब भी फ़ोन बजता ही रहता है।

अब तो लगता ही नहीं कि मेरी यह हमेशा चुप-सी रहनेवाली माँ भी कभी डॉक्टर रह चुकी हैं। शहर की एक नामचीन डॉक्टर—डॉ. देवयानी कुमार। पापा से कहीं ज़्यादा शोहरत थी जिनकी। पापा के मरीज़ों से कहीं ज़्यादा मरीज़ उनके कमरे के बाहर इन्तज़ार करते थे। रात को पापा पहले खाली हो जाते। माँ को एकाध घण्टा और लग जाता। सब मुझे बंसी काका ने बताया।...पर एक हादसे में भैया क्या गये, माँ की दुनिया ही बदल गयी। माँ ने अपनी प्रैक्टिस छोड़ दी और घर में बैठ गयीं। चुपचाप। एक बुत बनकर। जैसे बोलना भूल गयी हों। फिर घर में ग़रीबों का मुफ़्त में इलाज करने लगीं। दवाइयाँ भी अपने पास से देतीं। बाहर से दवा लाने के लिए पैसे भी पकड़ा देतीं।

मैं तब बहुत छोटा था। छह साल का। माँ बहुत चुप रहती थीं और मुझे समझ ही नहीं आता कि उन्हें कैसे खुश करूँ। कभी-कभार माँ मुझे बहुत लाड़ करतीं पर उनके छूने में लगता, जैसे मुझे नहीं भैया को दुलार रही हैं। एक स्पर्श जो होकर भी नहीं था। पर हर चीज़ की धीरे-धीरे आदत हो जाती है। माँ जैसी हैं, वैसी हैं और पापा? पापा तो पापा हैं। पापा से भला कैसी शिकायत।

ऐसे ही माहौल में बड़ा हुआ मैं। कभी मन होता—माँ से पूछूँ—सच बताओ क्या प्यार करती हो मुझे या सिर्फ़ भैया से ही प्यार था तुम्हें। मैंने तो सुना था माँ हमेशा बेटों से बहुत लाड़ करती हैं। बस, एक ही बात याद है—माँ को तब मैं ममी बोला करता था। एक बार माँ ने कहा—मुझे ममी मत बोला कर तू !—क्यों? मैंने पूछा ज़रूर पर माँ की आँखों में देखा तो कुछ ऐसा दिखा कि लगा—इतनी-सी बात पर सवाल क्यों। तब से ही माँ को माँ कहता हूँ और सचमुच माँ ममी से ज़्यादा अच्छी लगती

है। बस, एक खुली खिली-सी मुस्कान भर दिख जाये इस माँ के चेहरे पर। जब दिख जाती है तो लगता है बारिश की फुहारें पड़ रही हैं। मुस्कुराती हुई माँ बहुत भली दिखती हैं।

माँ ने आसमानी रंग की साड़ी पहनी है। उसी रंग की मोतियों की माला। उसी रंग का कढ़ाईवाला कश्मीरी केप जो माँ पर ख़ूब फबता है। माँ जब सजकर निकलती हैं तो अलग-सी दिखती हैं। चेहरे पर तेज़ आ जाता है पर एक उदास छाया-सी भी हर वक़्त वहाँ पसरी रहती है। शायद माँ को आज भी भैया याद आ रहे हों। वह आज होते तो मेहता अंकल के बेटे जितने ही तो बड़े होते। दोनों क्लासमेट थे स्कूल में।

फॉर्म हाउस यानी हमारे घर से दस-बारह किलोमीटर का सफ़र। पूरे रास्ते भर माँ चुप ही रहती हैं। कुछ नहीं बोलतीं। बस, एक बार पापा ने पूछा—लिफ़ाफ़ा ले लिया? भूली तो नहीं? माँ ने हलका-सा सिर हिलाया जो गाड़ी चलाते हुए पापा को दिखा नहीं। पापा का सुर थोड़ा तेज़ हुआ—मैं कुछ पूछ रहा हूँ, कैश डालकर लिफ़ाफ़ा देने के लिए ले लिया या नहीं। इस बार सिर के साथ माँ के होंठ भी हिले—लिया! पापा की आवाज़ कुछ धीमी हुई—बोलोगी नहीं तो मुझे कैसे समझ में आयेगा।...तुम्हें आजकल कुछ याद नहीं रहता इसलिए बार-बार पूछना पड़ता है।

देवयानी और देवाशीष—नाम में क्या राइमिंग है पर हक़ीक़त में? ऐसी अनोखी प्रजाति के माँ-बाप को हर वक़्त झेलना बच्चों को कैसा लगता है, यह कोई मुझसे पूछे। साथ-साथ चले नहीं कि लगता है, एक पतली-सी डोरी पर चल रहे हैं। सन्तुलन नहीं साधा तो डोरी अब टूटी, तब टूटी। और यह डोरी ये बड़े नहीं साधते, हम बच्चों को ही साधनी पड़ती है।

दूर से ही छोटे-छोटे दूधिया बल्बों की क़तारें और सफ़ेद केसरिया फूलों की झालरें देखकर आँखों को राहत मिली। उसमें शहनाई के मद्धिम सुर ने कानों को भी मरहम लगाया। इतने शोर-शराबे और झगड़े-झंझटों के बीच शहनाई की ऐसी सुरीली गूँज एक दूसरे ही लोक में पहुँचा देती है। सुना है, भैया भी गिटार पर एक-से-एक सुन्दर गाने बजाते थे। क्या इसीलिए मुझे अपने दोस्तों के साथ हो-हुल्लड़ भरा रॉक म्यूज़िक एक प्रचण्ड पागलपन लगता है और उस पर बदहवास होकर झूमते अपने दोस्त थोड़े-से खिसके हुए लगते हैं। मैं उस कनफोड़ू संगीत को पसन्द नहीं कर पाता और सब मुझे मियाँ तानसेन कहकर चिढ़ाने लगते हैं।

पापा ने कार को सलीक़े से सड़क के एक किनारे खड़ा किया। माँ मुझे देखकर मुस्कुरायीं—ज़रा पकड़ना अभि बेटा। उन्होंने फूलों का गुलदस्ता मेरे हाथ में थमाया

और बड़े एहतियात के साथ अपनी नीली साड़ी सँभालते हुए उतरीं। चलो, माँ ने मेरे सिर पर हाथ फिराया और मैं माँ को कन्धे से घेरता हुआ आगे बढ़ चला। क्या आलीशान स्वागत था रंग-बिरंगे फूलों की इन्द्रधनुषी झालर से सजे-धजे गेट पर। दोनों ओर से गुलाबजल की हलकी-सी फुहारें। बिना काँटों का एक ख़ूबसूरत-सा गुलाब का फूल। फूलों की पंखुरियों का छिड़काव हम सबको खास मेहमान का दर्जा दे रहा था। गेट के दोनों ओर एअर इण्डिया के दो महाराजा लाल पाग और काली मूँछों में एक हाथ स्वागत की मुद्रा में सलीक़े से उठाये मूर्तिवत् खड़े थे। अरे, यह क्या! एक की झुकी हुई पलक झपकी। माँ को कुहनी से टहोका मैंने–देखो माँ, स्टैच्यू नहीं, सचमुच के हैं ! हट पागल, कहकर माँ आगे बढ़ चलीं तो मुझे भी आगे चलना पड़ा पर मैं पीछे घूम-घूमकर देख रहा था। मूर्ति बनने की कला में वे दोनों बौने माहिर थे और मेकअप करनेवाले ने ज़िन्दा इन्सानों को बुत में तब्दील कर डाला था।

सामने फैले विशालकाय मैदान पर क़रीने से कटी हुई हरी-भरी घास थी। हर ओर चलने के रास्ते पर लाल कालीन बिछा हुआ। तारों-भरे आसमान के शामियाने तले साटन के लिहाफ़ और गुलाबी फ़ीतों से बँधी गद्दीदार चार-छह कुर्सियों के बीच आयताकार, चौकोर और षट्कोण मेज़ें थीं। दूर एक कोने में कई सुसज्जित खम्भों पर टिके ताजमहल के गुम्बद की आकार में एक मंच था जिस पर पुराने वाद्य यन्त्रों के साथ कुछ गायक और वादक बैठे थे। लग रहा था जैसे किसी राजसी ठाठवाले म्यूज़ियम में हम चले आये हैं जहाँ हर ओर आँखों को लुभानेवाली नायाब दर्शनीय इबारतें रच दी गयी हैं। ट्रे में काजू, पिस्ता, बादाम, किशमिश और अखरोट सजाये सजी-धजी लड़कियाँ घूम रही थीं।

हर एक मेहमान को खास तवज्जो दी जा रही थी। माँ की आँखें हर ओर घूम गयीं, फिर थकी-सी बोलीं–"अरे, अब तक दूल्हा-दुल्हन तो आये ही नहीं। स्टेज खाली पड़ा है।" पापा ने हुंकारा भरा–"लगता है, जल्दी आ गये हम। चलो, यहीं बैठ जाते हैं। कुछ खा-पी लो। नज़ारे देखो।"

अचानक पापा को अपने परिचित मित्र दिखायी दे गये और वे चहककर ड्रिंक्सवाले काउण्टर की ओर बढ़ गये। माँ ड्रिंक्स लेती नहीं थीं और मैं अपने माँ-पापा की नज़रों में नाबालिग़ था।

हम कुछ स्टार्टर्स लेकर बैठ गये और आसपास के अजायबघर का मुआयना करने लगे। छोटे-छोटे बल्बों में सजे आकारों में कहीं झरना था तो कहीं बर्फ़ का पहाड़। वाह, क्या नज़ारा था। आँखों के लिए हर कोना अलग तरह से सजा-धजा था जो बरबस ध्यान खींच लेता था।...और एक कोने में सजे उस विशालकाय बर्फ़ीले पहाड़ की चोटी पर, नीले रंग में जटाजूटधारी भगवान शिव की प्रतिमा थी। मृगछाल पहने। एक हाथ में त्रिशूल, दूसरे में डमरू लिये। गले में सर्पमाला डाले। एक टाँग पर खड़े।

मैंने उस पर नज़रें टिका दीं। माँ ड्रिंक्स के उस काउण्टर की ओर देख रही थीं जहाँ पापा अपने दोस्तों के जमावड़े में शामिल हो गये थे।

कुछ मिनटों में ही मैंने देखा—वाह-वाह ! भोले भण्डारी ने अपना पैर बदल लिया। पहले वह दायें पैर पर खड़े थे, अब बायें पैर पर।

"माँ, देखो वह शिव जी भी सचमुच के! ही इज़ रीअल!" मैं लगभग चीख़कर बोला।

"पागल है? इतनी ठण्ड में...। पुतला है वह!" माँ ने देखा और मुझे झिड़क दिया !

वह नीलकण्ठ महादेव पलकें भी झपका रहे थे।

माँ को दिख क्यों नहीं रहा। माँ की दूर की नज़र कमज़ोर है शायद!

हमारे सिर के काफ़ी ऊपर एक छोटा-सा मिनी हेलीकॉप्टरनुमा खिलौना घूम रहा था जैसे किसी ने जासूसी के लिए उसे छोड़ रखा हो। एक अजूबा-सा दिख रहा था। धीरे-धीरे चक्कर काट रहा था मच्छर के भिनभिनाने की-सी आवाज़ करता। "यह क्या है भला?" माँ ने मुझसे पूछा। "क्या पता"—मैंने कन्धे उचका दिये। हमारे बग़ल में बैठी एक सुन्दर-सी आण्टी ने हमारी बात सुन ली और चहकते हुए बताया—"यह रिमोट ऑपरेटेड कैमरा है। ऊपर से सारे मेहमानों की तस्वीरें खिंच जाती हैं, बेटी की शादी में हमने पहली बार लगवाया था इसे पाँच साल पहले। अब तो बहुत कॉमन हो गया है!" कहकर उन्होंने जैसी निगाह हम तक डाली—हमें लगा हम ज़मीन में चार इंच नीचे धँस गये हैं। कैसे बेवकूफ़ हैं हम। हमें इतना भी नहीं पता। किस ज़माने में रहते हैं!

वह रिमोट परिचालित कैमरा जैसे ही आगे गया, हर-हर महादेव की आँखों के साथ गर्दन भी उसे देखने के लिए थोड़ा घूम गयी।

"माँ, झूठ नहीं कह रहा। ठीक से देखो। वह सचमुच का लड़का है। बाय गॉड!"

इस बार माँ ने भी ध्यान दिया।

"अरे हाँ, अभि! यह तो पुतला नहीं, इन्सान है। सचमुच ! इतनी ठण्ड में...बीमार हो जायेगा यह। नंगे बदन खड़ा कर दिया है उसे! उफ़!"

माँ बेचैन हो उठीं—"क्या कर रहे हैं ये लोग! डॉक्टर के घर में शादी है और एक बच्चे को नंग-धड़ंग खड़ा कर रखा है।"

माँ ने सूट-बूटधारी एक सुपरवाइज़र को इशारे से बुलाया जो ट्रे में काजू-पिस्ता ले जाती सुन्दरियों को हिदायत दे रहा था और हर मेहमान से पूछ रहा था कि उनकी ख़िदमत में क्या पेश किया जाये।

वह सूट-बूटधारी सामने आकर खड़ा हो गया और एअर इण्डिया के महाराजा की तरह अभिवादन में आधा झुककर बोला–"यस मैम!"

माँ ने भोले भण्डारी की ओर इशारा किया–"वह शिव जी बना बच्चा देख रहे हैं?"

सूट-बूटधारी ने कुछ हैरत में कहा–"यस मैम!"

"उसे इसी वक़्त नीचे उतारिये। इट्स इनह्यूमन। उसे ठण्ड से निमोनिया हो जायेगा। डॉक्टर हूँ मैं। और यह डॉक्टर के बेटे की शादी है?"

...यह क्या हुआ ! मैंने तो सिर्फ़ अपनी पैनी निगाह का रुआब जताया था कि वह पुतला नहीं, जीता-जागता लड़का है।

"मैम ! वहाँ बर्फ़ नहीं है।" सूटधारी ने अपनी गर्दन पर सजा 'बो' ठीक किया और हँसकर बोला–"उसके खड़े रहने के लिए लकड़ी का पाटा है। ठण्ड नहीं है वहाँ।"

माँ ने उसे ऊपर से नीचे तक ताड़ती निगाहों से देखा फिर फीकी-सी हँसी हँसकर बोलीं–"यही तो फ़र्क़ है ! कपड़े पहनकर आप यह बात कह सकते हैं। वह नंगे बदन खड़ा है। बदन पर नीला रंग पोत देने से गर्मी नहीं आ जाती बदन में, इतना तो समझते हैं न आप!"

"मैम, दिस इज़ पार्ट ऑफ़ आवर इवेण्ट। ही इज़ पेड फ़ॉर इट मैम!"

"पेड फॉर इट? उफ़!"

"जी मैम!"

"हद है, डॉ. मेहता जानते हैं इस इवेण्ट के बारे में?"

"यस मैम।" सूट-बूटधारी विनम्रता और धीरज की साक्षात् प्रतिमूर्ति बना अब तक एअर इण्डिया के महाराजा की तरह आधा झुका था।

"डॉ. साहब को फ़ोन करूँ? उसे नीचे उतारिये। अभी ! इसी वक़्त !

माँ का चेहरा तमतमा रहा था। मुझे नहीं मालूम था कि माँ मेरे इस छोटे-से आविष्कार को लेकर इतनी हाइपर हो जायेंगी।"

"जी...जी...नहीं...आय'ल कॉल हिम।" सूट-बूटधारी अब कुछ अव्यवस्थित हुआ, फिर अपने को व्यवस्थित करता, दायें-बायें झाँकता आगे की ओर बढ़ गया–"यस मैम...।"

मैंने माँ की पीठ पर हाथ रखा–"रिलैक्स माँ! अपना बी.पी. मत बढ़ाओ।"

माँ का ब्लड प्रेशर तो शूट अप कर चुका था–"अभि, क्या वह दरवाज़े पर एअर इण्डिया के महाराजा भी ज़िन्दा लोगों को पुतला बनाकर खड़ा कर रखा था? तूने कहा था न !"

मैंने भी सूट-बूटधारी की-सी स्थिर टोन में कहा–"पता नहीं माँ! आय 'म नॉट श्योर!"

जब सामनेवाला अधीरता की सीमा पार करता दिखे तो हमारे धीरज का ग्राफ अपने-आप ऊपर उठने लगता है।

शादी की गहमागहमी माँ की उस अधीरता के सामने फीकी पड़ रही थी। माँ सबसे बड़ा अजायबघर थीं उस समय! अर्जुन की आँख की तरह वे नीलकण्ठ पर एकाग्र थीं।

तब तक पापा ड्रिंक के लम्बे ग्लास को इस तरह थामकर आये जैसे उनके हाथ में फ़िल्मफ़ेयर अवॉर्ड की ट्रॉफी हो—"हाय गाइज़। व्हॉट आर यू अप टू? कुछ खा नहीं रहे? ऐसी शादी देखी नहीं होगी ! एनीथिंग एण्ड एवरीथिंग यू वॉण्ट टू हैव अण्डर द सन!"...पापा के अन्दाज़ में जो खनक थी और जिस तरह लहराकर वे बोल रहे थे, लग रहा था—खुमारी की शुरुआत हो चुकी है।

तब तक हमारी मेज़ पर दो ख़ूबसूरत कपों में सूप आ चुका था। मैंने पापा से कहा—"पापा आप ले लो सूप! मैं और मँगवा लेता हूँ।"

पापा ने मुँह बिचकाया—"हुँह ! यहाँ सूप पीने कौन आया है !" फिर अपने जोम में मुस्कुराये।

मैं भी मुस्कुराया। आख़िर हम यहाँ मौज-मस्ती करने ही तो आये थे।

माँ ने धीरे से कहा—"यू हैव टू ड्राइव अस बैक होम! प्लीज़..."

पापा ने और लरजकर कहा—"अरे, आय हैव नेव्हर लॉस्ट माय सेन्सेज़। हैव आय? आज तक कभी अपने होशो-हवास खोये हैं मैंने?"

पापा की आँखें एक बार और पूरे फॉर्म हाउस का चक्कर काट आयीं—"देखो, अब तक दूल्हा-दुल्हन नहीं आये। यह है इण्डियन शादी। दूल्हा-दुल्हन आयें न आयें, हमारी बला से। बरातियों की तो शादी मन जाती है।...चलो, आप लोग सूपपान करो, हम सुरापान करके आते हैं ज़रा। बड़े पुराने यार-दोस्त मिल रहे हैं—तीस साल बाद! हा-हा! नो जोक!"

माँ की निगाह में शर्मिन्दगी थी ! मैं चाह रहा था कि मैं वहाँ से ग़ायब हो जाऊँ पर वहाँ बने रहने के अलावा कोई रास्ता नहीं था।

हर-हर महादेव ग़ायब हो चुके थे। बर्फ़ के पहाड़ से गंगा झर-झर बह रही थी।

थोड़ी देर बाद सूट-बूटधारी फिर झुका हुआ हाज़िर था—"मैम! उतार दिया उसे!"

"कहाँ है वह?"

"मैम...मैम...ही इज़ फ़ाइन...मैम!"

"हाँ, लेकिन मुझे उससे मिलना है। आय वॉण्ट टू-सी हिम!" माँ ने सख़्त स्वर में कहा।

माँ को आज क्या हो गया है। माँ हमेशा तो ऐसी नहीं दिखतीं।

सूट-बूटधारी अकबकाया। ओ. के.। ओके मैम ! उसने मोबाइल से नम्बर मिलाया। हिदायत दी।

"जी चलिये मैम!"

माँ चल दीं। उनके पीछे-पीछे फूल का गुलदस्ता थामे हुए मैं।

रास्ते में माँ की कोई परिचित मिल गयीं। अपना शॉल लहराते हुए बोलीं—"अरे, अभि बेटा इतना बड़ा हो गया।...और तू? तू इतनी दुबली क्यों हो रही है?"...वैसे उनके कहने से पहले ही मुझे मालूम था कि वे यही बोलेंगी और अगला वाक्य—"तबीयत तो ठीक है न ! और डॉक्टर साहब? हाँ...वह तो अपनी मण्डली में चले गये होंगे। हमें पता था कि यहाँ तो देर होनी ही है सो हम तो जी आये ही देर से..."

...उफ़! हमें क्यों पता होता है कि वे यही बोलेंगी। उन्हें क्या माँ के खोये अन्दाज़ और चेहरे पर चिपकी नक़ली मुस्कान से पता नहीं चलता कि माँ सुन ही नहीं रहीं, माँ का ध्यान कहीं और है! माँ तो उस सुपरवाइज़र के पीछे-पीछे चलती जा रही हैं और मैं माँ के पीछे। मेरे सामने इसके अलावा चारा ही क्या था।

सिर्फ़ एक आदमी के घुसने भर की जगह खुली थी, बाक़ी तीनों ओर क़नातें तनी थीं। हम तीनों एक-एक कर अन्दर दाख़िल हुए। बीचोबीच चार कुर्सियाँ और एक गोल मेज़ थी। अन्दर एक क़तार से सबके कपड़े टँगे थे। शायद उनकी जो यहाँ हाथ में ट्रे लिये, एक-जैसी ज़री के पट्टेवाली साड़ियाँ सलीक़े से टाँके सजी-धजी घूम रही हैं।

एक कोने में मृगछाल पहने, नीले रंग में सराबोर एक दुबला-पतला-सा लड़का भोले भण्डारी की छवि से निकलकर जैसे ठण्ड से सिकुड़कर वहाँ खड़ा था—अपने नीले बदन पर अपनी मैली कमीज़ को गले पर लपेटे। दूर से एक पुतला ही दिख रहा था जो, सामने आ खड़ा हुआ तो उसके पूरे शरीर में सिर्फ़ दो आँखें ही दिख रही थीं, उजली-चमकती-सी, जो नीली मिट्टी से सनी उसकी निर्जीव देह पर एकमात्र ज़िन्दा चीज़ लग रही थीं। उसकी पलकें झपकने पर ही लगा कि वह मिट्टी का बेजान नहीं, जीता-जागता इन्सान का बच्चा है।

माँ ने उसकी कलाई थामकर उसे एक कुर्सी पर बिठाया और ख़ुद दूसरी पर बैठीं। मैंने फूल का गुलदस्ता मेज़ पर रख दिया पर रखते ही लगा जैसे भगवान शिव को फूल चढ़ा रहा हूँ। मैंने वापस उसे अपने हाथ में उठा लिया।

अपनी हथेली उस लड़के के माथे पर फिराते हुए माँ सुपरवाइज़र की ओर मुड़ीं—“कपड़े कहाँ हैं इसके। फ़ौरन पहनाइये। कैसा ठण्डा बदन हो रहा है, उफ़।”

माँ के चेहरे पर तनाव बढ़ता जा रहा है। पापा ठीक कहते हैं कि माँ बहुत अनप्रेडिक्टेबल हैं। अपने को डिप्रेशन में बनाये रखने का बहाना ढूँढ़ती रहती है।

सूटधारी ने घबराकर पहले उसके सिर से जटा उतारी, फिर उसके गले में लिपटी कमीज़ की आस्तीन उसकी बाँहों में चढ़ाने लगा तो लड़के ने खुद ही उसे पहन लिया और ऐसी मुद्रा में आ गया जैसे उसे स्कूल में क्लास से बाहर निकाल दिया गया हो। जटा उतारने से मेकअप की परत माथे पर साफ़ दिखायी देने लगी। वह कभी माँ की ओर देखता, कभी सूटधारी की ओर जैसे पूछ रहा हो कि मेरी ग़लती क्या है।

“ठण्ड लग रही थी वहाँ बेटा?” माँ ने उस लड़के से पूछा तो जवाब सूटधारी से आया—“मैम, बर्फ़ तो सिर्फ़ सामने है। पीछे थर्मोकोल है, लकड़ी...

माँ ने सूटधारी को हथेली दिखाकर बरज दिया।

अब लड़के ने डरे-सहमे-से ‘ना’ में सिर हिलाया—नहीं, ठण्ड नहीं लग रही थी वहाँ। बोला कुछ नहीं।

“कुछ गरम पिआगे बेटा?”

‘ना’ में उसने फिर सिर हिला दिया। मुझे शक हुआ, कहीं यह गूँगा तो नहीं। पर वह सुन पा रहा था!

“सूप लाऊँ? चाय?” मेरे मुँह से निकल गया—“गरम गरम!”

उसने फिर सिर हिला दिया। जैसे चाभी से भरा गुड्डा हो।

“क्या खाओगे?” मैंने उसके सपाट पेट की ओर देखते हुए पूछा।

“पूरी-भाजी।” इस बार वह बोला—सूखे होंठों को जीभ से तर करता हुआ।

“डोण्ट वरी मैम ! मैं अभी एक प्लेट में खाना लाने का ऑर्डर देता हूँ मैम !”

सूटधारी, अपने गले पर ‘बो’ कसता हुआ, बाहर की ओर निकल गया।

उसके चेहरे पर अजब-सा भाव था जैसे कह रहा हो कैसे बेढब लोगों से पाला पड़ गया।

उसके बाहर जाते ही लड़के ने हिचकते हुए माँ से पूछा—“मेरा पइसा नईं कटेगा न? माई की दवा के लिए चाहिए।”

माँ एक पल को रुकीं, फिर पूछा—“माँ बीमार हैं?”

इस बार उसने ‘हाँ’ में सिर हिलाया।

"कितने पैसे की बात हुई?"

उसने दाहिने हाथ की पाँच उँगलियों को खोलकर दिखाया। एक-एक उँगली जैसे एक-एक हथेली हो।

"पाँच हज़ार?"

"नहीं, पाँच सौ !" वह पाँचों उँगलियों को खोलता बन्द करता है।

"स्कूल जाते हो?"

"स्कूल में इस्त्री का कपड़ा देने जाता हूँ।"

माँ ने एकाएक अपना पर्स खोला और लिफ़ाफ़े में रखे सारे नोट निकालकर उसे थमा दिये—"रख ले बेटा। आना कभी मिलने।" साथ में अपना पुराना कार्ड भी, जो माँ की प्रैक्टिस के समय का विज़िटिंग कार्ड था।

वह मुँह बाये देखने लगा—"इतना सारा?" उसकी आँखें फैल गयीं।

उसके साथ-साथ मैं भी घबरा गया। यह क्या हो रहा है माँ को। जान न पहचान, हज़ार-हज़ार के नोट थमा दिये इस लड़के को ! इतने लम्बे-लम्बे नोट तो उसने कभी देखे भी नहीं होंगे।

तब तक वह सूटधारी आता दिखा तो लड़के ने जल्दी से मृगछाल की छापवाले कपड़े के नीचे पहने अपने धारीदार कच्छे में नोटों को खोंस लिया।

"मैम, खाना मँगवा दिया है! वी विल टेक केअर।" उस सूटधारी के पीछे-पीछे एक सुसज्जित कन्या खाने से अटी-पटी प्लेट के साथ होंठों पर नपी-तुली मुस्कान लेकर हाज़िर थी।

"आप लोग भी चलें।" सूटधारी फिर एअर इण्डिया के महाराजा की मुद्रा में झुक गया।

शादी है या नौटंकी! हर कोई अपनी अदाकारी के पैसे वसूल रहा है। एअर इण्डिया के महाराजा से लेकर सुन्दरी बालाओं तक !

मेरी भूख तो इन नौटंकियों से मर चुकी थी। तब तक दूल्हा-दुल्हन का पदार्पण हो चुका था और मंच पर उनके विराजने से पहले ही उन्हें शुभकामनाएँ देनेवाले मेहमानों की क़तारें लम्बी होती जा रही थीं।

माँ ने पापा को ढूँढने के लिए इस कोने से उस कोने तक चारों ओर नज़र घुमा ली। पापा कहीं दिखायी नहीं दिये तो माँ ने कहा—चलो, खाना ले लेते हैं। हमने भोजन की परिक्रमा शुरू की। उस विशाल प्रांगण के विशालकाय भोज-समारोह में दक्षिण से लेकर गुजरात-राजस्थान और चीनी-इतालवी-थाई से लेकर कॉण्टीनेण्टल खाने के स्टॉल्स को निहार-निहारकर हम दोनों अपना पेट भर चुके थे। माँ ने सलाद

से और मैंने कॉर्न चीज़ पास्ता से अपनी प्लेट भर ली और बेमन से खाने पर जुट गये। माँ खा तो क्या रही थीं, टूँग रही थीं। मेरी ओर देखकर शायद अपने-आपसे कह रही थीं—"कैसा पैराडॉक्स है। करोड़ों की शादी और एक ग़रीब को ठण्ड खाने के पाँच सौ दे रहे हैं, यहाँ से जाकर चाहे उसे निमोनिया पकड़ ले।"

"आपने अपना कार्ड तो दे दिया है न माँ, आपके पास आ जायेगा।"

मैंने कहने को कह दिया पर उस भोले भण्डारी की पूरी-भाजी की माँग ने मेरे लिये कॉर्न-पालक-चीज़ पास्ता को नफ़ीस छुरी-काँटे से खाना दुश्वार कर दिया था।

पापा अब तक नहीं आये थे। मैं अगर न आता और पापा इसी तरह माँ को अकेला या किसी ठस-सी चमकीली दोस्त के पास छोड़कर चले जाते तो माँ को कैसा लगता, यह सोचने से मैं अपने को रोक नहीं पाया। शायद इसीलिए, पापा के साथ कहीं बाहर चलने के लिए, माँ तैयार नहीं होतीं !

जब मैं गरमागरम गुलाबजामुन पर, ठण्डी-ठण्डी आइसक्रीम और चॉकलेट सॉस डालकर, खाने बैठा तो पापा हड़बड़ाते हुए आये—"अरे, चलो उठो जल्दी। मैं क्यू में अपनी जगह रखवाकर आया हूँ। मिसेज़ देसाई के पास। चलो, नये जोड़े को विश कर आयें पहले।"

मैंने आधा खाया, आधा छोड़ा और पापा के हुक्म अदायगी में अटेन्शन में खड़ा हो गया।

माँ ने पापा से कहा—"आप खा तो लेते..."

पापा ने फिर उसी खुमारी में कहा—"अहह...इतने स्टार्टर्स खाये कि मेन कोर्स के लिए तो पेट में जगह ही नहीं बची अब ! चलो, बी रेडी !"

...और हम पापा के पीछे-पीछे मार्च करते-से चल दिये।

क़तार वाकई लम्बी थी। क़तार के क़रीब ऑर्केस्ट्रा वादक, मेहमानों की फ़रमाइश पर, पुराने वाद्य यन्त्रों पर पुराने हिन्दी फ़िल्मी गीत बजा रहे थे—अजीब दास्ताँ है ये... कहाँ शुरू, कहाँ ख़तम...ये मंज़िलें हैं कौन-सी...न तुम समझ सके न हम...! देसाई आण्टी के साथ पापा गीत की धुन पर सिर हिला-हिलाकर मस्ती में झूम रहे थे।

गीत ख़त्म हुआ तो पापा ने कहा—लिफ़ाफ़ा निकालकर हाथ में रख लो।

माँ ने कुछ नहीं कहा।

"लिफ़ाफ़ा ! कहाँ है?"

"नहीं है!" माँ ने सीधे कहा।

"मतलब? लेकर तो चली थीं तुम।"

"हाँ, पर मैंने कहीं दे दिया..."

"दे दिया? कहीं? मतलब?"

माँ चुप रहीं।

माँ के असमंजस को भाँपकर मैंने पापा को संक्षेप में उस भोले भण्डारी की कथा सुनानी शुरू की ! पर पूरा सुनने से पहले पापा बीच में ही चिहुँककर बोले—"यानी तुम्हारी माँ ने लिफ़ाफ़ा उस शिव जी के पुतले को शगुन में दे दिया?"

माँ की बेवकूफ़ी पर पापा इस तरह फिसफिसाकर हँसे जैसे देख रहे हों कि किसी और ने तो नहीं सुनी यह बात।

"क्या करना है मैडम अब! फ़रमाइये !" पापा ने चढ़ी हुई आँखों से पूछा।

माँ ने अपना पर्स खोलकर एक का चमचमाता सिक्का लगा, विघ्नविनाशक गणपति का सुनहरा उभरा हुआ चित्र बना, लाल केसरिया रंग का शगुनी लिफ़ाफ़ा निकाला और पापा को थमा दिया—खाली है।

"आप अपने वॉलेट से डाल दो इसमें...जितना देना है!"

"क्या? वॉलेट से?" पापा का खुमार एकबारगी जैसे उतरा। वे माँ के नज़दीक आये और बौखलाकर शब्दों को चबाते हुए बोले—"आर यू मैड? मैं कैश लेकर चलता हूँ कभी? क्रेडिट कार्ड दे दूँ कि आप निकाल लो इसमें से? क्या पागलपन हो रहा है!...देखो, तुम्हारे पर्स में कितने हैं?"

माँ ने खाली पर्स दिखा दिया।

"कम ऑन! कम ऑन! लेट्स गो!"

पापा का चेहरा अब तमतमा रहा था। उनका सारा खून जैसे चेहरे पर चढ़ आया था।

मिसेज़ देसाई ने रोका—"अरे...अरे...कहाँ जा रहे हैं डॉक्टर देवाशीष?"

"सॉरी, हम कुछ भूल आये हैं मिसेज़ देसाई! अभी आते हैं! विल बी बैक इन अ मोमेण्ट!"

पापा ने माँ को इतनी ज़ोर से बाँह से पकड़ा कि माँ की हलकी-सी चीख़ निकल गयी।

पापा, माँ को लगभग खींचते हुए, बाहर ले जा रहे थे। मैं तेज़-तेज़ क़दमों से माँ की ओर चल रहा था कि कहीं कुछ अवांछित घटित न हो जाये।

गेट पर एअर इण्डिया के महाराजा बने दो बुत अपनी लाल पाग और काली मूँछों के साथ अब भी विनम्रता में झुके खड़े थे।

कुछ ही पलों में हम अपनी गाड़ी के सामने थे। पापा ने पहले बग़लवाला दरवाज़ा खोला और माँ को उस सीट पर बिठा दिया। फिर दरवाज़ा धाँय से बन्द करते हुए अपनी ड्राइविंग सीट पर जाकर बैठ गये। पीछे की सीट पर बैठते ही मेरा मन हुआ

कि माँ के कन्धे पर हाथ रखूँ पर पापा का तेवर देखते हुए मेरे हाथ जहाँ-के-तहाँ रुक गये।

पापा ने एक झटके के साथ गाड़ी स्टार्ट की और छूटते ही तीसरे गिअर में डालकर गाड़ी को आड़ा-तिरछा चलाने लगे—"हाउ कुड यू डू सच अ फुलिश थिंग।"

"बात का बतंगड़ बना रहे हो! क्या फ़र्क़ पड़ता! ये फूल देकर विश कर सकते थे न !"

"फूल! ये फूल! ये सवा दो सौ रुपये का गुलदस्ता? एक प्लेट की क़ीमत वहाँ पन्द्रह सौ से कम नहीं थी।"

गाड़ी ने एक तेज़ घुमाव लिया और हम सब एक ओर लुढ़क गये।

"पापा ! तो क्या हमें तीन प्लेट की क़ीमत चुकानी थी वहाँ?" मेरे मुँह से निकला।"

"शट अप अभि! तू तो मत बोल!" पापा फौरन बिगड़े।

"कार्ड में तो ओन्ली ब्लेसिंग्स लिखा था न!" माँ ने धीमे से कहा।

"ओन्ली ब्लेसिंग्स? ओन्ली ब्लेसिंग्स ! वह आम पब्लिक के लिए है। उनके अपने स्टाफ़ के लिए है। ग़रीब पेशेण्ट्स के लिए है। हमारे लिये नहीं। समझीं?"

माँ अजीब-सी नज़रों से पापा को देखती रहीं।

"लिफ़ाफ़े के बिना ही शगुन कर आयीं? खाली लिफ़ाफ़ा हमें दिखाने के लिए रख लिया? लिमिट ! आखिर वह लड़का तुम्हारा कौन लगता था जिसे शगुन के पैसे थमा आयीं तुम? हँ...बोलो।"

"प्लीज़..." माँ ने पापा को चुप कराने की कोशिश की।

"अपने फ़ितूरों में चलती हो तुम! ह-मे-शा ! ह-र वक़्त!"

माँ चुप हो गयीं।

"मैं तंग आ गया हूँ तुम्हारे इन टैंट्रम्स से..."

माँ ने ऐसी आँखों से देखा जैसे सब-कुछ बिना शब्दों के सिर्फ़ आँखों से ही कह डालेंगी।

"जहाँ जाती हो एक-न-एक तमाशा खड़ा कर देती हो और...यू थिंक कि दुनिया को बदल डालोगी..."

माँ चुप बनी रहीं पर मैंने देखा उनका पूरा शरीर थरथराने लगा था।

"एण्ड बाय द वे, वह मेरे पैसे थे! माय मनी! माय हार्ड अर्न्ड मनी! एक मिनट नहीं लगाया और पाँच हज़ार उसे पकड़ा दिये! फ़ाइव थाउज़ेण्ड! बग़ैर मुझसे पूछे तुम्हारी हिम्मत कैसे हुई—मेरे गाढ़ी कमाई के पैसों को, इस तरह एक-दो टके के लड़के पर, उड़ाने की।"

माँ ने स्टीयरिंग पर हथेली दबा दी।

गाड़ी तेज़ हॉर्न के साथ हिचकोले खाने लगी।

"हाँ, पैसे! तुम्हारे पैसे! शर्म आती है कहते हुए?" माँ चीख रही थीं—"यही पैसे थे न तुम्हारे, जब नोटों के बण्डल-पे-बण्डल भरकर ले गये थे सिद्धू को मेडिकल में एडमिशन दिलाने।...डॉक्टर बनाना चाहते थे उसे..."

माँ की रोती हुई या चीख़ती हुई आवाज़ में फ़र्क़ कर पाना मुश्किल था।

माँ काँप रही थीं—"नहीं बनना चाहता था वह डॉक्टर!...नहीं करनी थी उसे मेडिकल की पढ़ाई...वह गाना चाहता था, तुमने उसे गाने नहीं दिया, वह पेण्टिग करना चाहता था, तुमने उसके कैनवास उठाकर फेंक दिये, उससे उसकी ज़िन्दगी छीन ली..." माँ की आवाज़ उनके भीतर की सारी पसलियों को चीरते हुए एक दबे हुए विलाप की तरह बाहर आ रही थी—"तुम्हारे पास ये नोट, ये तुम्हारी गाढ़ी कमाई के पैसे न होते तो मेरा बेटा आज ज़िन्दा होता। तुम्हारे इन नोटों ने मेरे बेटे की जान ले ली...आज मेरे बेटे की शादी हो रही होती...वह इस तरह बिजली के खम्भे से टकराकर अपनी जान न दे देता...बाप नहीं, हत्यारे हो तुम! मार डाला तुमने उसे! मेरा बेटा आज ज़िन्दा होता..." और माँ ने चलती गाड़ी का दरवाज़ा खोल दिया था—"सिद्धू! मेरा बेटा...।"

अचानक ब्रेक लगा और माँ की देह, आधी गाड़ी के भीतर और आधी बाहर, झूल रही थी।

मेरा दिमाग़ सुन्न हो रहा था। मेरे सामने एक तिलिस्म टूट रहा था।

यानी सिद्धार्थ भैया की मौत एक हादसा नहीं, खुदकुशी थी।

मेरे सामने जाले छँट रहे थे और गहरा रहे थे।

घर जाकर माँ को होश आ गया था पर वह बेहोश पड़ी रहीं।

घर पहुँचकर मैंने नोट नहीं गिने।

मैं माँ के पास ही बैठा रहा।

माँ ने मुँदी हुई आँखें खोलीं।

मेरे कन्धे पर उन्होंने हाथ रखा।

वह स्पर्श आज मैं महसूस कर पा रहा था।

मैंने उनकी हथेली को अपनी हथेली से ढँक दिया।

काँसे का गिलास

पूरे रसोईघर में फैली काँच की किरचें साफ़ की जा चुकी थीं पर वह थी कि बुक्का फाड़कर रोये जा रही थी। वह यानी चिल्की। छह साल की चिल्की। मेरी पोती।

"बस्स! अब चुप्प! बहुत हो गया!" काफ़ी देर प्यार से समझा चुकने के बाद मैंने अपने स्वर में आये डाँट-डपट के भाव को बेरोकटोक उस तक पहुँचने दिया।"

"पहले शोभा ताई को डाँटो, उसने मेरा गिलास क्यों तोड़ा!" रसोई में काम करती शोभा तक ले चलने के लिए वह मेरा हाथ पकड़कर खींचने लगी।

"पहले तो तेरे पापा को न डाँटूँ जिसने इतना महँगा गिलास तुझे लाकर दिया?" मैंने उसके पापा और अपने बेटे निखिल के प्रति अपनी नाराज़गी जतायी।

उसकी रुलाई एकाएक और तीखी होकर कानों को अखरने लगी।

"उफ़! अब क्या हो गया।" मेरा धीरज जवाब दे रहा था।

"पापा ने नहीं," वह सुबकने लगी। सुबकती रही। फिर धीरे से बोली, "यह ममा ने लाकर दिया था।"

ममा यानी नेहा। मेरी बहू। मैं सकते में आ गयी। वह जिसके नाम से हम सब अपना पल्ला बचाकर चलते थे, जैसे वह अछूत हो, इसी तरह जब-तब हमारे ठहरे हुए संसार को तहस-नहस करने चली आती थी।

नेहा को इस घर से गये एक साल होने को आया था पर चिल्की उसे भूलती नहीं थी। कभी लाल हेअर क्लिप, कभी जयपुरी जूतियाँ, कभी टपरवेअर का टिफ़िन बॉक्स, कभी डोनल्ड डक की मूठवाली छतरी, कभी बालों पर टँगा सनग्लास—चिल्की के सामने किसी-न-किसी बहाने से उसकी प्यारी 'ममा' आकर ठहर जातीं और हमारे 'हुश हुश' करने के बावज़ूद ओझल होने का नाम नहीं लेती।

अब चिल्की पर नाराज़ होना सम्भव नहीं था। उसका ध्यान गिलास से हटाना अब दूसरे नम्बर पर चला गया था। सुबकती हुई चिल्की को मैंने अपनी बाँहों की ओट में ले लिया। चिल्की मेरे क़रीब सिमट आयी और बड़ों की तरह रुलाई रोकने की कोशिश में उसकी हिचकियाँ तेज़ हो गयीं।

"सुन बेटा! एक कहानी सुनाऊँ तुझे? सुनेगी?"—चिल्की को बहलाने का अमोघ अस्त्र था यह!

"पहले मेरा वह...सुन्दरवाला ब्लू गिलास..."—चिल्की गिलास से हटने को तैयार नहीं थी।

एकाएक वह काँच का गिलास दुबारा टूटा और उसकी जगह एक चमकते हुए काँसे के गिलास ने ले ली—सँकरी पेन्दी और चौड़े मुँहवाला एक लम्बा-सा काँसे का गिलास...गिलास न हो, फूलदान हो जैसे।

"अरे बेटा, गिलास की ही कहानी तो सुना रही हूँ तुझे। सुनेगी नहीं, रानी बेटी?"

"बोलो," उसने जैसे मुझ पर एहसान किया, सिर हिलाकर हामी भर दी।

"तब मैं तेरी ही तरह छह साल की थी। इत्ती छोटी। चिल्की-जैसी।"

"हुँह, झूठ!" वह सिसकी तोड़ती बोली, "आप इत्ते छोटे कैसे हो सकते हो?"

"तो क्या मैं पचास साल की ही पैदा हुई थी—इत्ती बड़ी? अच्छा चल, मैं छह की नहीं, सोलह साल की थी, ठीक?" मैं ठहाका मारकर हँस दी।

मैं अपने बचपन में पहुँच गयी जहाँ निवाड़वाली मंजियों के बीच खड़िया से आँगन में इक्का-दुक्का आँककर मैं शटापू (टप्पेवाला खेल) खेलती थी। मुझे हँसी आ गयी।

वह मेरी पीठ पर धपाधप धौल जमाने लगी, हँसो मत! कहानी सुनाओ।

वह होंठों को एक कोने पर ज़रा-सा खींचकर मुस्कुरायी। बिलकुल अपनी माँ की तरह। उसके चेहरे पर नेहा दिखायी देने लगी।

"हाँ तो मैं छोटी थी, चिल्की जितनी नहीं, थोड़ी बड़ी। घर में मैं थी, मेरे ढेर-सारे बड़े भाई-बहन थे, माँ और बाऊ जी थे। बाऊ जी की माँ भी थीं। यानी मेरी दादी। बहुत-बहुत बूढ़ी थीं वो, पता है कितने साल की?"

"कितने...?"

"नब्बे से ऊपर।"

"नब्बे से ऊपर मतलब?"

"मतलब अबव नाइण्टी। बहुत ही गोरी-चिट्टी। लम्बी ऊँची। सेहतमन्द। पठानों-जैसी...गोरी इतनी कि उँगली गाल पर रखो तो लाली दबकर फैल जाये...पर थीं बिलकुल सींक सलाई। चलती थीं तो ऐसे जैसे हवा में सूखा पत्ता उड़ता है। चलती क्या थीं, दौड़ती थीं जैसे पैरों में स्प्रिंग फिट किये हों..."

"ये तो आप मेरी बात कर रहे हो!...नहीं सुननी मुझे कहानी..."

लो, मेरी तो याददाश्त ही कमज़ोर होती जा रही है। हाँ, साल भर की चिल्की ने भी जब चलना सीखा तो चलती नहीं, दौड़ती थी...हम उसे बताते थे कि चिल्की, तेरे पैरों में किसी ने स्प्रिंग फिट कर दिये हैं।

"हाँ, तो बुढ़ापे में आदमी बच्चों-जैसी हरकतें करने लगता है। हम उन्हें कहते, दादी, सोटी (लाठी) लेकर चलो नहीं तो गिर जाओगी पर वो कहाँ सुननेवाली। सोटी लेकर चलें तेरी सास, सोटी लेकर चलें मेरे दुश्मन, मुझे सोटी की लोड (ज़रूरत) नईं ...उन्हें सोटी लेकर चलने में शरम आती थी। था तो इतना लम्बा क़द पर पीठ झुकी हुई नहीं थी। सीधी चलती थीं। चलती क्या थीं, उड़ती थीं। किसी की बात नहीं सुनती थीं। फिर क्या होना था..."

"हा...गिर गयीं?" चिल्की की आँखों में कौतूहल था।

"हाँ, गिरना ही था न! बच्चे भी बात नहीं मानते तो चोट तो लगती है ना?"

चिल्की ने सिर हिलाया–"मैंने भी ममा की बात नहीं मानी थी तो ये देखो..."

चिल्की के ज़ेहन में अब भी जख़्म ताज़ा थे। उसने अपनी बायीं आँख बन्द कर पलक पर उँगली गड़ा दी। आँख के ऊपर भौंह से लगे हुए छह टाँकों के निशान उभर आये थे। हाँ, उस दिन निखिल के ऑफ़िस से घर में नया फर्नीचर आया था। फ़र्नीचर, जो उसके ऑफ़िस के लिए पुराना हो चुका था और वहाँ के कर्मचारियों को औने-पौने भाव में बेचा जा रहा था। निखिल ने सोफ़ा, दीवान और बीच की मेज़ ख़रीद ली थी। बर्मा टीक की बड़ी ख़ूबसूरत मेज थी। चिल्की ने ज्यों ही नया सोफ़ा देखा, लगी उस पर कूदने। नेहा चिल्लाती रही कि मेज़ के कोने नुकीले हैं, उन्हें गोल करवाना है, कूद मत नहीं तो लगेगा आँख पे। उसने तीन बार टोका और तीनों बार चिल्की और ज़ोर से सोफ़े के डनलप पर कूदी। बस, पैर ज़रा-सा मुड़ा और सीधे जा गिरी मेज़ के कोने पर। चिल्की की बायीं आँख लहूलुहान। कमरे में ख़ून-ही-ख़ून। नेहा ने देखा

और लगी चीख़ने। कहा था न, सुनती तो है ही नहीं। उसको उठाकर दौड़े अस्पताल। छह टाँके लगे। वह मेज़ उठाकर परछत्ती पर रखवा दिया। अब वहीं रहेगा जब तक यह बड़ी नहीं हो जाती। निखिल बड़बड़ाता रहा और नेहा उसे कोसती रही—अपने दफ़्तर का यह कूड़ा-कचरा उठाकर घर लाने की ज़रूरत क्या थी! ज़मीन पर गद्दे और गावतकिये थे तो सोफ़े के बग़ैर भी घर कितना खुला-खुला लगता था। अब कमरे में चलना मुहाल हो गया है। कहीं कुछ सस्ता देखा नहीं कि उठाकर घर में डाल दो। घर न हुआ, स्टोररूम हो गया।

चिल्की तो उस दिन के बाद से कुछ सँभलकर चलने लगी। फिर कभी उसे टाँके नहीं लगे। पर दादी तो एक बार गिरीं तो फिर नहीं उठीं। कूल्हे की हड्डी चटक गयी थी। डेढ़ महीने टाँग पर वज़न बँधा रहा। हड्डी की तरेड़ तो ठीक हो गयी पर जब तक हड्डी जुड़ती, टाँगें बिस्तर पर पड़े-पड़े सूख गयीं। अब टाँगों ने उनका वज़न उठाने से इनकार कर दिया था।

"फिर?"

"फिर क्या! बड़ी मुसीबत! हमेशा उड़ती-फिरती दादी बिस्तर से जा लगीं। ऊपर से उनकी ज़िद कि अब तो वज़न उतर गया है, अब बिस्तर पर उनको पॉट नहीं चाहिए। उनके लिए शहर से कुर्सी मँगवायी गयी। एक पॉटवाली, एक पहियेवाली जिस पर बिठाकर उन्हें दिन में एक बार अपने अमरूद और सीताफल के पेड़ के पास जाना ही था—किस अमरूद को थैली लगानी है, कौन-सा सीताफल पक गया है, कौन-सा अमरूद बन्दर आधा खा गया है, सब की खोज-ख़बर रखती थीं वह.. .कौन चाची-काकी कितने दिनों से हालचाल पूछने नहीं आयी...कौन आकर बार-बार उनसे उनकी उमर पूछता है..."

"कितने साल की थीं वह?"

"उन्हें अपनी ठीक-ठीक उम्र कहाँ मालूम थी...वह तो ऐसे बताती थीं, जनरल डायर ने गोलियाँ चलवायी थीं तो उन्होंने नाड़ेवाली शलवार पहनना शुरू कर दिया था...पर कोई उनसे कहता कि झाई जी, आप तो नब्बे टाप गये हो तो उन्हें बड़ा बुरा लगता, कहतीं—नहीं, अभी तीन महीने बाक़ी है। मैं नब्बे की हुई नहीं और मुझे सब नब्बे की बताते हैं और हो भी गयी तो क्या, नब्बे से ऊपर आदमी जीना बन्द कर देता है क्या? कोई उमर पूछता तो वह चिढ़ जातीं। एक बार तो एक रिश्तेदार से भिड़ गयीं। उन्होंने उमर पूछी तो बहुत धीरे से उससे कहती हैं—पहले तू बता, तू कितने साल का है। उसे सुनायी नहीं दिया। उसने कहा—क्या पूछा आपने? तो कहती हैं—अब तू मुझसे इतने ही आहिस्ते से पूछ। मैं तुझसे ज़्यादा अच्छा सुन लेती

हूँ, मैं बिना चश्मा लगाये जपुजी साहिब का पाठ कर लेती हूँ फिर तू सत्तर का हुआ तो क्या और मैं नब्बे की दहलीज़ पर पहुँची तो क्या। लोग जब खुद ऊँचा सुनने लगते हैं तो सारी दुनिया उन्हें बहरी दिखायी देती है।''

चिल्की ने हँसना शुरू किया—''आपकी दादी बहुत जोक मारती थीं। हैं न?''

''हाँ, बड़ी ज़िन्दादिल थीं वह। अपनी सेहत का इतना ख़याल रखती थीं कि पूछ मत! शाम की चाय के साथ कुछ नमकीन खातीं जैसे चिवड़ा या निमकी या आगरे का दालमोठ—दालमोठ उनको बहुत पसन्द था तो क्या करतीं—हथेलियों पर जो तेल लगता, उसको सबकी नज़रें बचाकर हाथों और पैरों में रगड़ लेतीं। एक बार हम बच्चों ने उन्हें ऐसा करते देख लिया। छिः-छिः-छिः-छिः, हमने कहा, दादी ये मिर्च-मसालेवाला तेल रगड़ते हो, गन्दा नहीं लगता, जलन नहीं होती? उन्होंने हम बच्चों को पास बिठाया, बोलीं—अब कौन उठकर हाथ धोये। इस तरह एक पन्थ दो काज होते हैं। वह कैसे, झाई जी? हम पूछते तो कहतीं—देखो, ये...ये जो हमारे हाथों- पैरों में रोंएँ हैं न, ये छोटे-छोटे रोएँ, ये हमारे शरीर के दीये हैं, दीपक हैं। जैसे दीयों को जलने के लिए तेल की ज़रूरत होती है न, वैसे ही इन्हें जलाये रखना है तो इनमें तेल डालना पड़ेगा। तभी तो ये गरम रहते हैं, खुश हो जाते हैं। देखो, ये चहक गये ना! जब ये दीये बुझ जाते हैं तो शरीर ठण्डा हो जाता है।...और बन्दा सफ़र पर निकल जाता है। सफ़र पर...यानी उनका मतलब था मर जाता है...हमने कहा, पर ये नमकीन तेल क्यों लगाते हो, नहाते समय तेल की मालिश किया करो तो कहती थीं, वह तो मैं तेरी माँ से छुपाकर करती हूँ, कड़वे तेल की शीशी रख छोड़ी है गुसलख़ाने में। माँ मना करतीं हैं क्या? हम पूछते, तो कहतीं—नहीं, मज़ाल उसकी कि मुझे मना करे पर देखेगी तो सोचेगी नहीं, बुड्ढी के पैर कबर में लटके हैं और शरीर के मल्हार हो रहे हैं।''

''ममा भी मुझे हर सण्डे को तेल की मालिश करके नहलाती थीं। ममा को तो मसाजवाली आण्टी आकर मसाज करती थीं। ममा तो पूरी नंगू हो जाती थी...'', चिल्की हँसने लगी।

मैंने लम्बी साँस भरी। इस लड़की ने कैसी याददाश्त पायी है, नहीं तो बच्चे कहाँ इतना याद रखते हैं चार-पाँच साल की उम्र होती क्या है। माँ की कितनी-कितनी तस्वीरें इसके ज़ेहन में अक्स हैं।

एकाएक चिल्की का चेहरा बुझ गया—''ममा अब कभी मिलने नहीं आयेगी, दादी?'' चिल्की का स्वर रुआँसा हो गया। चिल्की को इतनी देर तक कहानी सुना-सुनाकर फुसलाना बेकार गया था।

''आयेगी क्यों नहीं! आयेगी न!''

"कब?" चिल्की की आँखों की नमी पर आँखें टिका पाना मुश्किल था—"अब तो फ़ोन भी नहीं करती।" हाँ, पहले कर लिया करती थी—दस-पन्द्रह दिन में एक बार। उस दिन निखिल ने ही डाँट दिया—यहाँ से जाते समय नहीं सोचा। उसे बार-बार अपनी याद दिलाने से फ़ायदा! अगर तुममें ज़रा भी बेटी के लिए माया-ममता बची रह गयी है तो वह तुम्हें भूल सके, इसमें हमारी मदद करो। सात समन्दर पार से अपनी आवाज़ सुना-सुनाकर उसे हलकान मत करो। निखिल की आवाज़ में कड़वाहट थी और नेहा को कड़वाहट पसन्द नहीं थी। उसने फ़ोन पटक दिया और उसके बाद फिर कभी ब्लैंक कॉल तक नहीं आया। समय के साथ-साथ रिश्ते धुँधलाने की कोशिश में थे।

"अच्छा, वह गिलास की बात तो रह ही गयी, चिल्कू?"

"अरे हाँ," चिल्की मेरे झाँसे में आकर वापस चहक उठी—"वह गिलास की कहानी तो आपने सुनायी ही नहीं..."

"वह गिलास तो दादी का था न बेटा, इसलिए तुझे पहले दादी की बात तो सुनानी थी न!"

"नहीं नहीं, अब आप गिलास की कहानी सुनाओ।"

"हाँ, तो दादी के पास एक गिलास था। काँसे का गिलास।"

"काँसा क्या होता है, दादी?"

मैंने आस-पास नज़र दौड़ायी। कोने में एक फूलदान था—काँसे का।

"देख, ऐसा होता है काँसा। इसके गिलास भी बनते हैं।"

"वह गिर जाये तो टूटता नहीं?" चिल्की की आँखों में लुभा लेनेवाली मासूमियत थी।"

"हाँ, नहीं टूटता।"

रिश्तों को इस तरह मत तोड़ो नेहा! अभी तुम्हारी उम्र ही क्या है। कैरियर बनाने के बहुत-सारे मौक़े आयेंगे। निखिल नहीं चाहता तो मत जाओ। साम-दाम-दण्ड-भेद हर तरह से समझाने की कोशिश की थी मैंने उसे—कम-से-कम चिल्की के बारे में सोचो, वह माँ के बग़ैर रह पायेगी?

"क्यों, बाप के बगैर नहीं रहती क्या जब निखिल शिप पर चले जाते हैं—छह-छह महीने नहीं लौटते, नेहा भड़क गयी थी—मैं बड़ी नहीं हुई क्या, मैंने तो माँ को देखा तक नहीं। मेरे पापा और नानी ने ही मुझे बड़ा किया। आप लोग मेरा साथ क्यों नहीं देते?..." बाद में पता चला, कैरियर और जॉब का तो बहाना था, इसकी तह में नेहा और निखिल की आपसी अनबन थी। नेहा गयी तो चिल्की को गोद से उतारकर ऐसे रखा जैसे कोई चाभी-भरा प्लास्टिक का खिलौना ज़मीन पर धर

देता है। बच्चों की छठी इन्द्रिय बहुत तेज़ होती है। गोद से उतरते ही चिल्की ने सिसकियाँ ले-लेकर रोना शुरू कर दिया था।

सहसा चिल्की मुझे ज़मीन पर लौटा लायी—"दादी, यह तो हमारे घर से आया है न?"

"क्या? क्या आया है तेरे घर से?"

"ये। ये। ये"—वह दौड़कर फूलदान के पास जाकर खड़ी हो गयी—"ये दादी, यह तो हमारे घर में था।"

मैं भीतर तक हिल गयी। कितनी जल्दी दुनियावी चीज़ें बच्चों को भी अपनी चपेट में ले लेती हैं।

मैंने अपने को फ़ौरन समेटा—"अच्छा हाँ। पर यह घर भी तो तेरा है न। नहीं है?"

"यह तो पापा का घर है।" चिल्की ने फ़तवा दिया।

"अच्छा बाबा, ठीक है। यह पापा का, वह तेरा। मेरा कोई घर नहीं।" मैंने रोनी सूरत बना ली।

"नहीं नहीं, अच्छी दादी, यह तो आपका घर है। पापा का भी और..." उसने मेरे गले में बाँहें डाल दीं—"और मेरा भी।" चिल्की अचानक अपनी उम्र से बड़ी हो गयी थी और चहककर अब मुझे झाँसा दे रही थी। मैं उसकी समझदारी पर हतप्रभ थी। यह बच्चों की नयी पीढ़ी है। हमारे समय से कितनी अलग—व्यावहारिक और डिप्लोमेट।

नेहा के जाने के बाद तीन-चार महीने घर वहीं बना रहा था। चिल्की को वही घर अच्छा लगता था क्योंकि वहाँ से उसका स्कूल नज़दीक था और जब-तब उसकी सहेलियाँ खेलने आ जाती थीं। पर मेरे लिये दो घरों को चलाना बहुत मुश्किल था और जिस तरह नेहा छोड़कर गयी थी, उसके हृदय परिवर्तन की गुंजाइश बहुत कम थी। देर-सबेर उस घर को समेटना ही था, निखिल को फिर लम्बे दौरे पर जाना था इसलिए हमने उस घर को समेटने का फ़ैसला लिया। चिल्की को उस घर से आने के लिए राजी करना टेढ़ा काम था। उसका कमरा हमने वैसा-का-वैसा वहाँ से शिफ़्ट कर इस घर में हू-ब-हू तैयार कर दिया था पर चिल्की थी कि न अपना घर भूलती थी, न कमरा और न उसे जिसने कमरा बड़े मन से बनाया था।

"पर दादी का भी एक घर था। ठीक?" मैंने कहानी के छूटते जाते सिरे को थामा।

"हाँ, और उनका वह गिलास..." चिल्की कहानी सुनने की मुद्रा में फिर बैठ गयी।

"तो दादी उस गिलास में ही सुबह पानी पीती थीं, फिर उसमें चाय, फिर नाश्ते के साथ गिलास भर दूध, फिर खाने के साथ पानी, फिर शाम की चाय, फिर..."

"क्यों, उनके घर में और गिलास नहीं था?" चिल्की ने यह सवाल बिलकुल चिल्की की तरह ही किया।

"नहीं, गिलास तो बहुत थे बेटा पर उनको वही गिलास पसन्द था। हम सब बच्चे उसको पटियाला गिलास कहते थे। साइज में इत्ता बड़ा था न इसलिए। गिलास का ख़ूब मज़ाक भी उड़ाते थे। कहते थे—दादी, आप गिलास को लेकर ऊपर कैसे जाओगे?"

"ही ही..." चिल्की खिलखिलाकर हँस दी, "फिर क्या बोला आपकी दादी ने?"

"कहने लगीं—हट पागल, गिलासवाले तो ऊपर ही हैं, वहाँ गिलास क्या करना ले जाकर।...इसे तो यहाँवालों के लिए छोड़ जाना है जैसे वह मेरे लिये छोड़ गये थे।"

हम बच्चे उनसे मज़ाक करते, पूछते—"झाई जी, आप मरोगे कब? वह हँसतीं—तेरे घर पोता होगा तब! उन्हें क्या पता था, मेरे घर पोता नहीं, पोती होगी—चिल्की-जैसी..."

चिल्की बड़ी बूढ़ियों की तरह दोनों हथेलियों की मुट्ठियाँ बाँधे दोनों गालों पर टिकाये बैठी रही।

"उन्होंने अपने मरने की पूरी तैयारी कर रखी थी। कहतीं—मेरी ये सोने की चूड़ियाँ मेरी बिट्टो को देना, बिट्टो मेरी बुआ का नाम था। ये कान के बुन्दे मेरी पोती को, ये सोने की चेन दूसरी पोती को, ये करधन...ये भी बिट्टो को और ये मेरी आख़िरी निशानी ये गिलास...ये भी बिट्टो को...माँ और बाऊ जी हँसते—सब-कुछ तो आपने भैन जी को दे दिया, हमारे लिये भी कुछ रखा...तो कहतीं—अच्छा, जो चीज़ उसे पसन्द न आये वह तू रख लेना।"

"आपकी बुआ को बहुत प्यार करती थीं वह?"

"सब माँएँ करती हैं"—मैं कहते-कहते रुकी, फिर बात पलट दी—"हाँ, तो वह हम बच्चों को पास बिठाकर कहतीं—तुम लोग भगवान को बोलो—अब हमारा दादी से जी भर गया है, अब उसे अपने पास बुला लो, वह अपना बोरिया-बिस्तरा बाँधकर बैठी है, तुम्हारा रास्ता देख रही है। पर दादी, आप मरना क्यों चाहती हो? हम बच्चे उनसे पूछते। वह कहतीं—मेरी दादी कहा करती थीं..."

"माय गॉड, उनकी एक और दादी थीं?"

"एक और मतलब? दादी की दादी नहीं हो सकतीं?...जा, मैं नहीं सुनाती कहानी।"

"अच्छा, सॉरी सॉरी, क्या कहा दादी ने?"

उनकी दादी कहा करती थीं... "टुरदा फिरदा लोया, बै गया ते गोया, लम्मा पया ते मोया।"

"इसका क्या मतलब होता है दादी?"

"हाँ, फिर वह मतलब समझातीं–चलता-फिरता आदमी लोहे-जैसा मज़बूत होता है, जो वह बैठ गया तो गोबर गणेश और लेट गया तो मरे बराबर। कहतीं–मैं तो अब लेट गयी, अब उठने की उम्मीद नहीं, तो मरे बराबर होने से मरना बेहतर। है न? पर उनको और कोई तकलीफ़ तो थी नहीं। बस, टाँगें सूख गयीं तो खड़े होने से रह गयीं। बाक़ी हाजमा उनका दुरुस्त, बदन पे झुर्रियाँ नहीं, याददाश्त ऐसी कि पचास साल पहले किसके घर क्या खाया, वह उनको याद और खाना बिलकुल टाइम से खाना–बिना घड़ी देखे बोलती थीं–चाय का वक़्त हो गया, अब खाना लगा दो। आँगन में धूप की ढलती परछाईं से समय का अन्दाज़ा लगा लेती थीं। उनकी नेवाड़ की मंजी ज़रा ढीली होने लगती तो कहतीं–कस दो। कोई आता, झट उकड़ूँ होकर कुहनी के बल आधी उठ जातीं। उन्हें मना करते, भई, आप बैठे रहो, क्यों खटाक से उठ जाते हो। कहतीं–लेटे-लेटे मेरी पीठ को गरमी लगती है। मेरी पीठ हवा माँगती है।"

"पीठ की कोई ज़बान होती है फिर पीठ माँगती कैसे है?" चिल्की हँसने लगी फिर बोली–"पर दादी, आप गिलास को क्यों भूल जाते हो बार-बार?"

ओफ्! चिल्की गिलास की कहानी के बग़ैर मुझे छोड़नेवाली नहीं थी! मैं उसे बार-बार भुलावे में डालने की कोशिश करती थीं पर वह मेरी उँगली पकड़कर मुझे फिर गिलास तक ले आती थी।

"हाँ तो वे उसी गिलास में सुबह से रात तक की हर पीनेवाली चीज़ पीती थीं। पानी, चाय, दूध, लस्सी, शरबत, अटरम-शटरम सब-कुछ उसी काँसे के गिलास में।"

"फिर?"

"फिर एक बार क्या हुआ कि गिलास गुम गया। सुबह उठे तो गिलास मिला ही नहीं। मेरी माँ ने उनको स्टील के गिलास में चाय दे दी। वो अपना नियम से उठीं, माँ ने चिलमची में कुल्ला-वुल्ला करवाया। जाप-वाप करके वह चाय पीने बैठीं, हाथ में गिलास लिया, देखा तो दूसरा गिलास, बोलीं–मैं नहीं पीती, ये लश्कारे (चमक) वाले गिलास में, मुझे तो मेरावाला गिलास दो।"

"ही ही, जैसे चिल्की का मेरावाला गिलास...दादी कोई बच्चा थीं?" चिल्की को मज़ा आ रहा था।

"हाँ, बूढ़े बच्चे तो एक ही जैसे होते हैं। अब उन्होंने जैसे ज़िद ठान ली–चाय पीनी है तो उसी गिलास में। चाय पड़ी-पड़ी ठण्डी हो गयी। पूरा घर छान मारा। कहीं गिलास का अता-पता नहीं। ऐसे अलादीन के जिन की तरह ग़ायब हो गया।"

"तो बोलना था", चिल्की ने हाथ लम्बा घुमाकर अभिनय के साथ कहा—"खुल जा सिमसिम...पर दादी, वह गिलास टूटता तो नहीं था न।"

"टूटता तो नहीं था पर गुम तो हो जाता था न बच्चे। तो हम सब बच्चे लग गये गिलास ढूँढ़ने में। ऊपर-नीचे सारा घर खँगाल मारा। कहीं भी गिलास नहीं। ...उनको खाना दिया। मेरी माँ ने मिन्नतें कीं कि झाई जी, आप खाना शुरू तो करो, पानी पीने तक गिलास मिल जायेगा। खाना तो गिलास में नहीं खाते न! पर उनकी तो एक ही रट। मेरा गिलास, मेरा गिलास। बाऊ जी ने उनको डाँटा कि एक गिलास के लिए सारा घर सिर आसमान पर उठा रखा है, गिलास न हुआ कोई कारूँ का ख़ज़ाना हो गया। अब तो वह लगीं रोने। पहली बार हमने उनको रोते देखा। बोलीं—तुम लोगों के लिए वह एक पतरे का गिलास है। मेरे लिये तो वो मेरा लाहौर है, मेरा वेड़ा है, मेरा पेका (मायका) है...मैं अटकी—मेरा सब-कुछ है।"

"वह गिलास मिला फिर?" चिल्की ने आँखें गोल करके पूछा।

"नहीं। खाना भी वैसे ही ढँका पड़ा रहा। उन्होंने हाथ नहीं लगाया। शाम तक गिलास मिला नहीं सो शाम की चाय भी नहीं पी। बेहोश-जैसी हो गयीं। आँखें बन्द होने लगीं। हम अन्दर-बाहर ढूँढ़ते रहे। घर के सारे बच्चे-बड़े सब गिलास ढूँढ़ने में लगे थे। आख़िर गिलास मिला। पानी की पीतल की कुण्डी के तले में पड़ा था। किसी बच्चे के हाथ से गिर गया होगा। किसी को ख़याल ही नहीं आया कि वहाँ भी हो सकता है। जैसे ही गिलास मुझे मिला, मैं चिल्लायी—झाई जी, आपका गिलास...वह एकदम कुहनी के बल उठ गयीं। फिर उनकी आँखों में ऐसी चमक आयी कि पूछो मत। बोलीं—जल्दी खाना लगाओ। बड़ी भूख लगी है। उनको खाना दिया तो उन्होंने बहुत तृप्त होकर खाया। रात को एक रोटी खाती थीं। तीन रोटियाँ खायीं। चटखारे ले-लेकर सब्ज़ियाँ खायीं। हम सब ख़ुश। दादी का गिलास जो मिल गया था।"

"बस, कहानी ख़तम?" चिल्की ने पूछा, "फिर क्या हुआ?"

"सुबह हम बच्चे उठे तो देखा—दादी एक हाथ में गिलास छाती से लगाये सो रही हैं और मुस्कुरा रही हैं। हम सब उनके चारों ओर इकट्ठे हो गये—देखो, देखो, दादी नींद में हँस रही हैं। माँ ने कहा—आज इतनी देर तक कैसे सो रही है! सबने कहा—रात को खाना पेट भरकर खाया है न इसलिए मज़े की नींद ले रही हैं। तड़के सबसे पहले उठनेवाली दादी अभी तक सो रही थीं। बाऊ जी ने आकर उन्हें हिलाया तो काँसे का गिलास नीचे गिर गया। दादी मर गयी थीं।"

"ओह नो...चिल्की का मुँह खुला-का-खुला रह गया—"मर गयीं?"

"हाँ।"

"सो सैड, है न दादी! उनको गिलास नहीं देते तो नहीं मरतीं न?" चिल्की की आँखें भीगी थीं।

"शायद..." मैंने अपनी दादी की वह मुस्कान याद करते हुए कहा। पर मैं कहना चाहती थी—"मरतीं तो वह तब भी पर तब उनके चेहरे पर मुस्कुराहट नहीं होती।"

"वह गिलास अब कहाँ है, दादी?"

"दादी ने कहा था, मेरी बिट्टो को दे देना। सो मेरी माँ ने दे दिया था वह गिलास बुआ को।"

"तो उनके पास है?"

"होना तो चाहिए।"

"मुझे दिखाओगे दादी?"

"अच्छा, मिल गया तो तुझे दिखाऊँगी।"

वह गिलास कहाँ मिलनेवाला था अब!

चिल्की को पूरी कहानी सुनाते हुए एक बात मैंने छिपा ली थी कि दरअसल वह काँसे का एण्टीक गिलास दादा जी का नहीं था, दादी की माँ का था। उसमें उन्हें अपनी माँ, अपना मायका, अपना लाहौर दिखता था। चिल्की को मैंने बहला दिया था पर मुझे पता था कि बुआ अपनी बेटियों के पास अमेरिका गयीं तो पुराने बर्तन-भाँड़े यहीं छोड़ गयीं। पुराने पीतल के बर्तनों के साथ वह काँसे का गिलास भी कोई कबाड़ी आकर ले गया होगा, क्या पता।

चिल्की ने ठीक कहा था—काँसे का गिलास टूटता नहीं था पर...

पर वह गिलास खो गया था, इसमें शक नहीं।

काँच के इधर-उधर

मैं घर के अन्दर दाख़िल हुई ही थी कि देखा चिल्की खिल-खिल करती कमरे में चक्कर काट रही है और उसके सिर के ऊपर एक बर्रेनुमा कुछ मँडरा रहा है। पास आयी तो देखा, वह बर्रा नहीं, एक बड़ी-सी मधुमक्खी थी। सामने बाल्कनी के काँच के दरवाज़े बन्द थे और वह मक्खी काँच के आर-पार दिखती रोशनी से धोखा खाकर, बाहर खुले में निकल भागने की कोशिश में बार-बार काँच के दरवाज़े से टकरा जाती।

"क्या हो रहा है, चिल्की!" मेरे मुँह से एकदम निकला, "काट लेगी! हट जा!"

चिल्की ने तो नहीं, मक्खी ने सुन लिया और थक-टूटकर लकड़ी के उस टुकड़े पर जा बैठी जिसे एअर कण्डीशनर का खोल बन्द करने के लिए लगाया गया था और उस पर क़रीने से वारली का डिज़ाइन आँका गया था कि वह एअर कण्डीशनर का खाली खोल न लगकर चित्रकारी का नमूना दिखे।

"दादी, सो क्यूट ना?" चिल्की उसे निहारती रही, "कित्ती देर से मेरे साथ खेल रही है!"

मैंने उसके बोलते होंठों पर हथेली रख उसे चुप करवाया और सोफ़े पर उसे बिठाकर बहुत आहिस्ता बैठक के कोने-कोने से सरकते हुए बिना आवाज़ किये आगे बढ़ी कि दरवाज़ा आहिस्ता से सरकाकर खोल दूँ कि तभी वह मक्खी फिर उड़ी और मेरे कान के पास से भुन-भुन करती हुई गुज़र गयी। मैं अपना सिर बचाती झुककर वापस सोफ़े पर आ बैठी। चिल्की मज़ा ले रही थी कि दादी कैसी बुद्धू हैं, एक मक्खी से हार जाती हैं। वह होंठ भींचकर फिसफिसाकर हँस रही थी। आवाज़ ज़रा-सा बाहर निकलते ही उसने अपनी नन्हीं-नन्हीं हथेलियों से अपने होंठों को ढक लिया। मैंने आँखें तरेरकर उसकी ओर देखा तो हँसी को दबाते हुए उसने उड़ती मक्खी की ओर अपनी हथेली को, नर्तन की मुद्रा में, घुमाया और बुदबुदाकर बोली—'हुँ हुँ...दादी को

इससे डर लगता है!' और फिक् से हँस दी जैसे कह रही हो—यह भी कोई डरने की चीज़ है!

तब तक मक्खी कमरे के दो-तीन चक्कर लगाकर काँच के दरवाज़े से एक बार और टकरा चुकी थी। चिल्की के मुँह से तपाक से निकला—"ओह शिट! शी विल गेट हर्ट!" (उसे चोट लग जायेगी!)

एक बार फिर मक्खी दीवार के एक कोने में फड़फड़ाकर बैठ गयी।

मैंने चिल्की को कहा—"तू बिलकुल चुप बैठ जा। मैं दरवाज़ा खोलती हूँ।"

चिल्की ने मुझे ढाढ़स बँधाया—"दादी, 'उसको' आपसे डर लगता है। आप क्यों डरते हो उससे?" और शरारती निगाह से मेरी ओर देखने लगी।

मैंने उससे कहा—"पहले तू अन्दर जा, फिर मैं इसे बाहर करती हूँ।"

चिल्की ने आश्वस्त भाव से 'ना' में सिर हिला दिया। उसे डर थोड़े ही लगता है, क्यों जाये वह, आपको जो करना हो, करो। आख़िर दोबारा मैं सिर झुकाकर दबे पाँव आगे बढ़ी और धीरे से एक दरवाज़ा स्लाइड कर सरकाया, फिर दूसरा और उसके जाने के लिए बाहर के खुले आसमान और दीवारों से घिरे कमरे के बीच की आड़ हटा दी और अपने इस करतब में सफल होने पर चैन की साँस ली। मक्खी तब तक शायद कई बार काँच के दरवाज़े से टकरा-टकराकर थक चुकी थी। वह उस कोने में बैठी ही रही।

चिल्की के पास आकर जैसे ही मैं सोफ़े पर जाकर बैठी, वह फुसफुसाकर कहने लगी—"देखा! उसके विंग्स कैसे गोल्डन हैं, शी इज़ सो क्यूट!"

मैंने खीझकर कहा—"अब 'शी' है कि 'ही', क्या मालूम! मक्खी नहीं, मक्खा है, इत्ता बड़ा...!"

हम दोनों की आँखें उस पर टिकी हुई थीं। इस बार वह जो उड़ी तो कमरे के दो अन्धे चक्कर लगाकर काँच के दरवाज़े से टकराने के बजाय सीधा बाहर हवा में जज़्ब हो गयी। वह बाड़ हट चुकी थी जिसके धोखे में वह दरवाज़े की किसी अधखुली फाँक से कमरे के अन्दर घुस आयी थी।

चिल्की ने मुझे कुछ ऐसे उखड़े हुए अन्दाज़ में देखा जैसे मैंने उसकी किसी बहुत प्यारी चीज़ को खिड़की से बाहर फेंक दिया हो।

तब तक कमरे की घण्टी बजी और शोभाबाई हाथ में झोला लेकर अन्दर घुसी। शोभाबाई जिसने पिछले सात सालों से इस घर को 'घर' बना रखा था। नौ वारी लाँगवाली धोती पहने शोभाबाई घड़ी की सुई देखकर हर काम वक़्त पर निबटा देती। चिल्की उसे बड़े प्यार से ताई बुलाती थी। मैंने शोभा को ज़रा डपटते स्वर में

कहा—"कहाँ चली गयी थी। मेरे आने तक रुकना था न! यहाँ इतनी बड़ी मक्खी घुस आयी थी और यह तेरी 'मैडम' उसके साथ खेल रही थी। काट लेती तो?"

'ममी जी, ज़रा टमाटर लेने को अब्बी गयी थी निच्चे। बेबी बोली—मी कार्टून भखती!...और ये मक्खी तो कब्बी-कब्बी आती ई रेती ए। शोभाबाई मसखरी करने के अन्दाज़ में बोली—"अपना खोली का रस्ता भूल जाती, इस वास्ते चली आती। होयेंगा खोली आजू-बाजू! काटती बीटती नईं। बस, आने का, जाने का। बेबी के साथ मस्ती करने को आती..." और वह भी बत्तीसी दिखाती हँस दी।

चिल्की उसके जवाब से खुश हो गयी—"और ताई, दादी को न डर लगता था उससे!...ऐसे...ऐसे सिर नीचे कर...चलती थी!" और वह मेरा स्वाँग रचती झुककर दादी बनी चलने लगी। दोनों ज़ोर से हँसीं और चिल्की को हँसते-हँसते खाँसी का दौरा पड़ गया।

"इसको सुबह सितोपलादि दिया कि नहीं?" मेरे पूछने पर वह शिकायत पर उतर आयी—"बेबी कू पुच्छो! ये खाती किदर?"

"छिः, कड़वी दवाई! ताई ठीक से शहद नहीं डालती..." चिल्की को फिर खाँसी छूट गयी।

"अरे, दवा खाने का कि खाली 'मध' खाने का। इतना मिट्ठा डालेगा तो औषद फायदा नईं करेंगा!"

"शोभा, डाल दो न शहद! मुझे दो! मैं खिलाती हूँ।"

"नईं नईं, मी देती अब्बी। हे चिल्कू बेबी, चल इकड़े आ!" और चिल्की को खींचती हुई वह अपने साथ रसोई में ले जाने लगी।

चिल्की तब तक रानी मधुमक्खी के प्रभामण्डल से बाहर आ चुकी थी। अब उसे अपने साथियों की याद आयी—"दादी, भीमा और रेशमा को क्यों नहीं लाते साथ? यू प्रॉमिस्ड मी कि आज उनको लेकर आओगे! कितने दिन से वे दोनों नहीं आये!"

चिल्की का दिमाग़ शुरू से ही बहुत चौकन्ना था। कोई भी बात वह आसानी से भूलती नहीं थी। कल मैंने उसे टाल दिया था पर आज फिर वह उन दोनों बच्चों को याद कर रही थी।

"आज गार्डेन में मिलेंगे न उन दोनों से, ठीक?" मैंने चिल्की को आश्वस्त किया।

जैसे ही मैं अपने बिस्तर पर लेटी, मेरी आँखों के सामने दोनों बच्चे अपने हाव-भाव और चेहरे-मोहरे सहित उपस्थित हो गये थे।

भीमा और रेशमा—हमारे घर के सामने बने मोबाइल क्रेश में सुबह नौ बजे से पाँच बजे तक पढ़ते-खेलते-रहते बच्चों के हुजूम में से दो बेहद ज़हीन बच्चे—जिनके माँ

बाबा दोनों मज़दूरी करते थे। इस टावर में आते ही प्रतिमा दी के आदेश पर मैंने यह क्रेश ज्वॉइन कर लिया था। प्रतिमा दी कलकत्ता के कॉलेज में मेरी सीनियर थीं। पति के असमय देहान्त के बाद, मज़दूरों के बच्चों की देखभाल में, उन्होंने अपने को पूरी तरह झोंक दिया था। यह मोबाइल क्रेश उनकी ही दौड़-धूप का नतीजा था। चिल्की अपने प्ले स्कूल से निकलकर डे स्कूल में जाने लगी तो मेरा दोपहर का खाली समय क्रेश में इन बच्चों के साथ बीतने लगा।

कुछेक दिन बाद ही मैंने देखा कि लगभग चालीस बच्चों की उस भीड़ में ख़ूब बड़ी-बड़ी चमकती आँखोंवाले ये पाँच-सात साल के दो बच्चे अलग ही दिखायी दे जाते थे।

एक दिन बोर्ड पर देवनागरी के वर्णाक्षर लिखने के बाद मैंने रेशमा को अपने पास बुलाया और कहा—मैं जो-जो अक्षर बोलूँ, उसे ब्लैक बोर्ड पर लिखकर दिखाओ। मैंने कहा—क। उसने लिखा। कहा—ल। वह भी उसने ठीक लिखा। मैं बोलती गयी। वह लिखती गयी। उसकी मेधा पर मैं हतप्रभ थी। अब दूसरे बच्चे को बुलाया। वह दो अक्षर लिखकर ही बग़लें झाँकने लगा। दस-बारह अक्षर और लिखवा चुकने के बाद मैंने रेशमा से पूछा—तुम्हें इतने कम दिनों में सब याद कैसे हो गया, इस बच्चे को और पूरी कक्षा को बताओ। उसने मेज़ पर पड़ा स्केल उठाया और मुँह से कम और हाथों के इंगित से ज़्यादा मशीन की तरह झट-झट बोलती चली गयी—क मँझे एक डण्डा, इधर एक वाटी अणी गाय ची पूँछ। व मँझे एक डण्डा अणी फक्कत एक वाटी। बाक़ायदा उसके पास हस्त अभिनय के साथ बताने के लिए हर अक्षर का एक चित्र था।...मैंने उसे अपने बैग से निकालकर एक बिस्किट का पैकेट और किटकैट चॉकलेट दी तो सबकी ओर एक गद्गद निगाह डालकर वह इतराती हुई बैठ गयी। सब बच्चों को मैंने कहा कि आप लोग भी रेशमा की तरह सब अक्षर ठीक लिखेंगे तो सबको चॉकलेट मिलेगी। पढ़ाई के एवज़ में दोपहर का खाना तो उनको मिलता ही था पर उसमें सिर्फ़ एक सब्ज़ी, दाल, चावल और दही रहता, कभी-कभी मिठाई का एक टुकड़ा भी, पर चॉकलेट उनके लिए बेशक़ीमती चीज़ थी जो अच्छा काम करने या पढ़ाई करने के पुरस्कारस्वरूप ही मिलती थी।

खाने का ब्रेक होते ही कुछ बच्चे सबकी नज़र बचाकर दूसरे कमरे में मेरी मेज़ के इर्द-गिर्द जैसे एक राज़ खोलने की कोशिश में पास आये—"टीचर-टीचर, रेशमा का पप्पा न मूका है इसके लिए वो ऐसे-ऐसे हाथ से बात करती है!" बच्चों के स्वर में ईर्ष्या का पुट तो समझ में आ रहा था पर बात मेरी समझ में नहीं आयी—"मूका मतलब?"

"मूका मतलब वह सुनता—बोलता नहीं। वह गूँगा है!"

"अच्छा? पर इसके लिए तो तुम लोगों को रेशमा और भीमा से और ज़्यादा मेल से, प्यार से रहना चाहिए, है न?...चलो, जाकर खाना खाओ नहीं तो खाना ख़त्म हो जायेगा!"

बच्चे अन्यमनस्क-से सिर हिलाते चले गये और मैं सोच में पड़ गयी। इतने छोटे बच्चों में भी एक सहपाठी की तारीफ़ से झट से उसे नीचा दिखाने का भाव आ गया जबकि वह सहानुभूति का पात्र था। उस शाम जब बच्चों की माँएँ या पिता अपने-अपने बच्चे को लेने आये तो मैंने रेशमा और भीमा की माँ को ध्यान से देखा। इशारे से मैंने उसे बुलाया। उसके माथे पर एक भी सलवट नहीं और चेहरे पर एक अजब-सा सन्तोष और सुकून का भाव था जो आम तौर पर मज़दूरिनों के चेहरे पर कम ही दिखता है। वह घबराती हुई पास आयी–"रेशमा भीमा ने परेशान किया टीचर तुमको?"

"अरे नहीं, तुम्हारे बच्चे तो सबसे होशियार हैं पढ़ने में।...मुझे तुमसे यह पूछना था कि तुम्हारा मरद क्या...वह बोलता...सुनता नहीं?" मैंने हिचकिचाहट से पूछा।

"हाँ, वह ऐसा ही है शुरू से!" उसने बग़ैर किसी हील-हुज्जत के, मुस्कुराकर बताया।

"पर तुम तो ठीक हो। ऐसे आदमी के साथ शादी कर दी तुम्हारे माँ-बाप ने?"

"वो लोग नईं किया। मी स्वतः लगन केली!" वह उँगली में आँचल का सिरा लपेटते शरमाते हुए बोली–"हमारा प्यार का शादी होता, टीचर!" और उसकी चमकती आँखें मेरे चेहरे पर टिक गयीं।

"अच्छा! बहुत अच्छी बात है!" मैं शर्मिन्दा-सी हुई। अपनी झेंप को छिपाते बोली–"कभी लेकर आना उसको! वैसे तुम...मतलब...वह अच्छा है न...खुश हो न?"

"फार चाँग्ला आहे! टीचर!" वह उमगकर बोली, "कभी दारू नईं, मार-पीट नईं, बीड़ी-तमाखू नईं, तीन पत्ती नईं! बच्चे लोग को लेकर बैठने का टी वी के सामने। मेरे कू भोत मानता! जो भी पकाकर देगा, अच्छे से खाने का, कब्भी गुस्सा नई किया मेरे कू!"...और वह दोनों हाथ जोड़कर अभिवादन की मुद्रा में बोली–"मी जाऊँ?" रेशमा और भीमा अपना बस्ता सँभाले माँ के इर्द-गिर्द आकर खड़े हो गये थे।

गर्मी की छुट्टियाँ होनेवाली थीं। स्कूल का आख़िरी दिन था। बच्चों को लेने उनकी माँ नहीं, उनका पप्पा आ गया। समय से पहले ही। वैसी ही बच्चों-जैसी बड़ी-बड़ी बोलती आँखें। मूका–जिसके कान और ज़बान का काम भी आँखें करती हैं इसलिए आँखें ज़्यादा सक्रिय और उजली दिखती हैं। हथेली से सिर ढकने की क्रिया और फिर माथे पर घने ताप का इशारा कर उसने समझा दिया कि उसकी औरत को तेज़ बुख़ार

है, इसलिए वह इन्हें ले जाने आया है। वैसे तो खोली पास ही है, बच्चे खुद भी कूदते-फाँदते चले जा सकते हैं लेकिन उसने आज काम से छुट्टी ली। यूँ भी दिहाड़ी का काम है। छुट्टी लेना मुश्किल नहीं है। उसकी औरत तो गार्डेन में क़ायम का काम करती है। उसका कार्ड बना हुआ है। महीने की पगार मिलती है। वैसे तो दस साल से वह भी इसी पुताई के काम में है पर काम पक्का नहीं। सबके कॉण्ट्रैक्ट के काम हैं। ठेकेदार को सस्ता पड़ता है। कोई जवाबदेही नहीं। जिम्मेदारी नहीं। दिहाड़ी का काम बीस के लिए, पीछे खड़े मज़ूर पचास। रोज़ दिन का तीन सौ। ये जितने टावर दिखायी देते हैं न, सबकी दीवारों पर उसके हाथों से रंग का ब्रश चला है। जो काम दूसरे मज़ूर आठ घण्टे में करते हैं, वह पाँच घण्टे में कर देता है। जोख़िम का काम तो है पर अब इतना हाथ सध गया है उसका, कि बाँस पर एक पैर पर खड़ा हो सकता है—बताते हुए वह हँस पड़ा। इंगित में बात करने का शहंशाह था वह। जैसे किसी स्कूल में उँगलियों और आँखों के जरिये संवाद करने की बाक़ायदा ट्रेनिंग ली हो! वह लगातार अपनी आँखों और उँगलियों से बोल रहा था और मैं अपनी समझ भर उसकी बात समझ ही रही थी। यह भी समझ पा रही थी कि कैसे इसकी बोलती आँखों ने एक ख़ूबसूरत कोंकणी कन्या का दिल जीत लिया होगा। ऐसा जीवन्त मूका कि उसे मूका कहना खलने लगा। लगा कि पाँच दिन मेरे पास आकर इसने बात की तो मुझे भी मूक-बधिर संवाद कला में पारंगत बना देगा। वह जाने लगा तो मैंने उसके सिर पर हाथ रखा। गद्‌गद होकर अपने दोनों बच्चों की उँगलियाँ थाम अपनी ख़ास अदा में 'बतियाता' वह चल दिया।

छुट्टियों के बाद जब स्कूल खुला तो मैं तीन दिन देर से पहुँची। चूँकि मैं अवैतनिक स्वैच्छिक काम करती थी इसलिए स्कूल की शिक्षिकाओं पर लागू किये गये क़ायदे-क़ानून से मैं बाहर थी। स्कूल पहुँचते ही सुपरवाइज़र ने हादसे की ख़बर दी। बीस दिन पहले मूका चालीस मंजिल के नये टावर में काम करते हुए चौंतीसवें माले से गिर गया था और घटनास्थल पर ही उसकी मौत हो गयी थी। मेरी धड़कन उस पल थम गयी। मुझे अपने सुने हुए पर भरोसा नहीं हुआ। ऐसा हुआ कैसे? वह तो अपने काम में पारंगत था, फिर ऐसी चूक? सुपरवाइज़र ने बताया कि पुताई का काम ख़त्म हो चुका था, बँधे हुए बाँस उतारे जा रहे थे। ऊपर से नीचे तक उतारे जाते बाँस में से एक बाँस ऊपरवाले मज़दूर के हाथ से फिसलकर गिरा। वह चिल्लाया भी पर मूका सुन नहीं सकता था। बाँस उसके सिर पर चोट करता हुआ नीचे जा पड़ा और मूका इस अप्रत्याशित चोट से सन्तुलन खो बैठा। उसके बाद की घटनाएँ और ज़्यादा परेशान करनेवाली थीं। ठेकेदार ने मुआवज़ा देने से मना कर दिया और तैश में आकर कहा—हर मज़दूर को सेफ़्टी बेल्ट दी जाती है पर वे पहनते नहीं क्योंकि जाहिल हैं, आलसी हैं, पहनने-उतारने का झंझट कौन करे! जान गँवाने पर उनके

रिश्तेदार मुआवज़े के लिए हमारी गरदन पकड़ लेते हैं, इसलिए हम काम पर लगने से पहले इनसे सुरक्षा फॉर्म पर साइन करवा लेते हैं। उसने अँगूठा लगे हुए काग़ज़ सामने रख दिये। बात रफ़ा-दफ़ा हो गयी।

तब तक प्रतिमा दी आकर मुझे अपने केबिन में ले गयीं। मुझे परेशान देखकर पहले पानी का गिलास थमाया। बोलीं—"यह लड़ाई अब हम सबकी है। उसे अपना हक़ दिलाना हम सबका फ़र्ज़ है। हम लोगों ने किसी तरह मूका की औरत और बच्चों को समझा-बुझाकर यहाँ रोक रखा है वर्ना वह दोनों बच्चों को लेकर अपने भाई के पास गाँव जाना चाहती थी। ठेकेदार झूठ बोलता है। आलस की वजह से ये मज़दूर बेल्ट नहीं पहनते, यह सच नहीं है। सेफ़्टी बेल्ट ये मज़दूर इसलिए नहीं पहनते कि बाँसों को उतारते समय हर दो मिनट में तो उनकी पोज़ीशन बदलती है, ऊपर की क़तार के बाँस उतर गये तो उन्हें नीचेवाली क़तार पर जाना पड़ता है। कभी देखा है पुताई के बाद इन्हें बाँस उतारते? कुछ मज़दूर रस्सी खोल रहे होते हैं और कुछ एक के बाद एक बाँस पकड़ाते जाते हैं, मशीन की तरह बाँसों को ऊपर से दायें हाथ से पकड़ने और बायें हाथ से खड़े बाँस को घेरकर दोनों हाथों से नीचे खड़े मज़दूर के हाथ में थमाते हुए उतारने का सिलसिला जारी रहता है। एक बाँस नीचे उतारा नहीं कि दूसरा सिर पे खड़ा। हर पल चौकन्ना रहना पड़ता है। सुस्ताने को एक पल नहीं मिलता इन्हें। और एक दिन में जितना एरिया ख़ाली करना पड़ता है, वह ख़ाली न हो तो दिहाड़ी मज़दूर की पगार में कटौती कर ली जाती है। ऐसे में वह क्या करेगा? काम करेगा या सेफ़्टी बेल्ट बाँधता-खोलता रहेगा जिससे उससे काम की त्वरा में व्यवधान पड़ता है। बेपढ़े-लिखे मज़दूरों से बारीक-बारीक रोमन अक्षरों में लिखे हुए मसविदे पर अँगूठा लगवा लेना कौन-सा मुश्किल काम है! उसे तो दिन भर की मशक्कत के बाद बस, तीन सौ रुपये अण्टी में आने भर से मतलब होता है। सरकस के जोकर की तरह, जान को जोखिम में डालकर, वे बाँसों के साथ कलाबाजी करते रहते हैं। पर सरकस में तो सुरक्षा के लिए नीचे जाल बिछा होता है, यहाँ तो सीमेण्ट कंक्रीट की ऐसी लोहे-सी ज़मीन है कि पचास किलो का वज़न धुर छत से गिरे तो भी ज़मीन पर एक तरेड़ नहीं पड़ती। ऐसे में एक ज़िन्दगी की क़ीमत कितनी? बस, फॉर्म पर लगाया एक अँगूठा। हमने एडवोकेट रुख़साना से बात की है। उन्होंने केस दर्ज़ कर दिया है।

कक्षा में पहुँचते ही माहौल में अजीब-सा भारीपन महसूस हुआ। रेशमा और भीमा मुझसे नज़रें चुरा रहे थे और आँखें ज़मीन पर गड़ाकर बैठे थे। मैं उनके पास गयी और उन्हें जैसे ही छुआ, वे मुझसे लिपटकर ज़ोर-ज़ोर से रोने लगे। उनके रोने का सुर तेज़ होते-होते पप्पा और 'आई' 'माँ' की गुहार में बदल गया। मैंने दोनों बच्चों

को अपने साथ घर ले आने की इजाज़त माँगी तो प्रतिमा दी ने कहा–"ज़रूर ले जाओ, इनका मन भी बहल जायेगा।"

घर लौटकर मैंने शोभाबाई को मूका के बारे में बताया तो वो कहने लगी–"ये तो मेरे कू मालूम है, भोत श्याना कारीगर था। पण उसका बच्चा लोक आपका बालवाड़ी में पढ़ता है, ये नईं मालूम था।" रेशमा और भीमा पहले तो घर को आँखें चौड़ी करके देखते रहे पर जैसे ही शोभाबाई ने उनकी भाषा में उनसे बातचीत की तो वे कुछ सहज हो गये। उनको बड़े प्यार से अपने पास बिठाकर खाना भी खिलाया पर वे ऐसे सकुचाते हुए मुँह में कौर डालते रहे जैसे चुरायी हुई चीज़ को छिपा रहे हों। चिल्की खुश हुई कि उसके साथ खेलने के लिए दो बच्चे अब उसके साथ थे। दोनों इतने शान्त और डरे-सहमे-से थे कि उनको सहज करने के लिए वह अपने खिलौनों का पूरा ख़ज़ाना निकाल लायी। उसे मालूम था कि ये चीज़े इन्होंने पहले कभी देखी नहीं हैं। वे अकबकाये-से उन्हें पहले दूर से, फिर छू-छूकर देखते रहे।

उधर स्कूल में प्रतिमा दी और कई कार्यकर्त्ताएँ मिलकर मुआवज़े की लड़ाई लड़ रही थीं। मैं कभी-कभी स्कूल से बच्चों को अपने घर ले आती। चिल्की को रेशमा का साथ मिल गया था जो उसकी उम्र की ही थी पर उससे दुबली थी। एक दिन चिल्की ने अपनी एक फ्रॉक निकालकर रेशमा को पहना दी और मैं जब दोपहर की झपकी लेकर उठी तो देखा रेशमा पीठकर मेरे सामने खड़ी है और चिल्की हँस रही है–"दादी बताओ, ये कौन है?"

मैंने कहा–"वाह, तूने तो रेशमा को चिल्की बना दिया!"

चिल्की ने कहा–"मैं इसकी 'तप्पू' हूँ और ये मेरी 'इचकी'!...पर हम लड़ते नहीं उन लोगों की तरह!"

वह 'उतरन' सीरियल की बात कर रही थी। कभी-कभी उसकी माँ भी रात को आकर यह धारावाहिक देखती और बच्चों को साथ ले जाती। यह उनकी पसन्द का धारावाहिक था।

अब रेशमा और भीमा चिल्की से काफ़ी हिल-मिल गये थे। दोनों भाई बहन हाथ थामे अपने-आप भी चिल्की के पास चले आते। उन्हें मालूम था कि पार्क में साढ़े पाँच बजे जाने से पहले एक-डेढ़ घण्टा वह घर पर उनके साथ खेल सकती थी।

चिल्की को भी अब अच्छा लगने लगा था। दरअसल मुम्बई के बड़े टावर में रहने का निर्णय हमने इसलिए लिया था कि वह अपने हमउम्र बच्चों के साथ खेलेगी,

अपने हमउम्र साथियों में मुतमइन रहेगी और ख़ाली वक़्त उसे परेशान नहीं करेगा। यही सोचकर इस इक्कीस मंज़िला इमारत में बेटे ने उन्नीसवें माले पर घर ले लिया था पर चिल्की को हमउम्र बच्चों का साथ यहाँ भी नहीं मिल पाया था। अधिकांश फ़्लैट में अधेड़ दम्पति थे जिनके बच्चों ने उन्हें रहने के लिए यह दो-तीन बेडरूमवाला राजसी फ़्लैट ले दिया था और अपनी जिम्मेदारी से मुक्त हो गये थे। कुछेक युवा दम्पति ज़रूर थे इस इमारत में, पर उनमें से अधिकांश ने बच्चों को पंचगनी या ऋषि वैली के हॉस्टल में डाल रखा था और वे सिर्फ़ छुट्टियों के मौसम में इस टावर में दिखायी देते थे। चिल्की को बोर्डिंग में जाना रास नहीं आया था। वहाँ सब बच्चे उससे ममी के बारे में पूछते और जब वह बताती कि उसकी ममी अमेरिका में नौकरी करती है तो वे झट से कहते–"तो तुम्हारे भी ममी-पापा साथ नहीं रहते? दोनों में तलाक़ हो गया है क्या?" हॉस्टल में ऐसे बच्चों की तादाद ज़्यादा थी जिनके ममी-पापा अलग रहते थे। कच्ची उम्र में ऐसे जुमलों से उसे बचाने के लिए मैंने और मेरे बेटे ने सोचा था कि उसे परेशान करनेवाले सवालों से जब तक सम्भव हो सके, दूर ही रखा जाना चाहिए।

एक दिन मैं लौटी तो चिल्की दौड़ती हुई मेरे पास आयी–बताओ दादी, मेरे हाथ में क्या है? उसने दोनों मुट्ठियाँ कसकर बाँधी हुई थीं कि मुट्ठियों में क़ैद चीज़ मुझे दिख न जाये। मैं क्या क़यास लगा पाती भला! मैंने कहा–चॉकलेट? ऊँ हूँ! जेम्स? ऊँ हूँ! मोती? ऊँ हूँ! टॉफीज़? ओफ़्फोह! बुद्धू दादी! देखो! बेसब्र-सी चिल्की ने दोनों मुट्ठियाँ खोल दीं। उसमें एक हथेली में सुनहरी चमकती गोलियों-जैसा कुछ था और दूसरे में रूपहली गोलियाँ! मैंने दो-तीन दाने उठाये और सूँघने लगी।

"ओफ़्फोह दादी, ये सूँघने और खाने की नहीं, खेलने की चीज़ है!" चिल्की खीझी।

"अच्छा?" मैंने हैरानी ज़ाहिर की–"कहाँ से आयीं?"

"ये ना 'मणि' हैं, इसको मणि कहते हैं, इसमें छेद करके धागे में डालकर गले में इसकी माला भी पहन सकते हैं" चिल्की मुझे दादी अम्माँ की तरह समझा रही थी–"और ये ना...रेशमा ने बनायीं। कचरे के डिब्बे में कल सारे चॉकलेट्स के रैपर्स पड़े थे न, उनको गोल-गोल करके ऐसे-ऐसे बना दिया और देखो..." वह मुझे घसीटती हुई रसोई की ओर ले गयी। रसोई के साथ लगे स्टोर रूम की दीवार में खाली डिब्बों को गिफ़्ट रैपिंग पेपर्स से लपेटकर एक के ऊपर एक सजाकर उनका घर बना रखा था। एक प्लेट में ये मणियाँ सजा रखी थीं। एक लम्बी-सी ट्रे में पानी डालकर स्विमिंग पूल बनाया गया था, उसके किनारे-किनारे डॉमिनोज़ पित्ज़ा के डिब्बे में आनेवाली प्लास्टिक की छोटी-छोटी तिपहिया मेज़ों को सजा रखा था। टूथपिक्स को जोड़कर पेड़ के तने का आकार दिया था। उसके ऊपर छींटदार कपड़ों की कतरनों

की भी सजावट कर रखी थी। मैं देखती रह गयी। चिल्की मेरे चेहरे पर कौतुक देख तालियाँ बजाकर हँस रही थी—"देखा दादी, कितना सुन्दर घर बनाया है!"

"पर किसने? रेशमा ने?"

"हाँ दादी, रेशमा ने और मैंने! अच्छा है न!" चिल्की की आवाज़ में खुशी छलकी पड़ रही थी। वह अपने जन्मदिन पर मिले तोहफ़ों को खोलते समय भी इतनी ख़ुश नहीं हुई थी जितना उसके फेंके गये गिफ़्ट पेपर और चॉकलेट के रैपरों से रेशमा के बनाये इस अनोखे सजे घर को देखकर हो रही थी।

"बहुत सुन्दर! शाबाश!" मैंने रेशमा के गाल पर प्यार से चिकोटी काटी और दोनों लड़कियों की कारीगरी पर निहाल होती रही।

लड़कियों की रगों में जन्म से ही यह साज़-सँभाल होती है। टूटी-फूटी और कचरे में फेंकनेवाली चीज़ों से भी सजाने-सँवारने का संस्कार अपने-आप पैदा हो जाता है। यह ज़रूर रेशमा की कारीगरी थी जो चिल्की को भी लुभा रही थी और इसलिए वह इसे बनाने का श्रेय छोड़ना नहीं चाह रही थी।

हमेशा की तरह एक दिन अपने साथ रेशमा और भीमा को लेकर मैं आ रही थी कि वॉचमैन ने सोसाइटी के सेक्रेटरी का सन्देश दिया कि उन्होंने मुझे सोसाइटी ऑफ़िस में बुलाया है। अर्जेण्ट मीटिंग है। सिर्फ़ पाँच मिनट के लिए आ जायें। मैंने सोचा—हमेशा की तरह लीकेज का मामला होगा। ऐसे टावरों में—जिस फ़्लैट के बाथरूम या किचन में पानी का रिसाव होता है, वह अपने ऊपर के तमाम वाशिन्दों को कोसने लगता है।

बच्चों को शोभाबाई के पास छोड़कर नीचे गयी तो देखा, वहाँ तीन कमेटी मेम्बर और बैठे हुए थे। मेरे अन्दर आते ही सबने एक-दूसरे की ओर देखा जैसे तय नहीं कर पा रहे कि किसको बात शुरू करनी है।

मैंने उनका असमंजस देखकर पूछा—"क्या बात है, कुछ ख़ास...?"

"जी, देखिये मैडम!" मिस्टर मलकानी बड़े सधे सुर में बोले—"आपको तो मालूम है कि हमारा टावर सबसे पहला टावर है! दूसरे सभी टावरों में तीन-तीन लिफ़्ट हैं जिनमें से एक सर्विस लिफ़्ट है। लेकिन हमारे टावर में अब तक दो ही लिफ़्ट हैं। सभी इसी में आते-जाते हैं।"

"हाँ, तो...?" बात का सिरा मेरी पकड़ में नहीं आ रहा था।

"आप मोबाइल क्रेश में काम करती हैं, अच्छी बात है। हमें बहुत अच्छा लगता है कि आप ग़रीब बच्चों के लिए कुछ कर रही हैं। आप ज़रूर करें। पर ऐसा है कि कामगारों के पढ़नेवाले बच्चे बार-बार आपके घर आते-जाते हैं, यह दूसरे लोगों को ठीक नहीं लगता। हम काफ़ी वक़्त से तीसरी सर्विस लिफ़्ट की प्लैनिंग कर रहे हैं

ताकि कामवाली बाइयाँ, स्टोर से सामान लानेवाले लड़के, कुरियर ब्वॉयज़ और सामान लाने-ले जानेवाले मज़दूरों के लिए अलग बन्दोबस्त करवाया जा सके। लेकिन जब तक वह लिफ़्ट नहीं बनतीं, आप अपना सोशल वर्क स्कूल तक ही रखें, उसे घर पर लेकर न आयें। प्लीज़ बुरा न मानें, पर यहाँ रहनेवालों को दिक्कत होती है। आप समझेंगी शायद!"

"सॉरी मिस्टर मलकानी! बच्चे बिलकुल साफ़-सुथरे हैं, सलीक़े से रहते हैं, साफ़ कपड़े पहनते हैं, किसी से बेअदबी नहीं करते, आप लोगों को उनसे क्या परेशानी है?" मैं अपना आपा खो रही थी।

"मैडम, आप तो बुरा मान गयीं। माफ़ कीजिये, साफ़ कपड़े देकर आप शक्ल-सूरत तो नहीं बदल सकतीं। आप अपनी पोती को बाहर उनके साथ खेलने के लिए ले जाइये, लेकिन बार-बार वे यहाँ चले आते हैं, कई लोग हमसे शिकायत कर चुके हैं। हमने सबको प्रॉमिस किया है कि हम आपसे रिक्वेस्ट करेंगे। आप अगर बात को यहीं ख़त्म नहीं करना चाहतीं तो अगले महीने, ए. जी. एम. में इस मुद्दे पर बात करेंगे।...आप जैसा ठीक समझें।"

मैं अपमानित महसूस कर रही थी। इसके बावज़ूद मैंने आश्वासन दिया कि मैं आगे से ख़याल रखूँगी। उस दिन के बाद से चिल्की को रेशमा से मिलवाने कभी अपने स्कूल ले जाती, कभी गार्डेन। लगा कि अपनी लिफ़्ट में चढ़ते हुए मुझे अपने को ही नहीं, उन बच्चों को अपमानित करने का भी कोई हक़ नहीं था। मन में निर्णय लिया कि अपनी सोसाइटी में रहती उस जमात को, किसी ए. जी. एम. में, समझाने की कोशिश ज़रूर करूँगी जो हर नवरात्र में अष्टमी के दिन ऐसी कुँवारी कन्याओं को ढूँढ-ढूँढकर लाने और उनके चरण प्रक्षालन की क़वायद करती है, उन्हें पूरी, छोले और हलवे के प्रसाद के साथ लाल चुनरी और चूड़ियों का उपहार भी देती है, पर बाक़ी के दिन उनसे अपने कपड़े समेटकर चलती है।

रानी मधुमक्खी कमरे से बाहर जा चुकी थी। मैं अपने हाथ का सारा सामान भीतर रखकर, हाथ-मुँह धोकर बाहर आयी तो सुना, शोभाबाई उसे क़िस्से-कहानी सुना रही थी और चिल्की बड़े ध्यान से दोनों हथेलियों में सिर टिकाये सुन रही थी—"सच्ची, ये मक्खी कैसे इत्ता सारा शहद जमा करेगी, इसका मुँह तो इत्ता छोटा है!"

शोभाबाई बड़े इत्मीनान से उसे बता रही थी—कैसे यह पूरा इलाक़ा पहले जंगल था और यहाँ पेड़-ही-पेड़ थे, आम के पेड़ों का मीलों तक फैला बाग़ान, क़िस्म-क़िस्म के पेड़ और उन पेड़ों पर हज़ारों चिड़ियों-तोतों का बसेरा। जहाँ अब हम रहते हैं न, यहाँ पहले ये मक्खियाँ, रंग-बिरंगी चिड़ियाँ, तितलियाँ, साँप, चीते और सामने दिखते लेक में मगरमच्छ रहते थे। उन्हीं का बसेरा था यह इलाक़ा। रात-रात को आराम से घूमते-टहलते थे। तब रात को इस रास्ते कोई आता-जाता नहीं था। कोई शेर-चीता पकड़ के खा जायेगा तो?

"यू मीन टाइगर, ताई? खा जाता है आदमी को?" चिल्की पूछ रही थी।

"अब नहीं खाता! अब तो कोई शेर, चीता भूले-भटके आ जाता है तो उसके छिपने के लिए पेड़ और जंगल कहाँ रहे, अब तो वो मार दिया जाता है! पेपर में पढ़ते हैं न! आज शेर को मारा, मगरमच्छ को मारा। पुराना जंगल समझकर ग़लती से बाहर निकल आया था। मर गया! साँप तो रोज़ ही मारे जाते हैं।" उसे कहानियाँ सुनाते छोड़ मैं आकर अपने कमरे में लेट गयी।

शाम को मैं लेटी ही थी कि घण्टी बजी। शोभाबाई ने दरवाज़ा खोल दिया होगा। दरवाज़ा बन्द होने की आवाज़ के साथ-साथ शोभाबाई मेरे कमरे का दरवाज़ा खटखटा रही थी। अन्दर आकर उसने खिड़कियों के पल्ले सरकाकर बन्द किये और उन्हें हिलाकर आश्वस्त हो गयी कि वे लॉक हो गये हैं। क्या बात है? पूछने से पहले ही वह बोली—"ऊपर छा तोड़नेवाला घाटी लोग आया, बोला—तोड़ेंगा तो सब मक्खी उड़ेंगा, इसके लिए दरवाज़ा जाली सब बन्द करने का!"

"बिल्डिंग में छत्ता?" मैं हैरान थी।

इण्टरकॉम सामने था और पूरी बिल्डिंग के सभी रिहायशियों का सम्पर्क नम्बर भी। मैंने इक्कीसवें फ़्लोर पर फ़ोन मिलाया—"मिसेज़ रमानी! क्या आपके घर के बाहर मधुमक्खी का छत्ता तोड़ा जा रहा है?" उसने हड़बड़ाकर कहा—"हाँ, सैकड़ों मक्खियाँ जब देखो तो बैठी रहती हैं, भिन-भिन करती हैं। इन लोगों को बुलाया है। सिर मुँह पर कपड़ा बाँध रहे हैं अभी! आप अपनी सारी खिड़कियाँ बन्द कर लो। मैंने सारे लोगों को फ़ोन लगाने को नीचे सिक्योरिटी में कह दिया है। आप उन्नीसवें पर हो, आपको तो ख़ास एहतियात बरतनी पड़ेगी।"

"हाँ, वह तो बन्द कर लिया है पर घर के बाहर की दीवार पर इतना बड़ा छत्ता बन कैसे गया?"

"अब क्या बताऊँ आण्टी! रोमिल का कमरा है न! साल हो गया। उसने कभी परदा ही नहीं खोला। जितनी देर घर में रहता है, ए. सी. चलता रहता है। बाहर देखा ही नहीं। वो तो छत्ता पूरी दीवार जितना बड़ा होने के बाद जब दरवाज़े के काँच पर दिखने लगा, फिर समझ में आया कि क्या आफ़त आ गयी है। ख़ैर जी, आप दरवाज़े बन्द कर लेना आण्टी! बाद में कोई ये न कहे कि हमें बताया नहीं।"

कुछ ही देर बाद बीसवें फ़्लोर पर घर्र-सी आवाज़ के साथ ड्रिल मशीन जैसे चलनी शुरू हो गयी। इस आवाज़ ने फिर वातावरण की शान्ति में ख़लल पैदा किया। रईस औरतों के लिए जैसे कहा जाता है कि उन्हें जब कोई काम-धाम नहीं होता तो गहने तुड़वाने, गहने बनवाने लग जाती हैं, वैसे ही इन टावरों के नव-धनाढ्य लोगों के लिए

भी कहा जा सकता है कि वे फ़र्श तुड़वाते, फ़र्श बनवाते रहते हैं। जब काला पैसा छिपाने के लिए जगह कम पड़ जाती है तो वे बाथरूम की टाइलें या बैठक के फ़र्श की पुरानी टाइलें तुड़वाकर नयी डिज़ाइनर टाइलें लगवाने पर आमादा हो जाते हैं। इसे झेलना पड़ता है हम-जैसे लोगों को, जो बिल्डर की दी हुई दीवारों और फ़र्श को एक नियामत मानकर उसमें ज़रा-सा भी फेरबदल करना गवारा नहीं करते इसलिए दूसरों के घर चलती धूम-धड़ाम, उठा-पटक, तोड़-फोड़ और उससे पैदा होते शोर के प्रदूषण से हलकान होते रहते हैं। कई बार पड़ोसनें आकर मेरे नुमाइशी फ़्लैट के बारे में यह तंजिया ऐलान कर चुकी थीं कि बिल्डर ने कैसी दीवारें और फ़्लोरिंग बनवाकर दी थी, इसे देखना हो तो आण्टी का 'एण्टीक हाउस' पेशे ख़िदमत है!

आधे घण्टे में फिर शोभा हाज़िर थी—"वो कारीगर लोग आया हय, पूछता हय-ताज़ा 'मध' ख़रीदने का क्या? सस्ता रेट पर देंगा। बाज़ार में कितना भी किम्मत पर अइसा असल 'मध' मिलेंगाच नेई।

मैं दरवाज़े तक गयी तो देखा दो पहलवाननुमा आदमी हाथ में शहद की भरी बाल्टियाँ लिये खड़े थे—"मैडम, जल्दी बोलो, लेने का होयेंगा तो! एकदम शुद्ध मधु। बाहर मिलेंगाच नेई!"

मैंने देखा—शहद से तर-ब-तर दो बाल्टियाँ। मैंने कहा—"जिनके घर में यह छत्ता तोड़ा, उनको नहीं दिया?"

"दिया ना मैडम! चार किलो लिया वो लोग। आपको लेने का है तो भाव करो!"

मैंने पूछा—"इतना सारा शहद एक छत्ते से निकला?"

"एक कायकू। तीन छत्ता साफ़ करके आया। बाजूवाला बिल्डिंग में भी होता! लेना है तो बोलो नहीं तो..."

देखूँ। मैं कुछ आगे आयी। और बाल्टी में देखा तो शहद की ऊपरी तह पर कई मक्खियाँ दिखीं।

मैं पीछे हट गयी—"इसमें तो मक्खियाँ मरी हुई हैं।"

"मध में से मक्खी नहीं तो क्या तितली जुगनू मिलेगा? छत्ते से मध निकालेंगा तो सब तो भागता नहीं न! दस-बीस तो पकड़कर रखता है न मध को। वो ही तो जमा करता है। टाइम खोटी करने का नेई आण्टी। तीन सौ रुप्या किलो दिया! लेने का है तो बोलो!"

शोभाबाई मेरे पीछे खड़ी बोल रही थी—"ले लो ममी जी! चालनी से छान के बाटली में भर के गरम पानी में रखेंगा तो साफ़ हो जायेगा।"

पर बाल्टियों में भरा शहद और उसके ऊपर अपनी शहादत देती मक्खियाँ मुझे अजीब-सी बेचैनी से भर रही थीं। मैंने जैसे ही 'ना' में सिर हिलाया, वो खीझते-बड़बड़ाते

हुए निकल गये—"आण्टी, सोना-चाँदी च्यवनप्राश ख़रीदो, इसका किम्मत नईं समझेंगा तुम लोग!"

वे सीढ़ियाँ उतर गये तो मैंने राहत की साँस ली।

चिल्की की शोभाबाई अपनी लाड़ली चिल्की को जूते-मोज़े पहनाकर तैयार कर रही थी।

"चल चिल्की बेटा, आज तुझे मैं गार्डेन में ले जाती हूँ।...स्लाइड करेगी न!"

"वहाँ रेशमा भीमा आयेंगे न?" चिल्की की आवाज़ में चहक थी।

"हाँ-हाँ!" मैंने चिल्की को आश्वासन देती अपनी आवाज़ को खोखला पाया।

"चलो!" तब तक चिल्की दरवाज़े के पास आकर प्रस्थान की मुद्रा में आ गयी थी, "बाय, शोभाबाई, मी आज्जी संग जाती!" चिल्की ने शोभा ताई तक अपनी गुहार पहुँचायी और फुदकते हुए नीचे जाने के लिए लिफ़्ट का बटन दबा दिया।

छोटे दरवाज़े से निकलकर गार्डेन की ओर जानेवाले रास्ते की ओर मैं बढ़ रही थी तो चिल्की ने झट से मेरी उँगलियों को अपनी मुट्ठी में थाम लिया। यह अपने सहारे के लिए नहीं, मुझे सहारा देने के लिए था। एक बार मैं ढलान पर थोड़ा लड़खड़ायी थी, तब से वह छह साल की बच्ची, बाहर सड़क पर आते ही, मुझे सँभालना अपनी जिम्मेदारी समझती थी।

अभी हम पाँच क़दम चले ही थे कि हमारे क़दम यक ब यक थम गये। सामने के पूरे रास्ते पर हज़ारों मक्खियाँ बिछी पड़ी थीं। मृत। बेजान। निश्चेष्ट। दूर कोने में मोटे झाड़ू से एक स्वीपर उन्हें बुहार रहा था। हवा में अब भी छितरायी गयी गैस की गन्ध थी। तो वह ड्रिल मशीन नहीं थी जो बीसवें फ़्लोर पर चल रही थी। वह फ़्यूमिगेटर था, जिसने इक्कीसवें माले पर मधुमक्खी का छत्ता छेड़नेवाले ख़ास कारीगरों के मक्खियों को हँकालने के बाद आक्रमण से तितर-बितर हुई और नीचे-ऊपर की ओर भागती हुई मक्खियों को बीसवें फ़्लोर से अपने उपकरण के जरिये ज़हरीली गैस से खात्मा कर हमेशा के लिए शान्त कर दिया था। यह एक सुनियोजित मिशन था जिसके तहत मक्खियाँ अपने महीनों के बुने हुए छत्ते और जमा किये गये शहद के प्राकृतिक ख़ज़ाने से बेदख़ल कर दी गयी थीं।

मेरे पैर थमे और मैं पीछे मुड़ने को हुई। मेरी उँगलियों पर चिल्की की मुट्ठी की पकड़ पहले ढीली होती महसूस हुई, फिर छूटी और वह मूर्तिवत् खड़ी रह गयी। उसका शरीर जैसे एक कँपकँपी से हिलकने लगा और कुछ सेकेण्ड बाद ही वह सुबक-सुबककर रो रही थी। मैंने उसके कन्धे पर हाथ रखा तो मेरी ओर उसने ऐसी कातर नज़रों से

देखा जैसे कहती हो—दादी, इतनी सुन्दर मक्खियों को किसने इतनी बेरहमी से मारा? दादी, इन्हें मर क्यों जाने दिया? क्यों?

चिल्की की मूक आँखों में सवाल था पर उसने कुछ नहीं पूछा। मेरे पास कोई जवाब था भी नहीं। गार्डेन में मूका के दोनों बच्चे रेशमा और भीमा इन्तज़ार कर रहे थे। उनके और हमारे बीच रानी मधुमक्खियों की पूरी सेना ध्वस्त पड़ी थी। उनकी दो बारीक़ काली नोक-जैसी मूँछें किसी लोहे की काली तारों की तरह खिंची हुई थीं। उड़ते हुए सुनहरे पारदर्शी पंख अब अन्दर की ओर सिकुड़कर किसी प्लास्टिक की तरह अकड़े हुए थे। कुछ ही मिनटों बाद, कभी आसमान की थाह लेनेवाले और अब बेज़ान बना डाले गये, इन सुनहरे पंखों का ढेर, पार्क के किनारे-किनारे बनाये गये, हरे रंग के ख़ूबसूरत डस्टबिन में बिछे चिकने काले प्लास्टिक के गारबेज बैग में होगा और हम साफ़-सुथरी सड़क पर बड़े आराम से चल रहे होंगे!

•

खिड़की

बाहर सब-कुछ था—मुम्बई की झीनी-झीनी बारिश की फुहारों में भीगती सड़कें। सड़क के चौराहे पर एक किनारे अमूल की बड़ी-सी होर्डिंग। नये शुरू होनेवाले रिएलिटी शो का रंगीन चमकता विज्ञापन। पन्द्रह अगस्त बीत जाने के बाद भी कुछ रिहायशी घरों में आज़ादी के तिरंगे झण्डे फहरा रहे थे—जिन्हें लगाने के बाद घरों के वाशिन्दे उतारना भूल गये थे। आवाजाही करती डबल डेकर बसें। नये-से-नये मॉडल की गाड़ियाँ। और भी वह सब, जिन्हें पिछले पन्द्रह दिनों से देखने की हमारी आँखें अभ्यस्त हो चली हैं।

अन्दर की दुनिया बिलकुल अलग थी। यहाँ सिर्फ़ सफ़ेद रंग था जो माहौल को साफ़-सुथरा रखने के बावज़ूद बोझिल बनाने में भी मददगार साबित हो-रहा था। दुनिया के सारे अस्पताल एक-से क्यों दिखते हैं। सफ़ेद सैण्डल और सफ़ेद कपड़ों में नर्स, सफ़ेद पॉलिश के साथ सफ़ेद पलँग, सफ़ेद चादरें, सफ़ेद दरवाज़े—खिड़कियाँ, खिड़कियों पर झूलते सफ़ेद पर्दे, सामने भेदिया की निगाह से ताक़ता दीवार पर लगा टी.वी., सब-कुछ एक-सा—शिकागो के अस्पताल में भी और अब मुम्बई शहर के बीचोंबीच 'ब्रीच कैण्डी' पर बसे इस अस्पताल में भी। इस सफ़ेदी के बीच लेटी माँ इस रंगहीन संसार का अभिन्न हिस्सा लगती हैं। माँ के मुँड़े हुए सिर पर छोटे-छोटे बाल उग आये हैं। पूरी तरह सफ़ेद। मैं पर्दों की ओर देखते हुए उनका रंग बदलना चाहती हूँ। पल भर को परदों का रंग चॉकलेटी या स्याह हो भी जाता है पर गुलाबी नहीं होता।

माँ की आँखें मेरी ओर हैं पर उनकी आँखों में मैं नहीं हूँ। मैं जैसे हूँ ही नहीं वहाँ। मेरे पीछे भी वैसी ही खिड़की है, वैसे ही परदे हैं। मैं हटना नहीं चाहती पर मेरे पैर

दो क़दम बायें हो लेते हैं ताकि माँ मुझसे परे न देखें पर मेरे वायें सरक जाने से भी कोई फ़र्क़ नहीं पड़ता। माँ की आँखों की पुतलियों के बाहर पहले से ज़्यादा सफ़ेदी है। माँ की बड़ी-बड़ी आँखें शुरू से बहुत ख़ूबसूरत रही हैं, कोई भी उन्हें देखकर पहली बात यही कहता था। आज भी उनकी सफ़ेद चमकती आँखों से लगता ही नहीं कि वे बीमार हैं। फ़र्क़ यह है कि वे आँखें, आँखें नहीं रहीं। पहले जैसे ही वे मेरी ओर आँखें खोलती थीं, मैं आगे बढ़कर उनके गालों पर हाथ रख देती थी—माँ, कैसा लग रहा है। अब भी ऐसा ही करती हूँ पर माँ के गालों को छुअन का अहसास ही नहीं होता। माँ की पलकें भी नहीं झपकतीं। उनके सामने खड़े होने पर लगता है, जैसे मेरा पूरा वज़ूद पारदर्शी हो गया है। वे मेरे पार जाने कहाँ देखती चली जाती हैं।

माँ! मैं आदतन बुदबुदाती हूँ। माँ नहीं बोलतीं। जब उनकी आँखें देखती ही नहीं मुझे तो बोलेंगी कैसे? और किसे?

विश्वास नहीं होता कि यही माँ दो महीने पहले चहकती हुई एअरपोर्ट पर उतरी थीं। माँ, बाल रँगना बन्द क्यों कर दिया? मैंने माँ के गले में बाँहें डालते हुए झूठ-मूठ की नाराज़गी जतायी। ग्रे इज़ ग्रेसफुल—माँ धीरे से बोलीं और हँसकर टाल दिया।

मुनिया, अब बस मैं घूमूँगी—ढेर-सारा। और छह महीनों में तो यह नटखट आ जायेगा, उन्होंने मेरे पेट पर हाथ फेरा था, फिर तो तू बँध जायेगी। मैं भी। फिर हम ऐसे आज़ाद थोड़े ही घूम सकेंगे।...माँ का यह रूप नया था। पहली बार वे अकेले आयी थीं। हिन्दुस्तान में जिन्होंने कभी रेलयात्रा भी अकेले नहीं की, चौबीस घण्टों की हवाई यात्रा करके मेरे पास एक ज़िद में चली आयी थीं। जो माँ कभी पापा के बग़ैर घर की सीढ़ियाँ नहीं उतरती थीं, अब दुनिया के किसी भी कोने में जाने को तैयार थीं।...ख़रीदारी का उन्हें शौक़ नहीं था। उन्हें दुनिया की सारी ख़ूबसूरती सिर्फ़ उगते और ढलते हुए सूरज में नज़र आती थी और हम उन्हें जहाँ-जहाँ इसे दिखा सकते थे, ले गये—शिकागो के लेक मिशिगन में उन्होंने उगता सूरज देखा तो सौगाटक के लेक के दूसरी छोर पर डूबता सूरज। रास्ते में चलते-चलते वे बच्चों की तरह अटक जातीं—फ़ोटो! फ़ोटो!

ओह माँ, इतनी सारी तस्वीरें खींचकर क्या करना है? तुम भी न क्या बच्चों की तरह...। मनीष, मेरे पति ने ठेठ अमेरिकी अन्दाज़ में माँ के इस बचपने पर कन्धे उचकाये थे जैसे कह रहे हों—माँ सनकिया गयी हैं तुम्हारी। तब क्या माँ को भीतर यह पता था कि बस, ये चन्द दिन ही हाथ में हैं, जब वे आँखों में पहचान

लिये तस्वीरें खिंचवा सकती हैं। कुछ ही दिन बाद ये तस्वीरें सिर्फ़ स्मृतियों में रह जायेंगी?

उस दिन हमने बीसेक फ़ोटो खींच डालीं। माँ ने डिजिटल पर तस्वीरें देखीं और दस को ईरेज करवा दिया—इसमें तू मुस्कुरा नहीं रही, इसमें तेरे माथे पर शिकन क्यों आ गयी, इसमें तेरे बाल कैसे उड़े-उड़े-से हैं, इसमें मेरा ध्यान कहीं और है, इसमें मेरी आँखें बन्द हैं...आजकल कितना अच्छा है न, जो चीज़ पसन्द न आये, उसे एक क्लिक में फू...ह कर दो!...और यह कहते ही अचानक उनके चेहरे पर भयावह सन्नाटा पसर गया। मैं भीतर तक सिहर उठी। कहीं माँ अगला वाक्य यह न कहें—इसी तरह तो तेरे पापा ने मुझे फू...ह कर दिया! अपनी ज़िन्दगी से डिलीट! ...माँ संवादों से परे जाकर कहीं गुम हो जायें, उसके पहले ही मैं ऐसे हँसती हूँ जैसे दिमाग़ में एकाएक चाभी घुमाकर किसी ने उसे स्टार्ट के मोड़ पर डाल दिया—हाँ, सचमुच, अब हम पचास क्लिक कर सकते हैं और पाँच अच्छी तस्वीरें रख सकते हैं, बाक़ी सब डिलीट! पर मेरी खिलखिलाहट का जवाब माँ के पथराये चेहरे से आया—तूने कुछ कहा, मुनिया?...

अगली सुबह माँ उठीं तो हाथ जोड़े गुनहगार-सी बोलीं—मुनिया, यह पता नहीं कैसे हो गया...मुझे पता ही नहीं चला, रात को कब बिस्तर गीला कर दिया मैंने। ...कोई बात नहीं माँ। रात को पानी ज़्यादा पी लिया होगा और थकी हुई थीं न तो ...हो जाता है। चलो, चादर बदल देती हूँ। मैंने झट बिस्तर की चादरों को उठाया और वॉशिंग के ढेर में डाल दिया। माँ ऐसे सहमी खड़ी रहीं जैसे उन्होंने कितना बड़ा अपराध कर दिया हो—मुनिया, उसे मत बताना...। उसे...यानी मनीष—उनके दामाद को। ओह, प्लीज़ चिन्ता मत करो, रिलैक्स माँ। लेकिन अगली रात फिर वही हुआ और उसकी अगली रात भी, तो माँ सिकुड़कर आधी रह गयीं—यह मुझे क्या हो रहा है। जैसे उन्होंने कुछ इतना ग़लत कर दिया, जिसे करने का उन्हें अधिकार नहीं था—कम-से-कम अपनी बेटी के घर में तो नहीं ही।...

अस्पताल! ब्रेन के एम. आर. आई की रिपोर्ट। ट्यूमर है। एक पूरे सेक्शन को डैमेज़ कर चुका है। ऑपरेशन से ठीक हो सकती हैं पर गारण्टी नहीं दे सकते। ख़र्च बहुत हो जायेगा मुनिया तेरा—माँ कठघरे में खड़ी होकर कह रही हैं जैसे, मुझे ऐसे ही अपने भइया के पास पहुँचा दे वापस, यहाँ तुम लोगों को हलकान करना नहीं चाहती... माँ रोने लगती हैं। तब पता नहीं था कि ये आँसुओं की बूँदें आख़िरी हैं जो आँखों से झरी हैं। आँसू भी तभी झरते हैं, जब दिमाग़ में कुछ ठकठकाहट होती है। नहीं होगी तो आँखें भी बोलना बन्द कर देंगी।

हिन्दुस्तान से भैया कहते हैं—वहाँ जैसा इलाज तो यहाँ नहीं होगा, फिर इन्श्योरेन्स तो है ही! और अपना फैसला सुना देते हैं—वहीं करवा लो ऑपरेशन, ठीक रहेगा।

ऑपरेशन में आठ घण्टे लगे हैं। ऑपरेशन थियेटर के बाहर बैठी मैं सोचती हूँ—एक वक़्त था जब माँ की ज़िन्दगी में यह अप्रत्याशित हादसा गुज़रा था और माँ की आँखों में एक सन्नाटा-सा आकर रुक गया था। पापा ने अपने जीवन की दिशा बदल ली और हमारा सारा मान-मनौवल धरा रह गया। माँ जब-तब काग़ज़ पर पापा के नाम ख़त-पर-ख़त लिखती रहतीं और मुझे डर लगा रहता कि माँ कहीं अपने वज़ूद से बाहर आकर गुम न हो जायें। पर वह मुश्किल समय भी गुज़र गया और माँ उस सन्नाटे से साबुत बाहर निकल आयीं।...बाद में उस हादसे की लकीर बिजली की तरह माँ के चेहरे पर कौंधती, पर झट ओझल भी हो जाती।...और अब, जब माँ अपने में सही-सलामत वापस लौट आयी थीं, अब, जब हम उनके लिए निश्चिन्त हो चले थे और जीवन के सामान्य होने का उत्साह फिर से महसूस करने लगे थे, माँ एकाएक छिटककर दूर जा रही थीं।

डॉक्टर एडविन—मशहूर न्यूरो सर्जन के कुशल हाथों से ऑपरेशन हुआ है। ब्रेन के एक सेक्शन में फैल चुके ट्यूमर को पूरी तरह से साफ़ कर दिया है। नलियों और सुइयों से बिंधी और तरह-तरह के यन्त्रों से लैस माँ की शिथिल देह बाहर आती है तो मैं अपनी सारी ताक़त जुटाकर माँ के चेहरे की ओर देखती हूँ। माँ की आँखें ऐसे बन्द हैं, जैसे न जाने कितने बरसों से खुली ही नहीं।

घबराकर मैं दूसरी ओर देखने की कोशिश करती हूँ कि यह क्या...माँ के रुण्ड-मुण्ड सिर पर निगाह अटक जाती है—दाहिनी ओर एक तिकोना-सा हिस्सा एहतियात से लगाये टाँकों के बीच टप-टप उठ-गिर रहा है जैसे उचक-उचककर कुछ कहना चाहता है। यह क्या है डॉक्टर। मैं फूट पड़ती हूँ। ऐसे आभिजात्य अस्पतालों में अपने आँसुओं का सार्वजनिक प्रदर्शन करना असभ्य माना जाता है पर मैं अपने को रोक नहीं पाती।

"यह क्या है डॉक्टर!"—मैं किसी तरह अपने शब्दों को डॉक्टर तक पहुँचाती हूँ।

"देखिये, यह मेज़र ऑपरेशन था..."—डॉक्टर अपने सधे हुए स्वर में समझाता है—"ब्रेन के इस सेक्शन में ट्यूमर को पूरा साफ़ कर दिया है पर घाव भरने के लिए उसे ब्रीदिंग स्पेस चाहिए...अगर सख़्त स्कल को लगाकर बन्द कर दिया तो घाव को सूखने के लिए विण्डो नहीं मिलेगी इसलिए स्कल में हमने यह विण्डो बना दी है।

हम मॉनिटर करते रहेंगे। जब तक ब्रेन का यह हिस्सा थोड़ा-सा फंक्शन करने के लायक़ नहीं हो जाता या दूसरे नॉर्मल सेक्शन्स के साथ हारमनी नहीं बिठा लेता, यह विण्डो हम खुली रखेंगे। स्कल का वह सख़्त टुकड़ा सावधानी के साथ डीप फ्रीज़र में रख दिया है। जब ब्रेन सामान्य रूप से काम करने लगेगा तो ऑपरेशन से उस हिस्से को खोलकर टुकड़ा फिर से वहाँ फिट किया जा सकेगा। पर अभी कुछ कह नहीं सकते। रिकवरी में एक महीना भी लग सकता है।''

माँ की आँखें उसी तरह भिंची रहती हैं जैसे बरसों से बन्द हों। सोलहवें दिन माँ की आँखें धीरे-धीरे खुलती हैं। मनीष के साथ मेरे चेहरे पर भी मुस्कान आती है–माँ, माँ...हम उनकी बाँह पर अपने स्पर्श का अहसास उन्हें दिलाते हैं–पर माँ की खुली हुई आँखों में माँ नहीं है। वहाँ कोई भी नहीं है। माँ की आँखों में अपनी अनुपस्थिति हमें खलती है। आँखों की जगह वहाँ एक दीवार है। दीवार में आँखें तो जड़ी हैं पर वे सिर्फ़ अनन्त में देखती हैं–ऐसे जैसे वहाँ सब-कुछ ठहरा हुआ है। हमने ऐसी खुली आँखें कहाँ चाही थीं कि वे पलकें झपकाना भूल जायें। कोई हलचल नहीं वहाँ। हलचल सिर्फ़ माँ के सिर के बायीं ओर टप-टप करती खिड़की में है जैसेधड़कता हुआ दिल सीने से निकालकर वहाँ फिट कर दिया हो।

डॉक्टर ने हिन्दुस्तान ले जाने की इजाज़त दे दी है। माँ को स्पेशल सीट्स पर मय यन्त्रों के हम एअरपोर्ट से सीधे अस्पताल में ले आते हैं–ब्रीच कैण्डी! माँ को नहीं, सिर्फ़ माँ की देह को। देख मुनिया, समय किसी को नहीं बख़्शता। कभी भी ऐसी औचक पटखनी देता है कि हम मुँह बाये देखते रह जाते हैं इसलिए जब तक सब ठीक है, ज़िन्दगी को जी लेना चाहिए–माँ कहती थीं।

एक महीने से हमारा यह रूटीन हो गया है कि हम रोज़ इस अस्पताल में ऐसे आते हैं जैसे माँ को उनके घर में देखने आ रहे हैं। माँ यह भी नहीं कहतीं कि इतनी देर खड़े रहकर क्या करोगे, जाओ अपने-अपने घर।

भैया-भाभी आते हैं तो उन्हें देखकर जाने क्यों डर-सा लगता है। भैया आते हैं और चिन्ता जताते हैं कि शायद माँ को यहाँ लाने का फ़ैसला ठीक नहीं था, वहाँ बेहतर इलाज़ होता। डॉक्टर एडविन हर दूसरे दिन फ़ोन कर एक ही सवाल पूछते हैं–क्या माँ की आँखों में पहचान लौटी? हमारा जवाब होता है–नहीं। अगला सवाल होता है–विण्डो में कोई सूजन, कोई बदलाव तो नहीं? हमारा फिर जवाब होता है–नहीं।

डॉ. एडविन मायूस हो जाते हैं। माँ का ठीक होना उनकी डॉक्टरी वर्दी पर एक गर्वीला तमग़ा हो सकता है। डॉक्टर देसाई दुआ के अन्दाज़ में हाथ उठाकर कहते हैं–मिरेकल्स भी होते हैं। प्रार्थना कीजिये...

माँ अब माँ नहीं, एक खिड़की है जहाँ नस हलके-हलके उठती-गिरती है–टप-टप। भैया-भाभी दोनों जिस तरह माँ की ओर देखते हैं, मुझे लगता है, वे खिड़की के बन्द होने का इन्तज़ार कर रहे हैं। मैं कितनी शिद्दत से चाहती हूँ कि मैं जो सोच रही हूँ, वह ग़लत क़रार दिया जाये। मैं माँ के रुण्ड-मुण्ड सिर में उगे सफ़ेद बालों को देखती हूँ–वे उस खिड़की को छोड़कर पूरे सिर में उगे हैं। इसलिए उस हिस्से का साँस लेना आँखों में बेरोकटोक दिखता है।

मैं अपने पेट पर अपनी हथेली से एक और टप-टप महसूस कर रही हूँ। माँ निश्चेष्ट, निश्चल पड़ी हैं पर मेरे पेट के भीतर साँस लेने की आवाज़ में गति बढ़ गयी है।

माँ अब अस्पताल के बेड पर नहीं, मेरे भीतर उतर आयी हैं–अपनी खिड़की समेत-साँस लेती हुई!

माँ को अपने इस नवजात की पहली किलकारी सुनाने तक मैं यहीं रहूँगी!

पर माँ, तब तुम्हारी आँखें उसकी आवाज़ सुनने के लिए लौट आयेंगी न? बोलो...

एक माँ का हलफ़नामा

आप मुझे बार-बार कहती हैं—हौसला रखो, हौसला रखो! सब यही कहते हैं। कैसे हौसला रखूँ! आप पूछती हैं, उसने आख़िरी बात क्या कही थी, उसके चेहरे पर क्या था! आप सोचती होंगी, मैं भी कैसी बेमुरव्वत माँ हूँ कि मुझे कुछ याद ही नहीं आता। हाँ, नहीं याद आता। अपनी इकलौती लाड़ती बेटी की आख़िरी वक़्त की शक्ल याद नहीं आती। बड़ी कोशिश करती हूँ याद करने की अपनी तेज़ी की शक्ल। आँखें बन्द करती हूँ तो कानों में उसकी आख़िरी हिचकियाँ गूँजती हैं। ऐसी हिचकियाँ जैसे जाना नहीं चाहती हों, जैसे रब्ब से मिन्नतें करती हो, मुझे बख़्श दे, मुझे न ले जा। मैं उन्हें दुबारा सुनना नहीं चाहती। मेरा कलेजा घिरने लगता है! उसका हँसता हुआ चेहरा याद करना चाहती हूँ, वह भी याद नहीं आता! कमज़ोर हो गयी है याददाश्त!

मेरे सामने तो बस, दो महीने की तेज़ी आकर खिल-खिल हँसी हँसती है। उसके बारे में ही बताती हूँ आपको। सुनोगे?

तेजस्विनी नाम उसके मामा ने दिया था। कहता था, इसके माथे पे बड़ा तेज़ है। पैदा हुई तो ऐसी गोल-मटोल गाब्दू-सी कि हम उसे बोंगलू बुलाते थे।

बों-ग-लू! आप बोलोगे, यह भी कोई नाम हुआ भला, पर आपने उसे देखा होता तो कहते! इतनी ख़ूबसूरत कि उसे हर बार नये नाम से बुलाने का मन हो। हज़ार नामों से बुलाती थी मैं उसे। पास-पड़ोस के सारे लोगों ने अलग-अलग नाम दिये थे उसे। छत्तीस साल गुज़र गये पर वह दिन आज भी आँखों के सामने ऐसे आकर ठहर जाता है जैसे कल की बात हो। जैसे ही आँखें बन्द करती हूँ, मेरे सामने उसका नवा-नकोर चेहरा आ जाता है—रुई के फाहे-जैसी नरम, ताज़े दूध-सी गोरी-चिट्टी, तली पर रखे मक्खन की डली-सी मुलायम! ऐसी थी मेरी बोंगलू! उसे लेकर तो सड़क पर चलना मुहाल था, आते-जाते लोग पूछें—फॉरिन बेबी है? कहाँ से उठा लाये हो? मैं तो उसकी आया-जैसी दिखती थी। मेरा रंग थोड़ा दबा हुआ है न, यह अपने बाप

पर गयी थी। बाप का खिलता हुआ रंग। अपनी जवानी में इनके चेहरे का रंग गोरों को मात करता था। अब तो ज़िन्दगी के सदमे खा-खाकर बुझ-से गये हैं। चेहरे पर न वह रौनक़ रही, न लुनाई। इसके चेहरे पर भी वही लोन था, पर नैन-नक्श मेरे थे। मेरे जैसा उच्चा-चौड़ा मत्था। जो देखे, कहे—बड़ी करमवाली है! सौहरे जाके राज करेगी, राज! छत्तीस की उमर में चली गयी। कोई बताये, क्या राज किया उसने? यह कोई जाने की उमर थी? वह भी इस तरह? हम खाली हाथ बैठे तकते रहे—उस विधाता की करनी। अब लोग आते हैं, हमें तसल्ली देते हैं, कहते हैं, ईश्वर अच्छे इन्सानों को, नेक बन्दों को अपने पास जल्दी बुला लेता है। भला पूछो, हमने अपनी ज़िन्दगी में कभी किसी का बुरा नहीं चेता, किसी का दिल नहीं दुखाया, कोई छल-फरेब नहीं किया, सादा जीवन जिया, थोड़ा खाया पर ईमान का खाया, फिर उसने हम बुड्ढे-बुड्ढी को क्यों न बुलाया? इस कच्ची उमर में हमारे जिगर के टुकड़े को उठाते उसे राई-रत्ती शरम न आयी? सब कहने की बातें हैं। आज के ज़माने में ईश्वर का ज़मीर भी मर गया है। कहाँ का ईश्वर, कैसा ईश्वर। सच कहती हूँ, मेरा तो उस पर से भरोसा ही उठ गया है।

हाँ, बहुत लाड़ करती थी मुझे। छुटपन से ही। एक तो हमारे बुढ़ापे की सन्तान। तैंतीस की होनेवाली थी मैं जब यह पेट में आयी। हम तो उम्मीद छोड़ चुके थे। इसके पहले तीन बच्चे गिर गये थे। जब यह पैदा हुई तो मैं डर-डरकर इसकी ओर देखूँ। दस दिन में तो इसका रंग निखर आया। मेरी सास ने ताना जड़ा—बेटी है न नामुराद, तभी बच गयी, तीन भाइयों को डकारकर आयी है। इन्होंने सुना तो इनका ख़ून खौल गया, माँ पर बिगड़ पड़े—आज कहा सो कहा, फिर कभी ऐसी बात ज़बान पर न लाना, हमारी सुक्खेलद्दी धी है, हमारे लिये बेटों से बढ़कर है। मेरी सास का तो इत्ता-सा मुँह रह गया। मुझे बिचारी पर बड़ा तरस आया। अब उस ज़माने की औरतें तो ऐसे ही मिज़ाज की होती थीं, मानती थीं, बेटों से ही कुल-वंश चलता है। मैंने तो ऐसा कभी नहीं सोचा, न इन्होंने। हमने उसे बेटों की तरह ही पाला। किसी चीज़ के लिए कभी ना नहीं बोली। जिस चीज़ पर हाथ धर दे, वह हाज़िर।

हाँ, तो मैं बता रही थी, जब यह छोटा-सी थी, तभी से एक अजीब-सी आदत थी, मेरी छाती और पेट पर, उलटा लेटकर सोती थी, उसकी धड़कन मेरी छाती पर दाहिने तरफ़ बजती थी। कभी-कभी लगता था जैसे मेरी और उसकी धड़कनें एक हो गयी हैं। जैसे ही मुझे महसूस होता कि यह सो गयी है, मैं बड़े हौले से करवट बदलकर इसे बिस्तर पर डालने की कोशिश करती पर इसे तो जैसे बिस्तर चुभता था, नीचे डाला नहीं कि बाजा बजना शुरू। मैं थक जाती थी। बड़ी मुश्किल से ही अपनी इस कोशिश में कामयाब होती। बिस्तर पर उलटा डालकर उसे थाप्प-थुप्पकर सुलाती। यह हँसते, अच्छा हुआ, यह पहले नहीं आयी वर्ना पहले ही इसने मेरा पत्ता साफ़ कर देना था। बड़ी हो गयी तब भी मेरी छातियों में घुसी जाती थी, कहती थी—मुझे तुम्हारी यह

टिक्-टिक् की आवाज़ बड़ी अच्छी लगती है। मैंने एक दिन कहा—एक-न-एक दिन तो यह बन्द हो जानी है, फिर? मेरा मुँह बन्द कर देती थी अपनी छोटी-छोटी हथेलियों से, कहती—ऐसे कभी मत कहना, यह बन्द होगी तो मेरी भी बन्द हो जायेगी। आज जब दिल की धड़कन महसूस होती है, पहले से कुछ ज़्यादा ही महसूस होने लगी है, तो अपने पर शर्म आती है। उसकी धड़कन पहले बन्द हो गयी और हम आज भी ज़िन्दा हैं...

यह ज़िन्दगी भी कितनी नामुराद चीज़ है, सब-कुछ लुटा-पुटाकर भी आदमी जीता चला जाता है। कभी-कभी अपने एक हाथ से अपने जिस्म को छूकर महसूस करती हूँ, कुछ महसूस नहीं होता, सिर्फ़ एक मुर्दा जिस्म का अहसास। साँस आती है, जाती है और हम अपने ही होने को जैसे दूर से देख रहे हैं। ईश्वर न करे, किसी को अपने ज़िन्दा होने पर ऐसी शर्म आये जैसी हमें आती है। हाँ, इन्हें भी! इनकी तक़लीफ़ मैं समझती नहीं क्या? खुलकर रो भी तो नहीं सकते।

हाऽऽय रब्बाऽऽ, रोना तो मैं भी नहीं चाहती पर आँखें बग़ावत कर जाती हैं। मेरे अपने शरीर के हिस्सों पर मेरा कोई अख़्तियार नहीं, ज़बान बोलना कुछ और चाहती है, मैं बोल कुछ और जाती हूँ। उसकी अभी की तस्वीर आँखों के सामने लाना चाहती हूँ, पर आँखें कितना भी कसकर भींच लूँ, वह तस्वीर नहीं आती। उसकी वह सूरत ही कितनी साफ़-साफ़ याद है, आठ साल की थी तब। गुलाबी रंग पीला जर्द पड़ गया था। पीलिया...जॉण्डिस हो गया था। गोरी-चिट्टी शक्ल ऐसे मुरझा गयी जैसे पाला पड़ गया हो। पीली आँखें देखी नहीं जाती थीं। जब उसे बग़ैर घी का खाना देती थी, हम दोनों के गले से नीचे भी घी नहीं उतरता था। अपना बच्चा सूखे फुल्के खाये और हम चुपड़-चुपड़ रोटियाँ खायें, कौन-सी माँ ऐसी होगी। तीन महीने हमने भी इसके साथ-साथ उबला घीया-पपीता ही खाया। यह बड़ी नाराज़ हो—कहे, मैं तो ठीक हो जाऊँगी, आप अपने को क्यूँ बीमार कर रहे हो। हम दिन-रात बड़े परेशान रहे। रोज़ ये सामने खड़े होकर गन्ने का रस निकलवाकर लायें। एक बार उससे ही इन्फेक्शन हो गया। अब बाज़ार में इतनी सफ़ाई तो नहीं बरती जाती। मक्खियाँ भिनकती रहती हैं गन्नों पर। दो-एक पिस भी जाती हैं। डॉक्टर ने कहा—बाहर की कोई चीज़ नहीं देनी। बस, ये तो गये और घर में गन्ने का रस निकालनेवाली मशीन ले आये। पिछवाड़े डाल दी। एक तरफ़ तन्दूर, दूसरी तरफ़ मशीन। उस मशीन की तो नुमाइश ही लगी रहती हमारे घर। सारे पास-पड़ोसी इकठ्ठे हो जाते, हमें भी आधा गिलास पिला दो। यह ठीक हुई तो इन्होंने रेहड़ी पर एक मजूरे को लगवा दी। उसने कितनी असीसें दीं हमें।

सच, इसे कभी बुख़ार हो जाय तो मुझे लगे जैसे मैं ही बीमार हो गयी हूँ, जैसे साह-सत्त ही नहीं रहा मुझमें। नाम की तेज़ी और थी बड़ी नरम। ज़रा-सा गरम-सर्द हो गया, झट गला ख़राब। बाज़ार की चाट-वाट खा ली, झट पेट ख़राब। ज़रा मौसम बदला, झट छींकें शुरू। पन्द्रह दिन राज़ी-ख़ुशी निकल जायें तो जी करता था मिरचें वार दूँ—कहीं मेरी नज़र न लग जाये। पूरे छह महीने लग गये थे जॉण्डिस ठीक होने में। ठीक हुई तो बोली, लॉन में झूला डलवा दो। अब छोटा-सा तो लॉन था—मुश्किल से चार बेंत की कुर्सियाँ आतीं पर बस, बेटी की फ़रमाइश—ये तो लग गये झूले की तैयारी में। घर में सब हँसें कि ग़नीमत है, बेटी ने चाँद नहीं माँग लिया वर्ना ये तो आसमान तक सीढ़ियाँ लगाने टुर (चल) पड़ते।

तेज़ी ने झूला क्या देखा, सारे घर नाचती फिरी। सारा दिन झूलती रहे। झूले की पींगें धीरे-धीरे तेज़ होती गयीं। फिर तो इतनी ऊँची-ऊँची पींगें लेने लगी जैसे आसमान छू लेगी। झूले से थोड़ी दूर सुहांजने की फलियों से भरा हुआ पेड़ था। ये झूले पर बैठे-बैठे ही फलियाँ तोड़ लेती। जब इसके ऐसे करतब देखती तो मेरा कलेजा मुँह को आता। मैं कहती—इतना ऊँचे मत उड़, गिर पड़ी तो हड्डी-पसली एक हो जायेगी। ये मुझे चिढ़ाने के लिए पींगें और तेज़ कर देती। कहती—फिर मेरा नाम तेज़ी क्यों रखा, मन्दी रखना था! बड़ी हाज़िरजवाब थी। कभी-कभी तो ऐसी ग्यान-ध्यान की बातें करे कि हम एक-दूसरे का मुँह देखें कि किसी पीर-पैग़म्बर ने तो नहीं लिया अवतार हमारे यहाँ।

हाँ, तो मैं क्या कह रही थी। वह झूले की पींगें इतनी ऊँची लेती कि मुझे डर लगता। आख़िर मैं तो कमरे के अन्दर आ जाती। न आँख से देखूँगी, न दहशत होगी। वो ख़ूब झूलती, गुनगुनाती, हँसती। उसके वे दिन फिर कभी न लौटे। वे उसके सबसे अच्छे दिन थे—अल्हड़, बेफ़िक्र, निश्चिन्त, मस्ती से भरे हुए। हर लड़की की ज़िन्दगी में ऐसे दिन आते हैं। एक बार। बस, एक ही बार। फिर कभी लौटकर नहीं आते। पहला धक्का तो उसे तब लगता है जब उसको महीना शुरू होता है। अपने जिस्म से ख़ून रिसता देख वह सकते में आ जाती है। इससे पहले के दिन उसकी ज़िन्दगी के सबसे हसीन दिन होते हैं। उसका बस चले तो वह सारी ज़िन्दगी इन दिनों की पोटली पल्लू से बाँधकर रख ले और जब कभी चलते-चलते थक जाय तो पल्लू से बँधी पोटली खोले, उसे जी भरकर निहारे, पैरों में आगे बढ़ने की ताक़त बटोरे और फिर कन्धे पर लादे चल दे। पर ऐसा होता कहाँ है। माँ-बाप का घर छोड़ बेटी जब पराये घर जाती है तो अपनी यादों की सारी पोटलियाँ घर के ओने-कोने लुका (छिपा) कर चली जाती है। जब लौटकर उन्हें ढूँढ़ती है तो वे वहाँ नहीं मिलतीं, उन्होंने अपनी जगह बदल ली होती है और वह उन्हें ढूँढ़-ढूँढ़कर परेशान होती रहती है।

मेरे साथ भी ऐसा हो चुका है। पटियाले में। जब शादी के बाद मैं पहली बार अपने मायके गयी तो अपने गुड्डी-पटोले, रंगीन परान्दे, बिने हुए नाड़े ढूँढ़ती फिरी। सारा घर खँगाल डाला, कुछ हाथ न आया। फिर समझ आया कि रोने की वजह दूसरी थी। नाड़े और परान्दे तो बहाना थे, दरअसल मैं अपना कुँवारापन ढूँढ़ रही थी। एक बार पराये घर चले गये तो वह बचपना कहाँ मिलता है। पराया घर धीरे-धीरे अपना बनता है। उसे अपना बनने में वक़्त लगता है पर यह घर पहले ही पराया हो चुका होता है। तेज़ी भी जब शादी के बाद पहली बार आठ दिन रहने आयी तो सबसे पहले तो सुहांजने के पेड़ को वहाँ न देखकर बड़ा रोयी। उसका रोना देख मेरा कलेजा हिल गया। मैंने उसे समझाने की बड़ी कोशिश की। कहा—बच्चिये, पेड़ का क्या रोना। हवा-खाद-पानी मुआफ़िक़ न मिला तो मुरझा गया। फलियाँ लगनी बन्द हो गयीं तो ठूँठ पेड़ का क्या करना था, कटवा दिया। पर यह तो रोयी तो रोती जाये, सिसकियाँ भर-भरकर रोयी। मुझे अपना वक़्त याद आ गया। बड़ा जी ख़राब हुआ। उस दिन न यह झूले पर बैठी, न मेरे साथ कोई बात की।

आपने पूछा था न कि तेज़ी मेरे साथ लड़ती थी या नहीं। दूसरे दिन अपने पुराने कपड़ों को लेकर लड़ पड़ी मुझसे। अब शादी में तो सारे नये जोड़े ही देने थे न। पुराने कपड़े कोई थोड़े ही देता है, पर इसे अपने कुछ शलवार-सूट बड़े पसन्द थे। थे तो घिसे हुए ही। एक दिन जमादारन ने माँगे तो मैंने दो-चार जोड़े उठाकर दे दिये, मुझे क्या पता कि यह आकर अपने घिसे-पुराने कपड़े फरोलेगी। मैंने तो सोचा था, इसके पास इतनी बातें होंगी बताने के लिए पर इसने तो कोई बात ही ना करी। वैसे ख़ुश थी। शादी के बाद हर लड़की के चेहरे पर रौनक आ जाती है, रूप-रंग निखर जाता है। इसका भी चेहरा भर गया था पर बोलना कम हो गया था। ज़्यादा बातें नहीं करती थी।

जाते-जाते अपनी एक पुरानी डायरी ढूँढ़ती रही। अब मुझे क्या पता कि उसमें कविताएँ लिखी हुई थीं। लिखी होंगी, जब कॉलेज में पढ़ती थी। मुझे तो कभी बतायी नहीं। कुछ लिखा तो करती थी। मैं पूछूँ तो कहती थी—आपको समझ में नहीं आयेगी। मैंने घर का पुराना सामान कबाड़िये को दिया था, इसकी पुरानी कापियाँ-किताबें रद्दी में उसी के साथ चली गयी होंगी। उस बात का मुझे आज भी अफ़सोस है। अपने को बड़ी लानतें-मलामतें दीं मैंने, बड़ा कोसा। पर क्या हो सकता था? न कटा हुआ पेड़ लग सकता था, न पुराने कपड़े लौट सकते थे, न कबाड़िये से उसकी डायरी वापस मिल सकती थी।

सच्ची, माँएँ भी कभी-कभी कितनी क़साई हो जाती हैं, बेटी को पराये घर टोरा नहीं कि उससे जुड़ी सारी चीज़ों को फेंक-फूँक देती हैं। घर की साफ़-सफ़ाई में लग जाती हैं जैसे वह अब उनकी कोई लगती ही नहीं। बेटी की सारी जिम्मेदारी हम पराये बेटे के कन्धे डाल निश्चिन्त हो जाते हैं। नहीं-नहीं-नहीं, ऐसा नहीं था। आप गलत कह

रही हैं। और लोग समझते होंगे बेटियों को बोझ। हमने कभी नहीं समझी। यह सब अनजाने में हो गया। हमने तो उसके आने से पहले झूले का भी फट्टा बदलवा दिया था। उसकी सारी सहेलियों को—ज़्यादा तो थी ही नहीं, सब अपना-अपना घर बसाकर दूर चली गयी थीं पर जो शहर में थीं, हमने ख़बर कर दी थी।

इसकी एक सहेली तो कॉलेज में लेक्चरर थी। उसने शादी नहीं की थी। वह मिलने आयी तो अजीब मंज़र था। वह इसकी चूड़ियों और सिंगार से, इसके चेहरे की रौनक़ से रश्क करे और ये उसके रुतबे से, उसकी काबिलियत से। दरअसल तेज़ी भी वैसी ही ज़िन्दगी जीना चाहती थी। वह शादी करना ही नहीं चाहती थी। शादी के लिए तो हमने उस पर ज़ोर डाला। कहती थी—मेरी शादी हो गयी तो आपका ख़याल कौन रखेगा। हमने उसे समझाया कि औरत की ज़िन्दगी शादी बिना अधूरी है। फिर इतना अच्छा रिश्ता भला कोई हाथ से छोड़ता है। ऐसा होनहार लड़का। माँ-बाप का अकेला लाड़ला बेटा। इतना पढ़ा-लिखा फिर भी कोई लम्बे-चौड़े नख़रे नहीं। आँखें झुकाकर बात करे। ठहरा हुआ, मुँह में जैसे ज़बान ही नहीं। हमने मिन्नतें कीं उसकी। पढ़ाई तो फिर भी हो सकती है। ऐसा रिश्ता फिर हाथ आये, न आये। सारी ज़िन्दगी का मलाल रह जाये।

...और तेज़ी ने हमारा कहना मान लिया। बेटियाँ जब माँ के क़द के बराबर हो जायें तो वे माँ का कहना मानना बन्द कर देती हैं और इसका क़द तो मुझसे भी ऊँचा हो गया पर यह मेरी बात कभी टालती नहीं थी। मैं इसकी माँ थी, बड़ी बहन थी, सहेली भी थी। बस, शर्त इसने यही रखी थी कि शादी के बाद अपनी पढ़ाई बन्द नहीं करेगी। इसके ससुरालवाले भी बड़े खुले दिमाग़वाले लोग हैं, उन्हें भला इसके आगे पढ़ने पर क्या उज्र होता। हमने फिर बड़े चाव से शादी कर दी। बड़े भले लोग थे। लेन-देन का कोई लालच नहीं था। कोई माँग नहीं रखी इन्होंने। पर हमने भी कोई कोर-कसर उठा नहीं रखी। जी खोलकर दिया-लिया। आख़िर हमारी एक ही तो बेटी थी। हमारे पास जो भी था, सब उसके लिए ही था। अपनी हैसियत से बढ़कर हमने शादी की। नहीं, बिलकुल नहीं, उन्हें कोई दान-दहेज का लालच नहीं था। यह तो हमीं अपनी सारी मुरादें, अपने सारे शौक इस ढंग-सबब में पूरे करना चाहते थे। खुशी का यह पहला मौक़ा था हमारे यहाँ और आख़िरी भी। हमने उनके सारे रिश्तेदारों को खुश कर दिया। सब यही कहते गये कि शादी हो तो ऐसी। सात दिन तन्दूर तपता रहा। देसी घी की खुशबू से सारा मोहल्ला महकता था। इसकी शादी का खाना लोग आज भी याद करते हैं। जिस दिन इसकी डोली टोरी, घर में ऐसा मातम छा गया। तीन दिन हमारे गले से रोटी का कौर न नीचे उतरे। चौथे दिन जब इसका फ़ोन आया तो हमने चैन की साँस ली। चलो, बेटी अपने घर राज़ी-खुशी रहे और क्या चाहिए। वह दिन और आज का दिन। इसने कभी किसी की शिकायत नहीं की। वह तो इसके

सुभाव में ही नहीं था। चाहे अकेली लाड़ली ही थी हमारी पर बड़ी मिलनसार। और सबसे बनाकर रखनेवाली। सबको खुश रखकर ही इसे खुशी मिलती थी।

ना, मुझे कभी अफ़सोस नहीं रहा कि मेरा बेटा नहीं है, मैं तो उन सबों को खुशक़िस्मत समझती हूँ जिनकी बेटियाँ हैं। माँ की बेटी से नाल जुड़ी होती है। बेटियाँ जब माँ के गले में बाँहें डालती हैं तो माँ को जीने का मक़सद मिल जाता है।

मेरे जीने का मक़सद तेज़ी ही थी पर तेज़ी के जीने का मक़सद कब उसके हाथ से सरक गया, हमें तो पता ही नहीं चला। उसने बोलना ज़रूर कम कर दिया था। हर बार जब आती तो पिछली बार से कुछ अलग लगती। धीरे-धीरे हम भूल ही गये कि वह ऐसी भी थी जैसा मैंने अभी आपको बताया।

उसके जाने का क़सूरवार मैं किसे ठहराऊँ जब उसने कभी किसी की कोई शिकायत ही नहीं की। न इस बात की कि उसकी पढ़ाई बीच में रुक गयी, न इस बात की कि उसे अब झूले पर बैठना अच्छा नहीं लगता। उसके मुँह में जब-तब छाले हो जाते थे और पैरों में एक्ज़ीमा तो वह हमें दिखता था इसलिए पता चलता था। यह तो लगता था कि तेज़ी की तेज़ी में तरेड़ पड़ती जा रही है पर वह ऐसे देखते-देखते पड़ी कि दिखायी ही नहीं दी। कई बार इन्सान का अबोला भी दूसरा इन्सान बूझ लेता है। फिर वह तो हमारी बेटी थी—सुक्खे-सान्दी इकलौती बेटी। हमने उसके कम बोलने से छूट गयी दरारों से उसके अन्दर झाँकने की कोशिश ही नहीं की। नहीं पता था कि कम बोलने के साथ वह कम जीना भी शुरू कर देगी और एक दिन...एक दिन आप मुझसे पूछेंगी कि उसकी मौत का जिम्मेदार मैं किसे ठहराऊँ। सच, उसने कभी किसी के बारे में कुछ नहीं कहा। अपने सास-सौहरे, ननद-जिठानी किसी की कभी कोई शिकायत नहीं। आप पूछती हैं तो मेरी तो उँगली अपने-आप पर उठ जाती है जी।

इन आँसुओं पर मत जाओ। कभी-कभी हत्यारों को खुद भी पता नहीं होता कि वे कर क्या रहे हैं।

क्या आपको कुछ समझ में आ रहा है? क्या आपने ऐसी लड़की अपने घर में, पास-पड़ोस में, रिश्तेदारों में देखी है? देखी हो तो मुझे ज़रूर बताना। मैं उसे तेज़ी की तरह जाने नहीं दूँगी। उसे रोक लूँगी। सच कहती हूँ।

पीले पत्ते

टक्...टक्...एक पीला पत्ता टूटा। फिर एक और। फिर एक और।

जनवरी महीने की उस सुबह में उगते सूरज की लाली थी। हरे-भरे दरख़्तों और अपने क़द के हरे पौधों के बीच उनकी उँगलियाँ बड़े एहतियात से सूखे हुए पीले पत्ते ढूँढ़ लेतीं और उन पत्तों को बड़े प्यार से समेटकर अपने बायें हाथ में फँसी थैली में डाल देतीं।

पिछले एक साल से मैं उन्हें लगभग रोज़ देख रही थी। सफ़ेद स्याह रंग के बेतरतीब-से बिखरे बालों के बीच लुनाई लिये चेहरे पर खोयी-खोयी-सी आँखें जैसे ढूँढ़ कुछ और रही हों और अचानक पीले पत्तों पर अटक गयी हों। उन्हें ज़रा-सा ठिठककर मैं देखती, मुस्कुराती और आगे बढ़ लेती।

बग़ीचे के गेट पर खड़ा वॉचमैन अपनी कनपटी पर दाहिनी हथेली की तर्जनी गोल-गोल घुमाकर अजीब तरह से होंठों को सिकोड़ता हुआ मुझे इशारे से बताना चाहता कि बुढ़िया का दिमाग़ ख़राब है, उनके लिए रुककर अपना समय बर्बाद न करें। उसकी यह हरकत दिल में एक टीस-सी पैदा करती। मैं हर बार उसे हाथ दिखाकर 'बस!' का इशारा करती और फिर आँखें तरेरकर वॉचमैन को देखती जैसे अपनी नाराज़गी उस पर ज़ाहिर हो जाने देना चाहती हूँ—मुझे पता है, बताने की ज़रूरत नहीं। पर न वॉचमैन की टेढ़ी मुस्कुराहट थमती, न बच्चों का फिसफिसाकर हँसना—हँ हँ, उदर नईं जाना, व्वो न्ना पगली अम्माँ है।

पगली अम्माँ! न किसी राह चलते को रोकतीं, न कुछ बोलतीं, न किसी भी क्रियाकलाप में दख़ल देतीं। बस, पार्क में स्लाइड पर फिसलते, खिलखिलाते बच्चों को हसरत-भरी निगाहों से ताक़ती रहतीं या उनकी उँगलियाँ हरे पौधों में से

ढूँढ़-ढूँढ़कर पीले पत्ते तोड़ती रहतीं, फिर भी उस पार्क के जमावड़े के बीच उनका नाम पड़ गया था—पगली अम्माँ!

एक दिन देखा—वह अकेली नहीं हैं। उनके साथ एक आया भी थी। शायद उनके घर के लोगों को समझ में आ गया था कि वह नीचे के पार्क में अकेले भेजी जानेवाली हालत में नहीं हैं। मैं दोनों को देखकर ठिठकी। उन्होंने मेरी ओर अपनी निगाह टिकायी तो मैंने कहा—"नमस्ते दीदी।" अब उन्होंने कुछ सहमकर मेरी ओर अनचीन्ही निगाह से देखा, फिर बहुत धीमे से उनके होंठ मुस्कुराने के अन्दाज़ में हलके से खिंचे।

आया उनका हाथ पकड़कर उन्हें चलाने की कोशिश कर रही थी और वे बेंच पर बैठना चाह रही थीं।

"नाम क्या है आपका, दीदी?" धीरे-धीरे स्पष्ट उच्चारते हुए मैंने रुककर पूछा जैसे उनकी पीठ को अपने सवाल से थपथपा रही होऊँ।

उन्होंने आया की ओर देखा, फिर मेरी ओर। फिर वही मुस्कान जो बरसों से जैसे होंठों पर जम गयी थी। जैसे वह मुस्कान ही उनका नाम हो। बोलीं कुछ नहीं।

अगले दिन, फिर उसके अगले दिन मैंने तीसरी बार पूछा—"आपका नाम क्या है, दीदी?"

इस बार होंठ ऐसे धीरे-धीरे खुले जैसे बरसों बाद खुले हों। बोलीं—"मन्दा... किनी..."।

मीठी, खनक-भरी आवाज़।...

आया ने भौंचक होकर मेरी ओर देखा।

अब उनका नाम ज़ेहन में दर्ज़ हो चुका था। अगले दिन पार्क गयी तो मन्दाकिनी दीदी आम के पेड़ के पास खड़ी थीं। दूर से ही मुझे देखकर उनके चेहरे पर मुस्कान आयी। पेड़ से कुछ पत्ते तोड़कर बेंच पर बैठ गयीं। मुझे पास आकर बैठने का इशारा किया। आगे घूमने के लिए जाने ही नहीं दिया। मेरे कुरते पर हाथ फिराती रहीं जैसे कुरते के रंग और डिज़ाइन की सराहना कर रही हों।

फिर बोलीं—"साड़ी!" मैं उनकी ओर देखती रही कि आगे कुछ और बोलें।

मेरे चुप रहने पर अपनी साड़ी का पल्ला उठाकर दिखाया और बोलीं—"साड़ी..."

इस बार लगा जैसे मेरी पोशाक उन्हें अखर रही थी। मैं पार्क में सैर करने के इरादे से आयी थी।

मैंने कहा—"साड़ी पहनकर वॉक नहीं की जाती, इसलिए नहीं पहनती।"

सैर को देर हो रही थी। मैंने उनकी इजाज़त लेने के अन्दाज़ में पूछा—"मैं दो चक्कर लगा आऊँ?" तो उन्होंने मेरा हाथ कसकर पकड़ लिया। उनके हाथ में आम के पेड़ के तीन पत्ते थे, उन्हें बेंच के किनारे रख दिया। मेरे हाथों पर अपनी पकड़ और कस ली जैसे किसी बच्चे की हथेली ने माँ को बाहर जाने से रोकने के लिए मज़बूती से थामा हो।

कुछ देर बैठी रही। जैसे ही पकड़ थोड़ी ढीली हुई, मैंने कहा—"मन्दा दी, आप बैठिये, मैं अभी थोड़ा-सा घूमकर आयी।"

मैंने साथ लगे गार्डेन में ही चार चक्कर काटे और जब लौटी तब तक धूप दूसरी बेंच पर आ चुकी थी।

वे वहीं बैठी मेरा इन्तजार कर रही थीं। मैं उनका हाथ पकड़कर उन्हें दूसरी बेंच पर ले गयी जहाँ धूप थी। ठण्डी हवा की सिहरन में सुबह की हलकी-हलकी धूप राहत पहुँचा रही थी। उठते समय आम के वे तीन पत्ते अपने हाथ में उठाकर लाना वह नहीं भूलीं। अचानक मेरी ओर देखकर वे बड़े मनोयोग से आम के एक पत्ते को दोनों उँगलियों से छीलने लग गयीं। पत्ते के बीच की डण्डी को नाख़ूनों से तराश-तराशकर साफ़ किया। फिर डण्डी के छोटे-छोटे दो टुकड़े किये। डण्डी के साथ अपने नाख़ूनों से जैसे क़सीदाकारी कर रही हों। मैं समझ नहीं पायी वे क्या कर रही हैं। उन्होंने वह डण्डी हाथ में ऐसे एहतियात से ली जैसे कोई फूल की पंखुरी हो। फिर उँगलियों से उसके खुरदुरे सिरों को बेहद बारीक़ी से मुलायम किया और मेरी ओर देखने लगीं। मैं अनुमान नहीं लगा पा रही थी कि अब वे क्या कहेंगी!

तभी उन्होंने मेरे कानों की ओर इशारा किया। ओह! मेरे कानों में छेद थे पर मैंने कुछ पहन नहीं रखा था। मेरे कान में पहना दीं वे दोनों डण्डियाँ। उसी एहतियात के साथ जिस एहतियात से पीले पत्ते तोड़तीं और उनके बस में होता तो वहाँ हरे पत्ते टाँग देतीं। सोना और हीरा भी क्या सुकून देगा जो प्यार से छीली हुई उन दो डण्डियों ने दिया। कान का छेद खाली दिखायी दे रहा था न उन्हें। मेरा जी भर आया। अपनी माँ याद आयीं। बस, कान खाली देखे नहीं कि बालियाँ पहना दीं—कान के छेद बन्द हो जायेंगे, चल पहन ले! और हाथ की कलाई सूनी देखी नहीं कि कसकर डाँट लगा दी—क्या कलाइयों को नंगा-बुच्चा कर रखा है, चल, दो कड़े डाल ले।

माँ के चेहरे को बन्द आँखों में समेटते हुए मैंने धूप की ओर पीठ कर प्राणायाम शुरू कर दिया। बीच में आँखें खोलीं तो देखा, वह भी मेरी नक़ल में अँगूठा और तर्जनी

जोड़कर सुख़ासन मुद्रा में बैठी हैं। पर लम्बा ओ ऽ म वे बोल नहीं पायीं। उनकी साँसें बीच-बीच में बार-बार टूटती रहीं। पर कोशिश उन्होंने नहीं छोड़ी।

थोड़ी देर प्राणायाम करने के बाद फिर बोलीं—"मन्दिर?"

मैंने सुना पर कुछ कहा नहीं।

फिर दुबारा प्रश्नवाचक मुद्रा में—"मन्दिर?"

इस बार मैंने कहा—"मन्दिर मैं नहीं जाती। मन्दिर यहाँ है, मेरे भीतर।"

फिर मैंने उनका कन्धा छुआ—"आपके भीतर भी है।"

उन्होंने बड़ी मासूमियत से मुस्कुराकर सिर हिलाया।

तभी मुझे कुछ छींकें आ गयीं। कपाल-भांति करने से कभी-कभी आ ही जाती हैं।

वे देखती रहीं, फिर बोलीं—"दूध।"

मैंने कहा—"दूध पीना चाहिए?"

बोलीं—"गरम।"

मैंने कहा—"गरम दूध?"

उन्होंने सिर हिलाया।

बोलीं—"केला!"

मैंने कहा—"हाँ, खाती हूँ एक केला रोज़।"

बोलीं—"दूध।"

हर बार एक शब्द बोलकर कसकर होंठ ऐसे भींच लेतीं जैसे किसी बच्चे को क्लास में चुप रहने की सज़ा मिली हो पर एक शब्द बोलने के बाद झट उसे अपनी सज़ा याद आ जाती हो।

मैंने कहा—"अच्छा, दूध—केला खाना चाहिए।"

बोलीं—"काटकर।"

और हाथ से छोटे-छोटे टुकड़े का इशारा किया।

मैंने कहा—"अच्छा, खाऊँगी दूध में केला डालकर।"

बोलीं—"गरम।"

मैंने हँसकर कहा—"ठीक है दीदी, केले को काटकर गरम दूध में डालकर रोज़ खाऊँगी।"

अब उन्होंने मेरी बाँह सहलाते हुए बहुत धीरे-धीरे अपना सिर मेरे कन्धे पर टिका दिया। तृप्त भाव से। जैसे कोई छोटा-सा बच्चा अपनी माँ के कन्धे पर प्यार से तब

सिर टिका देता है, जब माँ उसकी तुतलाती ज़बान में बोली गयी आधी-अधूरी बात को पूरा समझ लेती है।...

मैंने अपने कन्धे पर टिके उनके सिर को हौले से थपथपाया।

सुबह-सुबह के पत्तों की नमी मन में उतरने लगी। इन्हें लोग पगली अम्माँ कहते हैं। प्यार के लिए बेतरह तरसी हुई औरत हैं यह तो। क्या पता कब कैसे इनकी ज़िन्दगी की गाड़ी पटरी पर से उतर गयी।

अगले दिन भी यही हुआ। ख़ुद तो वे सैर करती नहीं थीं। मुझे भी पकड़कर बेंच पर बिठा लेतीं। बड़ी मुश्किल से उन्हें बहला-फुसलाकर मैं बग़ीचे के तीन या चार चक्कर लगा लेती, फिर उनके पास आकर प्राणायाम करने के लिए बैठ जाती।

थोड़ी देर मेरे साथ-साथ बैठे-बैठे वह भी व्यायाम करती रहतीं। मैं जैसे-जैसे बाँहें सीधी कर मुट्ठी बाँधकर कभी कलाई से, कभी कुहनी से उन्हें गोल-गोल घुमाऊँ, वैसे ही वे भी घुमायें। लेकिन लम्बा ओ-ऽ-म करने में उनकी साँस बार-बार टूट जाती। मेरी तरह लम्बी एकसार साँस नहीं ले पातीं तो परेशान हो जातीं। तब वह खोयी-खोयी-सी आँखों से शून्य में देखने लगतीं। उस दिन उनकी हताश पड़ी हथेली को अपनी हथेली से ढकते हुए मैंने कहा—कोई बात नहीं, मन्दा दी, धीरे-धीरे आ जायेगा।

हूँ...उन्होंने जबरन हलका-सा मुस्कुराने की कोशिश की।

प्राणायाम समाप्त हुआ तो मेरे कुरते पर हाथ फिराने लगीं और नाक सिकोड़ते हुए बोलीं—"देना।"

"देना? क्या? किसको?" मैंने पूछा।

बोलीं—"साड़ी।"

मैं हँस दी—"अच्छा, मैं साड़ी पहनूँ और यह किसी को दे दूँ।"

इस बार बड़ी-सी मुस्कराहट उनके चेहरे पर फैली कि मैंने उनकी बात समझ ली। मुझे एकाएक अपनी एक सहेली याद आयी। एक दुर्घटना में पति की मौत के बाद मानसिक सन्तुलन खो बैठी थी। अपनी सारी महँगी पोशाकें दरियादिली से लुटाती, खिड़की से बाहर फेंक देती और ख़ुद चिथड़े पहनती।

मन्दाकिनी दी, इसी तरह पार्क में रोज़ मिलतीं। बस, एक शब्द बोलना। या फिर मुखमुद्रा से, संकेतों से समझा देना। एक दिन जब पीले पत्ते तोड़ने में बझी थीं, उनकी आया ने बताया—"दो साल से काम कर रही हूँ इनके साथ। कभी इनको बोलते नहीं

सुना। अब आपके साथ मुँह खोलने लगी हैं। इनकी आवाज़ सुनी ही नहीं पहले। कितना मीठा बोलती हैं। पहले अकेले यहाँ आया करती थीं, फिर एक दिन एक बच्चे की माँ शिकायत लेकर पहुँची कि उसके बच्चे की शर्ट उतारकर फाड़ डाली। इसलिए अब आधे घण्टे के लिए मैं साथ आती हूँ।"

तब तक मन्दा दी पीले पत्ते झोले में बटोरकर ले आयी थीं। बैठते ही मेरी हथेली हाथों में ली, बोलीं—"काटना।"

मैं समझ नहीं पायी।

ओह, नाख़ूनों की ओर ध्यान गया। बढ़ गये हैं, काटने को कह रही हैं मन्दा दी।

मैंने कहा—"अच्छा, काट लूँगी।"

बोलीं—"मंगल...उँ हूँ...।"

अच्छा, मंगल को नहीं काटना।

बोलीं—"शनि...उँ हूँ...।"

मैंने आज्ञाकारी बच्चे की तरह सिर हिलाया—"शनि को भी नहीं काटूँगी।"

पर मैंने मुँह बनाकर समझा दिया—"क्या फ़र्क़ पड़ता है। मुहूर्त, वेला क्या देखना। आज ही काट लूँगी।"

वे मुस्कुरा दीं। ऐसी सात्त्विक मुस्कान और आँखों में जुगनू-सी चमक।

मन्दा दी को याद करते-करते, नाख़ून तो दूसरे दिन काट लिये थे, पर पार्क में आने की फुर्सत नहीं मिली। अहमदाबाद से, दो दिन के लिए, एक मित्र आयी हुई थीं। पार्क के अन्दर से ऑफ़िस की ओर जाने का एक शॉर्टकट है। वहाँ से हम दोनों जा रहे थे कि रास्ते में देखा—मन्दा दी बैठी हैं। आया ने उनका हाथ ऐसे थाम रखा है जैसे हाथ छोड़ते ही वे उठकर भाग लेंगी।

जैसे ही मन्दा दी ने मुझे देखा, वे मुस्कुरायीं। मैंने उनसे अपनी मित्र का परिचय कराया—"यह मेरी फ्रेण्ड है।" मन्दा दी ने आया की हथेली के नीचे से अपना हाथ खींचकर, दोनों बाँहें बढ़ाकर मेरे गले में डालीं और मेरा चेहरा अपने चेहरे से सटाकर, मेरी उस मित्र से मेरा ही परिचय करवाते हुए अटक-अटककर ऐसे बोलीं जैसे कोई बच्चा पहली बार पूरा वाक्य बोलना सीख रहा है—"ये...मेरी...फ्रेण्ड...हैं।" मैं भौंचक ताक़ती रह गयी उन्हें। मन्दा दी की "फ्रेण्ड" होने की फुहारों ने मन को भीतर तक भिगो दिया था। गले से बाँहें वे हटा नहीं रही थीं। बड़ी मुश्किल से बाँहें छुड़ायीं—आज ज़रा काम है, दीदी। फिर फ़ुर्सत से बैठूँगी।

"आना!" मन्दा दी की आँखों में छाया घिर आयी और वे फिर वाक्य से शब्द में सिमट गयीं।

मौसम बदल रहा था। ठण्ड गहरा रही थी।

मुझे मौसमी बुख़ार हो गया। एक सप्ताह मैं पार्क में जा नहीं पायी।

सात दिन के बाद जब गयी तो मन्दा दी ऐसे उमगकर मिलीं जैसे पता नहीं कब की बिछड़ी मिली हैं। कसकर हथेली थाम ली, बोलीं कुछ नहीं, इशारे से पूछा—क्यों नहीं आयी? क्या हुआ था?

मैंने कहा—"बुख़ार हो गया था मन्दा दी।"

उन्होंने सुनकर मेरे माथे पर, सिर पर हाथ फेरा, मेरा कन्धा सहलाया। माथा छूकर देखा। सिर हिलाया—अब बुख़ार नहीं है। मुस्कुरायीं। सारी क्रियाएँ एकदम स्लो मोशन में।

फिर बोलीं—"घर!"

मैंने सोचा, मुझे घर जाकर आराम करने को कह रही हैं।

मैंने कहा—"नहीं, आज मैं ठीक हूँ। इसीलिए थोड़ा घूमने के लिए चली आयी। बाद में घर जाकर आराम करूँगी।"

बोलीं—"उँ...हूँ...घर!"

अब उनकी आया ने समझाया कि मम्मी रोज़ आपको ढूँढ़ती थीं। उस गेट की ओर मुझे खींचकर ले जाती थीं—जहाँ से आप निकलकर आती हैं। पर हमें, न आपका नाम मालूम, न फ़्लैट नम्बर। कहाँ जाते? अब आपको अपने घर ले जाना चाहती हैं।

तब तक मन्दा दी ने फिर से दोहराया—"घर!"

मैंने कहा—"आपके घर? ऐसे मुझे अपने घर ले जायेंगी तो कोई बुरा तो नहीं मानेगा?"

वे चुपचाप आया की ओर जवाब देने के लिए देखने लगीं।

उनकी आया ने कहा—"नहीं, मम्मी ची मुलगी आहे घर मध्ये, बुरा कायको मानेगी।"

मैंने बड़े संकोच के साथ उनके घर जाने के लिए क़दम बढ़ाये।

सोचा—चलो, ठीक है, बेटी से ही बात करूँगी। पूछूँगी कि इतनी ख़ूबसूरत, सम्भ्रान्त, सलीक़ेदार और स्नेहिल—मन्दा दी ऐसी स्थिति में आख़िर क्यों और कैसे पहुँच गयी। मुस्कान चेहरे पर जमकर बैठ गयी है, फिर भी होंठ जैसे बोलने को खुलते ही नहीं।

लिफ़्ट में चढ़े तो मन्दा दी मुस्कुरा रही थीं। गर्व से चेहरा दिपदिपा रहा था कि उनकी भी एक सहेली है जिसे वे अपने घर ले जा सकती हैं।

आया ने दसवें माले के फ़्लैट के बाहर लगी कॉलबेल पर उँगली रखी। अन्दर गायत्री मन्त्र बजने लगा। दरवाज़ा खोलकर एक बेहद ख़ूबसूरत, दुबली-सी लड़की, ओट में हो गयी। नाइटी पहन रखी थी उसने। कान, गले और कलाइयों में कुछ भी नहीं। मन्दा दी तीस की उम्र में ऐसी ही लगती होंगी। बिलकुल उनके चेहरे की कार्बन कॉपी। बस, उसके बाल छोटे थे। कटे हुए, पर बिखरे हुए। सुबह से शायद कंघी नहीं की थी।

आया ने मेरी ओर इशारा किया—"यही हैं ममी की फ्रेण्ड—जो रोज़ पार्क में मिलती हैं।"

बस, इसके बाद उसे कुछ कहने की ज़रूरत नहीं पड़ी। छोटे बालोंवाली ख़ूबसूरत लड़की बताने लगी—एक कभी न ख़त्म होनेवाली कहानी—"नाम—अन्वेषा। अच्छा नाम है न! माँ ने रखा था। पापा तो ऐनी रखना चाहते थे। पापा अब भी ऐनी ही बुलाते हैं मुझे। विद्यासागर कॉलेज से ईको में ऑनर्स किया। उम्र—पैन्तीस साल। शादी नहीं की। मन ही नहीं हुआ। नहीं, शादी के ख़िलाफ़ नहीं हूँ पर ऐसा कोई मिला ही नहीं। एक दोस्त था कॉलेज में। पर सिर्फ़ दोस्ती। शादी करने का मन नहीं हुआ उससे। किसी से भी शादी करने का मन नहीं हुआ। शादी के बारे में सोचते ही डर लगने लगता था।...पता है, जिन दिनों उससे बहुत दोस्ती थी, मैंने बहुत-सारी कविताएँ लिखीं। फ़िल्मों के लिए गाने भी लिखे पर अभिजित दा ने कहा—अन्वेषा, तुम्हारे गाने बहुत रिच हैं, फ़िल्म में हलके-फुलके चलते हैं।...अब भी कभी-कभी दो-चार लाइनें लिख लेती हूँ। आप सुनेंगी? लाऊँ? अच्छा, आज नहीं, अगली बार।"...बच्चों-सी मासूमियत लिये मेरे सामने खड़ी वह लड़की लगातार बोले चली जा रही थी और उसकी आँखों की पुतलियाँ शून्य में इधर-से-उधर भटक रही थीं।

तब तक वह आया एक छोटे-से काँच के बर्तन में एक टैब्लेट और एक गिलास पानी ले आयी। अन्वेषा ने देखा और गोली मुँह में रख पानी के कुछ घूँट पी लिये, फिर जैसे सूचना देती-सी बोली—"मूड स्टेबलाइज़र है आण्टी, खानी पड़ती है रोज़।"

मेरे होश फ़ाख़्ता हो गये। मैं मुँह बाये देख रही थी और सोच रही थी—इसकी किस बात पर बोलूँ। कुछ पूछा ही नहीं था उसने। सिर्फ़ सूचनाएँ। मैं घर की दीवारों पर लगी तस्वीरें देखने लगी।

साइड बोर्ड पर एक गोरे-चिट्टे, सम्भ्रान्त और भव्य-से दिखते आदमी की तस्वीर लगी थी। आँखें एक पल को वहाँ टिकीं तो अन्वेषा ने बताया—"यह मेरे पापा हैं, आण्टी।"

मुझे लगा, शायद अब न हों, कि तभी वह बोली—"जर्मनी में रहते हैं।"

कुछ मिनटों के बाद उस अन्तहीन वार्त्तालाप से शब्दों को पकड़ पाना मेरे लिये सम्भव नहीं रहा। थोड़ा-बहुत जो समझ में आया, वह यह कि जर्मनी में पापा के साथ मॉनिका

है जिसे मॉम कहने की हिदायत पापा देते हैं पर क्यों बोलूँ उसे मॉम! मेरी माँ तो यह हैं न! पापा को माँ के हाथ का खाना बहुत पसन्द है। साल में एक बार पापा आते हैं यहाँ। माँ ख़ूब बढ़िया खाना बनाती थीं तब। अपने हाथों से। पापा के लिए। मेरे लिये भी। फिर एक बार मॉनिका भी आयी—पापा के साथ। माँ को स्ट्रोक आया। ठीक तो हो गयीं। पर बोलना बन्द कर दिया—सबसे। अब पापा अकेले आते हैं। बैंक में पैसे डाल जाते हैं। सब-कुछ अच्छा है।...अन्वेषा का बोलना जारी था—"हमारे लिये ढेर-सारे कपड़े लाते हैं जर्मनी से पर माँ उनके दिये कपड़े नहीं पहनतीं, वह सिर्फ़ साड़ी पहनती हैं। माँ को साड़ी पहनना बहुत पसन्द है। मुझे भी हमेशा साड़ी दिखाती रहती हैं यानी नाइटी उतार, साड़ी पहन। अब आप ही बताइये आण्टी, भला घर में भी कोई साड़ी पहनता है! और मेरी क्या साड़ी पहनने की उम्र है? यह ड्रेस—जो आप देख रही हैं—पापा वहीं से लाये थे। मेरे लिये। बहुत प्यार करते हैं मुझे। पर यहाँ रह तो नहीं सकते न। बहुत बड़ी पोस्ट पर हैं। एम्बैसी में। वहाँ बहुत काम है! ममी तो दो साल से ऐसे ही चुप हैं। कितने डॉक्टरों को दिखाया। पर नहीं। बोलीं ही नहीं। आपने उनको थोड़ा-थोड़ा मुँह खोलना और कुछ शब्द बोलना सिखा दिया। सो ग्रेटफुल टू यू, आण्टी। थैंक्यू सो मच!"

मैंने बैठक के डेकोर पर नज़र घुमायी। रोज़वुड की लकड़ी का एण्टीक फर्नीचर। सोफ़े पर मखमली कवर। नक़्क़ाशीदार हत्थे। जहाँ बैठी मन्दा दीदी भी उस एण्टीक का हिस्सा लग रही थीं और होंठों को कसकर भींचे अपनी बेटी का धाराप्रवाह एकालाप सुन रही थीं।

तब तक आया ने मन्दा दी के हाथ से थैली ले ली और सारे पीले पत्तों को कूड़े के डिब्बे में उलटने जा रही थी कि मन्दा दी का दायाँ हाथ फ़ौरन उसे बरजने के लिए उठा—न्ना। नहीं।

आया ने बेरुख़ी से कहा—"कल और ले लेना मम्मी। झाड़ में बहुत मिलेंगे सूखे पत्ते।"

आया का खीझ-भरा छोटा-सा 'हुँह' भी सुनायी दे गया।

मन्दा दी के चेहरे की मुस्कराहट सिमट गयी।

थोड़ी देर बाद मैं उठ खड़ी हुई—"चलूँ?"

"चाय पीकर जाइये, आण्टी। सॉरी आण्टी, मैं अपना ही बोलती रही। चाय को भी नहीं पूछा।"

मैंने कहा—"नहीं, फिर कभी।"

"थैंक्यू फॉर कमिंग, लेकिन आण्टी, प्लीज़ कम अगेन, फिर आना। अपनी कविताएँ सुनाऊँगी।"

मैंने घूमकर देखा—कौन बोल रहा था—माँ या बेटी? आवाज़ में वही मिठास जैसी मन्दा दीदी के एक-एक शब्द में होती है। मिश्री की डली घुली हुई। आँखों में वैसा ही कृतज्ञ भाव जैसा मन्दा दी की आँखों में होता है। फ़र्क़ इतना ही कि माँ सिर्फ़ एक शब्द ही बोल पाती थीं, बेटी पूरे-पूरे वाक्य बोलती थी और उसे जवाब की अपेक्षा भी नहीं होती थी जैसे अपने-आप से बात कर रही हो।

भारी क़दमों से नीचे उतर आयी।

किससे पूछती किसके बारे में?

माँ से बेटी के बारे में या बेटी से माँ के बारे में?

गेट से बाहर निकल मैं अपने घर की ओर बढ़ी। उनकी और मेरी सत्ताईस मंज़िला इमारत का एक-एक गेट इस पार्क में खुलता था। हवा तेज़ बहने लगी थी। हरे-भरे पौधों से सूखे हुए पीले पत्ते तोड़-तोड़कर मन्दा दी के, अपनी थैली में भर लेने के बावज़ूद—यहाँ से वहाँ तक-पेड़ों के सूखे पत्ते उड़ रहे थे। हवा के झोंके से ऊपर उड़ते, फिर उसी तेज़ी से नीचे आ जाते।

एक कहानी : तीन आख्यान

आख्यान : एक

भागमती पँड़ाइन का उपवास यानी करवाचौथ पर भरवाँ करेले

सपने सिर्फ़ मुँगेरीलाल ही नहीं देखते, भागमती भी देखती हैं लेकिन वे प्रायः दुःस्वप्न होते हैं। काश, कि वे सिर्फ़ सपने होते। भागमती अक्सर इसके बारे में सोचती हैं कि वे तो सब-कुछ समझती-बूझती, जानती और मानती हैं, मरने-मारने की बात तो कभी सोचती नहीं, फिर सपनों में यह सब कैसे आ जाता है जिसके बारे में वे खुद कभी सोचती ही नहीं। ऐसी दुविधा के क्षणों में वह भगवान की ओट लेती हैं—हे दीनानाथ, हे पालनहार, तुम ही उबारो, दिशाहीन को दिशा दिखाओ, प्रभु। प्रभु परिदृश्य पर प्रकट होते हैं या नहीं, नहीं मालूम पर भागमती की श्रवणेन्द्रियाँ कुछ अतिरिक्त श्रवणपटु हो जाती हैं। उन्हें बाहर की भी आवाज़ें सुनायी देने लगती हैं ...और मन के भीतर की भी...

जब तक साँस लेने के लिए हवा मिलती रहती है तब तक कोई भी बढ़ते हुए पानी के बारे में नहीं सोचता लेकिन बढ़ता हुआ पानी सिर से ऊपर जाते ही निष्क्रिय-से-निष्क्रिय प्राणी भी हाथ-पाँव मारने लगता है। भागमती पँड़ाइन के साथ बिलकुल यही हुआ। दो बेटे, चार बेटियाँ और आठ पोते-नाती-नातिनियोंवाली भागमती ने सुमेधा को सिर से ऊपर गुज़रनेवाले पानी की तरह पहले देखा ही नहीं लेकिन एक दिन बन्द आँखों से उन्होंने देख लिया कि अब अगर नहीं सँभलीं तो डुबो दी जायेंगी। बस यही एक बिन्दु था कि वे सपने में उठ खड़ी हुईं।

पाँड़े बग़ल में ही सोये थे। अब दोनों के सम्बन्ध इस मुकाम पर पहुँच चुके थे कि एक ही बिस्तर पर दोनों एक-दूसरे की ओर पीठ फेरकर सोते। एक-दूसरे की

ओर मुँह करके सोना तो एक इतिहास हो चुका था और चूमना तो चाँद की यात्रा की तरह दुर्लभ क्योंकि चन्द्रयान कहीं था ही नहीं। ऐसा नहीं था कि उनकी साँसों से बदबू आती थी। बल्कि पाँड़े आदतन दिन में तीन-तीन बार माउथफ्रेशनर का उपयोग करते थे क्योंकि उन्हें पता था कि ऐसा न होने पर सुमेधा उँगलियों से उनका गाल दूसरी ओर घुमा देती है और तिरछी मुस्कान में इतराकर कहती है—"पण्डी जी महाराज, ज़रा दूर से ही बात कर लीजिये।"

बस एक ही ख़राब आदत है हमारे बुढ़ऊ की—खर्राटे ऐसे लेते हैं जैसे हवा से कुल्ला करते हों! भागमती अब तक लाड़ से ही हमेशा अपने पति के बारे में सोचती आयी थीं। लेकिन अब...

भागमती को अपने कानों पर विश्वास नहीं हुआ। उन्होंने अपने कान में उँगली डालते हुए इस बात की तस्दीक़ की—यह सब सच है या उनका वहम है जो वे सुन रही हैं!

अपने पति की ऐसी भर्रायी आवाज़ भागमती ने पहली बार सुनी थी। ऐसी आवाज़ में तो कभी उन्होंने उनसे बात ही नहीं की। पाँड़े फुसफुसा रहे थे पर ऐसे भी नहीं कि संवाद सुनायी न दें "मेरी बात सुनो मेधा। तुम इस घर में कैसे रह सकती हो आख़िर! आती-जाती हो, यह भी बहुत है लेकिन बेटे-बहुओं, बेटी-दामादोंवाले इस घर में तुम्हारा होना असम्भव है। अब अगर तुम इस पर अड़ी खा जाओगी तो यह तुम्हारी ज़्यादती होगी। "अरे उसकी क्या बात कर रही हो! वह तो गाय है! 'तुम मेरे लिये करवाचौथ, निर्जला व्रत काहे रहोगी, पगली! वह भागो ही करेगी। करने दो उसे। ज़िद मत करो। क्या मज़ाक करती हो! चाँद क्या तुम्हारे कमरे में उगेगा? रहने दो यार! ऐसी-ऐसी नौटंकी भागो को ही सोहती है। वो तुम्हारा काम नहीं कर सकती और तुम जिस काम में पारंगत हो, वही करो। इधर आओ मेरे पास। एकदम इधर...

"तो कौन मुझे तुमसे शेयर कर सकता है। भागो तो इस फ़र्श पर ऐसे है कि पाँव के अँगूठे से जिधर सरका दो, उधर ढुलक जाती है और फिर वहीं पड़ी रहती है। ...क्या बेवकूफ़ी की बातें करती हो? भागो को तकिये के नीचे दबा दूँ? तुमसे उम्र में बड़ा हूँ। तुम्हारा गुरु रह चुका हूँ। क्या तुम मुझे अब भी नहीं समझ पायी। वह तो पहले से ही गूँगी है। संज्ञा में वह एक देह मात्र है लेकिन चेतना में पूरी तरह सीता है। तुम्हारी उँगलियों की छुअन को मेरी देह पर बर्दाश्त करके भी मेरा ही कल्याण चाहती है। अच्छा बाबा, किसी दिन मौक़ा देखकर वह भी कर ही दूँगा... अब तुम जो न करवा दो मेधा प्रिये!"

भागमती सन्न रह गयीं। सीना धौंकनी-सा फुँक रहा था। उनका माथा घुमौरी खा रहा था कि पूरा कमरा। कमरा ही नहीं, पूरा ब्रह्माण्ड हिलने लगा। तो उनकी आशंका

निराधार नहीं थी।...और फिर वह हो गया जिसका अन्दाज़ा पँड़ाइन को भी नहीं था। पास में रखा तकिया उठाया उन्होंने और पाँड़े के मुँह पर रखकर दबा दिया। गों-गों की आवाज़ करते हुए उन्होंने थोड़ा हाथ-पाँव पटका और शान्त हो रहे। पँड़ाइन पसीने से लथपथ थीं। पाँड़े के शरीर का ख़ून पानी में बदल रहा था।

"अजब बात है! पँड़ाइन ने पाँड़े जी की हत्या कर दी! वह भी ब्रह्म मुहूर्त्त में! अरे बाप रे! कैसी गऊ सरीखी दिखती थीं। पतिव्रता सीता की साक्षात् प्रतिमूर्ति! और अब यह छछन्द (छल-छन्द)!" गाँव से शहर तक जो भी सुनता हक्का-बक्का रह जाता। अख़बारों के पन्ने-दर-पन्ने रँग गये। पुलिस ने पँड़ाइन को रिमाण्ड पर ले लिया। चार्जशीट पेश की गयी। मुक़दमा पेश हुआ। सपने में ही दृश्य-पटल बदला और उन्होंने अपने को कठघरे में खड़ा पाया।

जज के सामने जब पँड़ाइन पर चार्ज लगाया गया तो सुनते-सुनते वे बिफर पड़ीं—"कुछ मत पूछो, जज साहेब! बस चुप्पई रहो! हम क़बूलते हैं कि अपनी आत्मा का दाग़ हमने धोया है। बाक़ी अपराधी हम नहीं हैं।

"साहेब! अगर दुनिया में कहीं भगवान होय, तो उसको साखी जानके हम ये बात कहना चाहते हैं जिसका जिकिर हमने सपने में भी किसी से नहीं किया। भगवान से भी नहीं! पच्चास बरस चुप रहे लेकिन आज हम चुप नहीं रह सकते!

"मेहरारून की आँख का पानी कब सूखता है? आँय? जब आँख से ख़ून आने लगता है। हमारे सत्त की परीच्छा क्या सिया माई से कम है! एक सिया माई रहीं—सुकुमारी जनक दुलारी। बाक़ी राम जी से क्या मिला। खाली अपछंया (लांछन) और जंगल। एक हम हैं भागो जिसका करम ऐसा फूटा कि घर ही में बनबास काट दिये। एक-दो बरस नहीं। पूरे पच्चास बरस। आज़ादी की आधी सदी और हमारी ग़ुलामी की आधी सदी। एक का तो पूरा रामायण पोथी में मिल जायेगा पर हमारी कहानी किसी किताब में नहीं मिलेगी, जज साहेब!

"कभी-कभी धोखा आँख के सन्मुख होता रहता है, बाक़ी सील-संकोच का जो परदा आँखों पर डार दिया गया वो हटता बहुत देर से है! 'यही परदा हमारी आँख पर पड़ा रहा और ऐसे पड़ा रहा कि हम देख ही नहीं पाये कि जो हमारी बिटिया बनके हमको माते-माते क़हती घूमती रही वो वास्तव में सौतिया छछन्द खेलती रही। बाक़ी तो सब एक ठो ओट रहा खाली। और ये धोखा भी कइसा? एकदम आँख में सीधा अँगुरी डाल के!

"जो उजबकई (बेवकूफ़ी) हमसे हुई, वो हमारे महतारी-बाप की सीख से हुई कि हम अपनी जबान को मुँह के अन्दर बन्द रखें। आँख मूँद लें और हाथ से खाली सास-ससुर-भतार के गोड़ (पाँव) दबायें। बस, यही हमारा फरज। यही हमारा धरम।

"सो किया हमने। घर और काम। काम और घर। बाल-बच्चों को पालना-पोसना, बड़ा करना और दो बेर (वक़्त) के खाने से फ़ुरसत मिले तो मठरी, शकरपारे और अचार बनाना। आम का अचार, नींबू का अचार, कटहल-करेले-करौंदे का अचार। ये अचार, वो अचार। ज़िन्दगी अचार का मर्तबान बन के रह गयी जज साहेब, जब से हमारी सादी हुई...इन्हीं पर्फेसर पाँड़े जी से...शुरू से सुनाते हैं...

"हम बिन बाप की अकेली लड़की और माँ की ख़ूब दुलारी। दो बड़े भाई और। बहुत नोखे-निहोरे पले सब। हमारे बाप बहुत जल्दी चले गये। पाँव में कीला गड़ा, धियान दिये नहीं, घाव बढ़के पक गया। बस, ख़तम। अम्माँ हमारी हाथ भर घूँघट काढ़के बाहर-भीतर सब सम्हार लीं। बहुत मुसीबत रही, बाक़ी अपना हाथ किसी के सामने पसारी नहीं। मुट्ठी बाँधके देती ही रहीं। उधर हमारे ताऊ की पहली मेहरारू दो बच्चा छोड़के सिधार गयी। तेरही बीती कि झट से दूसरी ले आये। नयी महतारी दोनों बिटिउनी के तो जइसे नौकरानी बनाय लीं, अपने पाँच बच्चे पैदा कर लीं और घर में रोटी के लिए कौआ रोर मचा रहता। धीरे-धीरे ताऊ के खेत रेहन चले गये। अब तुम्हीं सोचो, मरद न रहे तो अउरत बाल-बच्चा, घर-दुआर, खेत-खलिहान सब सम्हार के चलती है। परिवार को, सम्पत्ति को एक मूठ में करके चलती है पर मरद की अउरत गुज़र जाये तो उससे चार दिन घर-गिरस्ती सम्हारना एकदम आफ़त। दो दिन अउरत के बिना घर चलाना मुसकिल।

"सो हमारी महतारी ने हमारे लिये देखा अइसा लरिका जो किताब-उताब पढ़ता होय, चेतन्त होय और होय सीधा सच्चा। तो हमारे पर्फेसर पाँड़े जी ऐसे ही रहे।

"तब तो खाली यही देखा जाता रहा कि लड़का सहर में पढ़ता है। सखी-सहेली, हम्मा-सुम्मा सब कहें पाहुन तो एकदम पोथी के सुसुड़ी (चाँदी के रंग का एक कीड़ा, जो किताबों को चट कर जाता है) हैं। ये तो चौबीसों घण्टा किताब में मूँड़ी गाड़के पड़े रहते।

"जब हमारी सादी हुई तो हम तेरह के रहे। वह ज़माना ऐसा ही रहा जज साहेब। इसी उमिर में सबकी क़िस्मत तय हो जाती रही। हमारी गाँठ भी बाँध दी गयी। वो दिन आज भी याद आता है तो खाली हँसी नहीं आती। इस बात पर आज गुस्सा के साथ कुफ़ुत भी होती है कि कहाँ से हम चले, कहाँ आय गये!

"एक समय वो भी रहा कि जब मौर बाँधके ये मड़वा में आये तो हमारी सखी-सहेली निकोटा-चिकोटी लगीं करने तो ये बेचारे भकुआय गये। और जब कोहबर में आके बैठे तब हमारी बुआ, चाची, मौसी, मामी—सब लगीं इनसे इनके नात-हित के लोगों का नाम पूछने। ये एकदम मौनी बाबा। सब सोचें, कहीं लरिका गूँगा तो नहीं। वो सब भी कम नहीं रहीं। लगीं बार-बार पूछने। पहले तो ये जपत

किये रहे लेकिन जब नहीं रहा गया तो लगे भक-भक रोने। अब सब हैरान कि आँय, ये कइसा लरिका? बचवा जैसे रो रहा। एक वो दिन और एक ये दिन...कि हमारे बगल में रहके भी हमसे इतना दूर।

"चार साल बाद हमारा गौना हुआ। तब भी ये बहुत लजाधुर रहे। महीनों बीत गये। हम इन्तज़ार में, और ये किताब में। एक ही पठौनी हम आये और जब पीहर गये तब अपने भीतर एक जीव लेके गये। वो ही टैम ये चले गये बनारस।"

"अब ये तो पढ़ने ख़ातिर गये बनारस। आये तब हमारी अप्पो (अपराजिता) आठ महीना की हो गइ रही। अइसे हँसती रही और अइसे बकइयाँ चलै कि जो कहीं जाता भी हो तो उसको उठा ले गोदी में। ओ समय जब ये आये तो वो यहाँ-वहाँ डुगुर-डुगुर डोलती रही। पढ़ाई के बाद ये हो गये टीचर। चार साल बाद चले गये बिलैत। जाने से पहले मिलने को आये। ओ दफा तप्पो (तपस्या) गोद में आयी।"

"अब तो ये जब-जब बिदेस से आये तो एक-एक ठो गदेली हमारी गोद में डाल गये। लप्पो (लोपा), जस्सो (अस्मिता) कुल चार जन हो गये। हमारी तो फजीहत। कहीं अप्पो-तप्पो मारा-मारी कर रहीं। कहीं लप्पो-जस्सो। जब-तक उनको सम्हारे, तब तक पता चले कि तप्पो गिरकर माथा फोड़ लीं। हमारे तो नाक में दम हो जाता। एक जान, सौ बवाल। अकेले क्या-क्या करें।"

"बाक़ी खाली बच्चा सम्हालने को तो था नहीं। सास-ननद का गोभना (ताने) भी सुनबे को रहा। जस्सो हुई तब से ये सब सुरू हो गया। सौरी से बाहर भी नहीं आये। छट्ठी भी नहीं बीती कि सब कपड़ा लेके ननद सामने पटक दे—लियो, कपड़ा फेंचो! अल्मात (सद्यःप्रसूता) देह, जार पड़त है! ठण्डी लग गयी तो लड़की को ताप हो जाइ! इसका कोई ख़ियाल नहीं। बस कपड़ा फींचौ! बरतन माँझौ, झाड़ू-बुहारू करौ! खाना बनावो! उप्पर से सास के गोड़ दबावो! सबेरे-सबेरे रोज बताया जाता रहा कि चार गो लड़की पैदा करके हम कुल-बंस को ही नहीं डुबा दिया, घर खँड़हर करन का उपाय भी कर दिया है। हमारी हालत क्या रही, क्या बतावें। खाली इनका ख़ियाल करके हमारे उप्पर हाथ नहीं छोड़ा जाता रहा। बाक़ी कौन करम नहीं किया गया। कैसे हम रहें, क्या बतावें।"

"जब चारों ओर से आदमी के उप्पर बादल गहराने लगे तो वो साँप का बिल में भी सुरच्छा (सुरक्षा) खोजने लगता है।"

"वो तो ईस्वर की किरपा कि दो बचुवा भी आ गये—मन्नो (मनोहर) और कप्पू (कपिलेश) उसके बाद ये बिदेस से लौट आये तो हमारी बच्चा नली बन्द करा दिये! बोले, आध दर्जन बच्चा होइ गये, अब बस। हम पहिली दफा इनके सामने मुँह खोले कि इतना पढ़-लिखके, अपने कुल-बंस का गिनती, गेहूँ-धान के बोरा माफिक करें, ये अच्छी बात नहीं...

"बाक़ी ये इतने चुप्पे कि बस पूछो मत। लगता रहा कि एकदम गूँगे। गिलास का पानी खतम--चुप! नमक बेसी पड़ गया—चुप! तरकारी अलोन माने नमक डालना भूल गये—चुप! कौनों सवाल नाहीं। हम सोचें कि ये हमसे कितना पिरेम करते हैं, कइसा ही घास-फूस पकाकर सामने रख दो, कुछ नहीं बोलेंगे, अइसा मरद क़िस्मत से न मिलता है! सोचते, हम कितना भाग्यसाली हैं। क्या इसीलिए हमारा नाम भागो रख दिये महतारी-बाप?

"हमें क्या पता कि आगे क्या होनेवाला है। चले आये इनके साथ-साथ मुम्बई के ये माचिस की डिबिया जैसे फिलैट में। हमारे बाल-गोपाल सब इसी सहर में पढ़े-लिखे, सादी-बियाह हुआ। हम अपने इस छोटे-से फिलैट को ही अपना पूजाघर मानके ख़ूब साफ़-सफाई से रखते-चमकाते रहे। ये हरदम हमारे हाथ में झाड़न देखते तो ठिठलाते—'अरे, भागमती, तोहार जनम तो इस आठ नम्बर फिलैट का धूल-मिट्टी बुहारने के लिए ही हुआ है!' अब आप ही देख लो—जिधर आँख जाये, किताब-ही-किताब! ये देखो अलमारी! लोग-बाग गोदरेज का अलमारी में कपड़ा-जेवर रखते हैं ताला बन्द करके, ये किताब को ताला-चाभी में बन्द करके रखते हैं। किताब ही इनका सोना-चाँदी-हीरा-जवाहरात है। हम कहते हैं—सफ़ाई कैसे करें, खाने का मेज़ तो किताब से अँटा है तो ये कहते हैं—इसी का तो रोटी खाती हो, इसका पूजा-अर्चना करो, इसे हटाने को मत कहो। हम तो इसी में खुस कि पर्फ़ेसर साहेब कितना बड़ा आदमी हैं। कितना विदमान लोक हमारे घर में आते-बतियाते हैं। अउर इनका चेला-चेली का तो कुछ मत पूछो। हमेसा इनके आगे-पाछे लड़िका-लड़की चक्कर मारते—गुरु जी ई बात, गुरु जी ऊ बात! ये भी अपने चेला-चेलिन को इतना लड़ियाते कि मत पूछौ। पढ़ाई वो सब करते रहे। पास होने की चिन्ता इनको होती रही।

"और एक दिन वो भी आय गयी—सुमेधा! घर में घुसते ही गोड़ पकड़ ली—परणाम माते। वो नहीं रहा सीरियल मातेसिरीवाला महभारत। एकदम वैसे। अब माते भी क्या करें। करेजे से लगा लिये। सकल भले बनरिया (बँदरिया) जैसी रही, बाक़ी लीला अइसी कि अच्छे-अच्छे की आँख मूँद जाय।

"हमारी आँख भी मूँद गयी। हम तो सोचे कि ये शोध करने के लिए आयी है। डाग्दर साहेब भी कहें कि बिना महतारी की लड़की है। परम दुखियारी! जनम से ही दुःख झेल रही। बाप मजूर रहा। रोज़ कुआँ खोदके पानी पियेवाला। कल का कौनों सपना नाहीं। बस बचपन में ही लड़की की बाँह एक मजूर के हाथ में पकड़ाके फारिग हुइ गये। वो अनपढ़ गँवार, ये पढ़वैया! वो रोटी माँगे, ये किताब लेके बैठी रहे!

"जल्दी ही मामिला ये हो गया कि वो इसका झोंटा खींचके लातन-मुक्कन मारे। ये बेचारी हियाँ लुकाय, हुआँ छिपे। अड़ोस-पड़ोस भी ऊब गया। इसकी ओर से कोई

बोलेवाला नहीं। आख़िर अउरत-मरद का झगड़ा में कौन बोले और क्या बोले। इसका फरज रहा कि उसको रोटी बना के खिलाय। बाक़ी इसको आवे तब न! एक दिन आटा में आधा लोटा पानी डालके सानने लगी। अब घर में एक तो आटा नाहीं ऊपर से ये गिलपोकना! आदमी आया। भूख के मारे आँख के आगे अँधेरा। बस रोटी न मिली तो लगा इसको धोने! जो सुने वो कहे कि ये कइसी मेहरारू कि आटा भी नहीं सान सकती। कलट्टर बनी क्या? बस इसके आदमी को तो मिल गया रोज़-रोज़ कुटम्मस का साटिकफिटिक (सर्टिफिकेट)!

"जिनगी नरक होके रह गयी! अब कोई रास्ता कइसे निकले। बस ये भी वहाँ से भाग ली। भरसाई में जाय दुलहा! ये कहानी सुमेधा अपने 'सर' से फिर डाग्दर साहेब, फिर बाबू जी के रो-रोके सुनायी। और हमारे भरतार, जो हमारे भरतार कम और इसके 'बाबू' जियादा हो गये थे, हमको सुनाये। अब इसमें कितना झूठ, कितना सच, भगवान राम जी भी नहीं बोल सकते पर वो टैम सुनके हमको बहुत दया लागी। करेजे से लगा लिये। बाक़ी वो समय कहाँ मालूम रहा कि हम आस्तीन के सँपोली को गले से लगावत हैं!

"और इनकी दसा कहो चाहे दुर्दसा, आँख खोल-खोलकर हम देखते रहे। इनका तो हुलिया बदल गया। धोती-कुरता छोड़के, शर्ट-पतलून शुरू! गुलबिया रंग की चौखानेवाले कपड़े की शर्ट जैसी हमारी तप्पू इस्कूल में उनिफार्म पहनके जाती रही, पतलून के भीतर खोंस-खोंसके पहिरने लगे, खुसबूदार साबुन से स्नान करने लगे, स्नान के बाद गमकउआ पाउडर, गाल पर लोसन! महकते-दहकते जायें अपना उनिबरसिटी! हम भौंचक! बिलैत से आकर भी धोती-कुरता ही पहनते रहे अउर अब ये फिरंगी पोसाक पहनके साहब बने का फितूर! अपनी तोंद को भीतर धकेल-धकेलके लगे भिनसारे उठके करने ब्यायाम! देह छरहरी हो गइ! जइसे हिन्दी फिलिम के राजकुमार! हम सोचे—परभू, इन पर कइसा जादू छाय रहा...

"लेकिन जादू कइसा भी होय, एक-न-एक दिन उसका राज़ खुल ही जात है। हम तो दया-माया में पड़के अपने पति की छातरा को सीने से लगा लिये और ये लगी डाग्दर साहेब के सीने से लगने।

"अब क्या बतावें कि गाँव-गिराँव का संस्कार औरत को कितना मोटा रस्सी में बाँध देता है। एक दिन इनका एक चेला घर आया। आके पाँव छूके कहने लगा—अम्माँ, पानी सिर से ऊपर जा रहा। एही बखत लगाम कस लेना ठीक रहेगा। क्या बतायें अम्माँ, गुरु जी और सुमेधा को लेकर पूरा कैम्पस में एक-से-एक क़िस्सा। बिलकुल लैला-मजनूँवाला।

"बाक़ी कहा गया है कि आँख पर पर्दा पड़ जाय तो अजगर भी रस्सी दिखने लगता है। अशुतोशवा के मुँह से अपने डाग्दर साहेब के लिए इतना निकलते ही हम

तो उठा लाये झाड़ू। भाग मुँहझौंसा! भाग हियाँ से! बेचारा उलटे पाँव चला भाग! हमारी समझ में वो बखत तो यही आया कि हमारे डाग्दर साहेब ठहरे बिभाग के हेड। ज़रूर किसी की चाल है कि चलित्तर पर दोष लगाके उनको बदनाम करके कुर्सी हथिया लेय! बस हम तो अगियाबैताल हो गये कि देखें कौन हमार डाग्दर साहेब का रोआँ टेढ़ा कर लेता है। पतिबरता नारी की यही पहिचान कि आँख पर घूँघट काढ़ ले! कान में रुई ठूँस ले! सो हम किये...ये तो बाद में न सोचे कि अशुतोशवा ग़लत क्या कहा...हमारे गाँव में जितनी मेहरारू, उतनी कथा...अनन्त किस्सा-कहानी...

"हमारी एक काकी रहीं। कलावन्ती चच्ची। वैसी मेहरारू तो हम आज तलक नहीं देखा। जितनी सुन्नर (सुन्दर), उतनी सतवन्ती। एकदम सीता। क्या मज़ाल कि कोई घूँघट उठाके देख ले। अउर चच्चा—परम लुच्चा! दुस्चरित्तर! रिश्तेदारी में जायें तो वहाँ से भी दिन-दुपहर भगा दिये जाते रहे। जो नार हत्थे चढ़ जाये, ले जावें उसको अरहर का खेत में! चच्चा ने जीवन भर चच्ची की वो दुर्गत बनायी कि का बतावें। मार लाठी के हाथ-गोड़ तोड़ दें इस पर भी जब तीज-चौथ आये तो चच्ची निर्जला बरत रहें। अन्त क्या हुआ, सोचके हियरा काँपता है। उनका पेट में बच्चा रहा, पर चच्चा अपना आदत से लाचार। ईंटा उठाके पटक दिये चच्ची के पेट पर। पाँच माह का बचवा, पेट में कुम्हला गया। चच्ची की भी हालत ख़राब होने लगी। बैलगाड़ी पर लादके दादी हास्पिटल ले गयीं। जब पुलिस आयी तो चच्ची बयान क्या दीं कि कुँइयाँ पर पानी काढ़ते फिसल गयीं। चच्चा साफ़ बच गये। दादी अस्पताल छोड़कर घर चली आयीं बाक़ी सतवन्ती काकी नहीं बचीं। चिता में फूँक आये तब भी चच्चा अउर उनकी माई—दुन्नौ का आँख में एक बूँद पानी नहीं। गाँव में सब आज भी उनका गुण गावत हैं। लच्छमी रही लच्छमी! अब क्या फ़ायदा—साच्छात लच्छमी बनाओ चाहे सीता! जीव तो निकलके उड़ गया न जी देह से! आज हम सोचते हैं कि काकी ने जो किया, क्या वो ठीक रहा? बोलके काहे न गयीं कि ये हत्यारा है ...आज भी बिसरा दिन याद करके आँख भीग जाता है जज साहेब...

"हम बार-बार सोचते, हम कितना भाग्यसाली हैं। हमारे डाग्दर साहेब कभी हमारे ऊपर हाथ नाहीं उठाये, नहीं तो कोई मेहरारू ऐसी नाहीं जिसका भतार अपनी अउरत का खाल खींचके भूसा न भर दे। ये तो एकदम चुप्पै। क्या इसीलिए हमारा नाम भागो भागवन्ती? हमहूँ चुप्पै रहे, बाल-गोपालन के देख-देखके जिनगी काट दिये...लप्पो का बेटा तो जब भी यहाँ आता है, हमारी गोद में आके लगता है खींचने—नानी, ये देखो, नानी, वो...।

"अब जिसके आगे कौनों गर-गोसइयाँ नाहीं, वो तो छुट्टा साँड़ हो जाता है। अनबोलता मनई को चार बात सुनाके सब कोई अपने के बीर-बहादुर समझता है! यही किस्सा यहाँ भी चलता रहा बाक़ी हम एक दिन जान गये कि दाल में बहुत काला है! सुमेधा घर आये तो एक ही कागज में मूँड़ी गाड़के 'सर' से इतना सटकर रहे कि आन्हर-से-आन्हर (अन्धे-से-अन्धा) आदमी भी एक दफा चिहुँक जाय कि ये गुरु-चेली हैं कि अउर कौनों बात है! दोनों अपना में मगन, दीन-दुनिया की कौनों फिकिर नाहीं। लेकिन जब तक सीधे खटिया पर न पकड़े जायें तब तक कैसे वो बात जबाँ पर लावें, जो मन में बवण्डर उठा देत है।

"एक दफा हम अकेले गाँव गये, ममेरी बेटी का सादी रहा। ये बोले—हम तो नहीं जा पायेंगे भागमती, तुम जाओ। इनकी आग्या सिरोधार्य। हम चले गये। सब नेग-नियम, रीति-रिवाज निभा आये। घर लौटे तो इनका रीति-नीति का ख़बर मिला। हमारी पड़ोसन खुसुर-फुसुर करती बोली—भउजी, पर्फेसर साहेब के पास एक लड़की बहुत आती रही। रात के नौ-दस बजे तक बैठती रही। हम बोले—वो थेसीस का काम बहुत परिश्रम का काम है। वो बोली—'सो तो ठीक है पर हमने उस दिन खीर पूरी बनायी थी। सोचा—भउजी है नहीं तो थोड़ा दद्दा को दे आयें, उनके पसन्द की चीज है। हम घण्टी बजाये। नहीं खोले दरवाजा। दो-तीन बार बजाये तो थोडा-सा दरवाजा खोलकर झाँके। हमें देखा तो खीझकर बोले—क्या है। हमने कहा—आपके लिए खीर-पूरी लाये हैं। बोले—हम खाना खा लिये हैं। अँय, साढ़े सात बजे ही खाना खा लिये। हम बस इतना ही कहा—दद्दा, फ्रिज में रख दीजिये, कल खा लीजियेगा। जरा-सा दरवाजा खोलकर थाली डोंगा हमारे हाथ से पकड़ लिये और दरवज्जा हमारे मुँह पर ठाँय से बन्द। घण्टे भर बाद क्या देखते हैं तो वही पतुरिया फिलैट से निकलकर चली जा रही है, अउर ये उसके पीछे-पीछे। अगर लिखने-पढ़ने का काम ही करते रहे तो सामने के कमरे में बैठकर करेंगे न कि भीतर किवाड़ी उढ़काके...ओ छोकरिया से सावधान रहो भउजी।'...हम क्या कहते। खुद ही अनदेखा करके चलते रहे। आख़िर हमारे भरतार हैं। इनका सम्मान—हमारा सम्मान। इनकी इज्जत—हमारी इज्जत। पर पास-पड़ोस का मुँह तो नहीं न बन्द कर सकते।

"लेकिन शंका का बीज तो पड़ गया न जी! आखिर डाग्दर साहेब इतना सीधा काहें बने रहें कि मोट-पातर अलोन अउर लोना खाके भी, कभी कौनों शिकायत नहीं किये? ज़रूर उनकी कोई और दुनिया रही जहाँ वो अपने जीभ का स्वाद पूरा करते रहे। हमारी गोद में छह-छह गदेली-गदेले डार तो दिये, बाक़ी धियान कभी नहीं दिये कि वो सब रहते कैसे हैं! बस कमाके घर में दे देते रहे, बाक़ी सारी जिम्मेवारी हमारी! रसोई से लेके लड़किन के स्कूल तक सब हमारे ऊपर! घर-भर का

कपड़ा-लत्ता, सेवा-सभाखन सब हमारे ऊपर! दिन-भर फेंफिया होके चकरघिन्नी की तरह हम यहाँ-से-वहाँ नाचित रहीं...

"हमारा तो सारा जिनगी इन्तजार में कट गया। बच्चा लोक छोटे रहें तो उनके इस्कूल से लौटने का इन्तजार! बीमार पड़ गये तो उनके ठीक होने का इन्तजार! भतार पढ़ाने को गये तो दुपहरिया उनके खाना के लिए घर आने का इन्तजार! खाकर उठे, सुस्ता लिये, गये तो शाम को उनका लौटने का इन्तजार! टूशन पढ़ने के लिए आनेवाला छात्र-छात्राइन का इन्तजार! रात को बिछौना में आये तो इनका हवा से कुल्ला करने का इन्तजार! कभी एक पूरा रात आँख-भर सोये नाहीं। कभी लड़िका-बच्चा, कभी नाती-पोती—जेके थोड़ा खाँसी-बुख़ार हो जाये तो उसका माँ हमारे बिछौना पर डाल जाये! हम जइसे-तइसे कमर थोड़ा सीधा करके सुस्ताय लें तो सूरज भगवान हमारे इन्तजार में कि कब उठी तो उन्हें जल चढ़ायी...

"सारा जिनगी, दिन-रात घर का चक्की में पिसते रहे, जज साहेब! लरिका-बच्चा के पाले-पोसे, फिर नाती-पोता के। अब उमिर का साँझ बेला, घर से बाहर निकलकर, पेड़ का नीचे बेंच पर बैठकर, जरा सुस्ता लेते हैं, तो ये आँख दिखाते हैं—पर्फेसराइन हो, ये सब उलटा पल्ला की सारी और हथकटा जम्परवाली के पास काहे बइठत हो। अबहूँ चाहत हैं कि हम माचिस का डिबिया में ही बन्द रहें! सुख-चैन से! बाहर का हवा लगी तो ठण्डी खा जाइ!

"हम मानते हैं—ये पढ़े हैं ज़्यादा, ज्ञानी हैं ज़्यादा, पर अपना रीत, अपना हित, अपना मीत, अपना भीत, अपना समाज, अपना रिवाज—हम समझते हैं, ये नहीं! ये साहेब के हाथ से एक तिनका नहीं टूटता! डार से फूल तोड़ लावें तो समझो, बहुत हुआ!

"आज अगर हम अपने तनखाह का जियादा नहीं, पाँच सौ रुपया महीना भी लगायें तो कई हज्जार बन जाता है लेकिन बिना पैसा के अब तक खटते रहे। कभी दो से तीसरा सारी नहीं खरीदे। हमरे जैसी एक-दो की कौन कहे, लाखों मेहरारू ऐसे ही खटती रहती हैं। बिन पइसा, बिन मोल!

"आज तो ये अपने पर हो गये तो चलो, सास-ननद का गोभना नाहीं लेकिन एक जमाना वो भी रहा कि सौर में रहीं और छट्ठी भी नाँय बीती कि सारा कपड़ा लाके हमारे सामने सब पटक देत रहीं—सब धो डारो! लड़िका नाहीं बियाई हो कि बरही भर हाथ-गोड़ दबावा जाय। हरदी-अछवानी पियावा जाय। लड़की जनी हो। सादी-बियाह करे मा घर बेचके खँड़हर होय जाई। हमारा करेजा छलनी हो जाता रहा। बाकी हम अल्मात (कमजोर) शरीर लेके सब कपड़ा धोयें। हमको ठण्ढी लग जाये। बच्ची की जान चाहे संकट में पड़ जाय बाकी काम न छूटे।...ओह, हम ये सब बता दिये पहिले? अब क्या बतावें, बुढ़ापे की यही तो निसानी! खुदै भूल जाते हैं क्या

बता दिये, क्या बच रहा। बिटवा, वो बहुत तकलीफ का दिन रहा। भुलाये भूलता नहीं। तब का कुबेला अब देखते हैं, तब समझ में आता है कि ये इतना घुरमुसहा बेमतलब नहीं रहें। मतारी-बाप सादी-बियाह कर दिये कि लरिका कब्जा में रही।

"एक बार जब हम माई के घर जाने लगे तो इनकी बहिन-मतारी लगीं हमारे बक्से की तलाशी लेने...कहीं हम कौनों सामान तो नहीं लेके जा रहे। बाकी जब कुछ मिला नहीं तो लगीं खिसियाने। हें हें हें। हमारी आँख भीज गयी पर भीतर करेजा जरत रहा–मायका ग़रीब है, इसका मतलब हुआ हम सब चोरी का नहीं खात हैं। ...उसके बाद तो जब भी हम मायके गयीं तो जाने से पहले एक बार बक्सा-डोलची सब उलटके देखा के गयीं कि लो देख लो, एको कौड़ी ले जावें तो कीड़ा परे हमार मुँह मा...। तब ये मूँड़ी धरती में गड़ा लिये। बाक़ी बहिन मतारी के एक्को बोल नाहीं बोले...उल्टा हमीं को आँख दिखाते रहे...

"क्या-क्या बतावें। पहिले हम इनका ऊपर बहुत नाज़ करत रही कि एक-से एक लड़किन इनके पास आती हैं। पर ये कभी एकर-ओकर नहीं देखे। देखके हमको हरदम लगा कि हमारे डाग्दर साहेब कितने सतवन्ते हैं! एकदम राम जी की तरह! बाकी ई सुरपनखा (शूर्पणखा) जादू डार दिहिस! तो सम पुरुस, न मो सम नारी...

"अब सुनो, एक दिन क्या देखते हैं, एक फ़ोन आया। बस, ये घटा घनघोर बारिस में अपना टूटा छतरी लेकर घर से निकर परे। हमारे हलक में ही रह गया–अरे, इस अन्धर तूफान में कहाँ जात हो, कौनों बिपदा आय परी का? घण्टा भर बाद इनके पर्फेसर दोस्त चौबे जी इनको अपना छतरी में पानी से बचाते-बचाते ले आये। जब ये निमोनिया से बिस्तर पकड़ लिये तो चौबे जी देखने आये। बोले–भउजी, क्या बतावें। इनकी वो छात्रा–सुमेधा! नेट सेट की परीक्षा में फेल हो गयी। एक घण्टे का पेपर, दस मिनट में छोड़के बाहर निकल गयी। सत्यानास! ऐसा फुटानी दिखायेगी तो पास होगी क्या। हम बोले, ठीक है, अगली बार बैठ लेगी पर अपना पाँड़े जी हैं न–उसका चचाजान। माने ही नहीं। सो उसका नम्बर बढ़वाने हम दोनों डाक्टर सिंह के दुआरे गये, उनका गोड़ पकड़ लिये–रिश्तेदारी है। भतीजी ठहरी। ग़रीब की बेटी! फेल हो गयी तो जिन्दगी बिगड़ जायेगी!...उस थर्ड डिवीजनर के लिए न अपना उम्र देखें, न सरीर! ठण्ड खा गये! बिछौना पकड़ लिये, पर उस ग़रीब को तार दिये!...

"दस दिन बाद पेड़ा का दोना लेकर सुमेधा हमारे घर पधारी–"माते, हम सौ में अस्सी नम्बर पाये हैं, मुँह मीठा करो।" हमसे वो पेड़ा न उगलते बने, न निगलते। इसी वास्ते सात दिन मूँड़ी-माथा कम्बल ओढ़के सर्दी खाँसी-बुख़ार में पड़े रहे तब तो ये देखने न आयी। अब दाँत निपोरती पेड़ा से मुँह मीठा कराने चली आयी ससुरी! अपने डाग्दर साहेब खाँस-खाँसकर हँसते रहे। खी खी खी...खौं खौं खौं...

"कभी-कभी हमें लगता है कि जो सोना, हीरा-जवाहिर देखके भी लालच में नहीं आया वो पीतल पर कैसे ललचा गया! बाकी अब सोचते हैं कि सोना लेवे की हिम्मत नहीं रही इनकी। जब खुद अपने पर भरोसा नहीं होता तो हर चीज कीमती ही लगती है—पीतल होय चाहे लोहा...

"हमारा तो माथा ठनक गया जब एक बार डाग्दर साहेब साठ की उमिर में हमारे बिस्तर पर आ गये। लड़का-लड़िकी—सब लड़िका-बच्चावाले हो गये और बुढ़ऊ को जवानी छाय रही! अब तो हमरे गाल-ललाट सब झुर्री से भर गये। अब जिनगी का सात्त्विक बेला में ये बिछौना का खेला क्या अच्छा लगता है?

"बस, कदम डगमगा गया। बहाना भी मिल गया। बाकी धुआँ तो रुका नाहीं। ख़बर भी धुआँ के माफिक फैलने लगी। दबी जबान से निकली फुलझड़ी भी एक दिन बम हो जात है।

"हम क्या करते, आप ही बताओ। मन मारके चुपाय रहे। अपने को समझा लिया कि जैसे हम घर में नीचे बैठके पोछा नहीं लगा सकते तो उसके लिए एक महरी लगावत हैं। हैं कि नाहीं? वैसे ही अब नयी नवेली की तरह नखरा तो नहीं कर सकते। अब आराम की बेला में ये साहेब चाहें कि बिछौना में कलामुँडी खाईं तो ये तो हमसे ना होइ। बस हम भी ढील दे दिये। हम ढील न देते तो ये बाजार-कोठा चले जाते, भला समझो के बाजार खुदै चलके घर में आ गया। खुली आँख से हम आँख मूँद लिये। अब इसको चाहे हमारी गलती कहो, चाहे गुनाह!

"जब एक बार रास्ता साफ हो जाता है, तो आदमी बड़ा बेसरम बन जाता है। अब वो जो जो करतब निभावत रही, उसके बदले ये साहेब उसके लेख लिखें। पी-एच. डी. वो कर रही, औ थेसीस हमारे साहेब लिख रहे। यहाँ तक जी-जान लगा दिये कि पी-एच. डी. की किताब भी छप जाये। ये निबहुरी तो जानती रही कि बस डाग्दर साहब की किरपा-दृष्टि होय तो बिना परिश्रम के सब हासिल। थेसीस लिखें। छपवायें। उसको कहीं बोलने खातिर जाना हो तो उसकी तैयारी में जुट जायें। बस यही कारोबार—चौबीसों घण्टा। यहाँ तक कि कहीं इनकी बुलाहट हो तो कह दें कि हमारे पास तो टाइम नहीं है। सुमेधा को बुला लो। वो बिदूसी है, उसको आगे आने का चान्स दो। जौन परोग्राम होय, सुमेधा के चान्स देव। एक बार उसको आजमाओ। हमारी सिस्या, हमसे अच्छा भासन करी। बस, एक ही तोतारटन्त—सुमेधा के चान्स देव, सुमेधा के चान्स देव।

"वो घबराके कहती—सर हमें तो इस विषय में कुछ आता ही नहीं, हम कइसे करेंगे तो अपने साहेब कहने लगते—"अरे पगली, हुआँ कौन बिदमान बिराजत हैं। ससुरा एक-से-एक गदहा हैं सब। हम लिखकर दे देते हैं। जाके बस बोल आव। इतना तो कर ही लोगी। है कि नहीं। थोड़ा ख़ातिर तवाज्जो का मज़ा भी लो, मेधा।" वो नखरीली अहसान से इतरा-इतराके दोहरी हो जाती—"सर, सर! सब आशिरबाद

है आपका! का नाहीं मिला जीवन मा! रुपया-पैसा, नर-नौकरी सब मिला! बस थोड़ी-सी मान-परतिठा मिल जाये तो बस!"

"ये तो लहालोट!...मन में तो खीर पकने लगती।

"मन अइसे ही बढ़ाये! वो इनका! ये उसका! अगन में मगन। माई-धिया गवनहर, बाप-पूत बजनियाँ (माँ-बेटी गाना गायें और बाप-बेटा ढोल बजायें)। वो बनरी (बन्दरी) इनके हिरदै पर लोटे और इनका गाल एकदम लाल-गुलाबी। उस समय ये इतना बड़ा दानी कि अपना करेजा निसार के दे दें। सकल-सूरत नाहीं तो ये हाल, जो रूपमती होती तो पूरा सहर में कहर बरपा देती। इसी सूरत पर ये जान छिड़कते बोलें—"तू घबड़ाती काहें हो! सब होय जायी, बस हमरे ऊपर भरोसा रखो!"

"वो तिरछी नजरिया से देखकर इनै निहाल कर दे—सर, आप पर भरोसा नहीं करेंगे तो किस पर करेंगे!

"बचपन में जब कोई लोक कौनों मेहरारू के तिरिया चरित्तर की बात करता तो हमको बहुत अपमान बुझाता, बाकी सुमेधा को देखके समझ में आ गया कि तिरिया चरित्तर क्या होत है। वो हमरे सामने दोहरी-चौहरी होके सर और माते का गोड़ छूने लगती, तब मन में हम कहते कि पसार लो गुण लल्ली! बाकी जे तोहार छछन्द न बूझे, ओहके सिखाव ई सब! क्या हम आन्हर हैं जो डाग्दर साहेब को पिता समान, पिता समान किये जात हो! एक बार तो दया भी आय गयी कि अपना उमर का कोई नहीं मिला इसको? बाकी दया भी कोई कितना कर सके उसके ऊपर, जो खुद दया करनेवाले का घर में आग लगाये। बस ऐसे ही फोड़ा बढ़के कन्सर हो गया! पानी सिर से ऊपर चला गया।

"और एक दफा तो हम सन्मुख ही कह दिये कि "अरे बबुई! तनिक आपन अँचरा सम्हार लेओ। बार-बार ढरक जात है! कन्धे पर काई जमी है का!" और वो सतभतरी क्या बोली—"हमारी माई भी यही कहती रही हर बखत। आप भी तो हमारी माते हैं। आप नहीं कहेंगी तो कौन कहेगा, माते!"

"हम तो सनक गयी। मन हुआ कि ससुरी के मुँह में अंगार भर दें। अरे महतारी की एको दिन सुनी होती तो इस उमर तक पल्ला न ढरकता तोहार। तब से ही यही चाल है क्या। पक्की सिकारिन है ये तो! हमारे मूरख भतार डॉ. साहेब के एक बार ये कीचड़ में खींच ली तो बस वो सर से पाँव तक लथपथ। एकदम थापकथइया! न लोक की लाज, न परलोक का लिहाज! ओकर अपना बगल में लेके अजन्ता अलोरा से लातूर तक अउर इगतपुरी से बजरेस्वरी तक सबका सामने एक ही कमरा में टिक जाते। अपना समधी के सामने भी आँख का परदा नाहीं। वो तो जानो छुट्टी भैंस, पर बाबा-नाना भए हमार बुढ़ऊ को भी कौनों लाज-सरम नाहीं! बुद्धी सारी टखना में बिलाय गयी!

"देखो बबुआ, हम किसी की सिकायत सुनेवाली नहीं और हियाँ जो घर में आये, जैसे ही हमको अकेले देखा तो हो जाये शुरू–सुमेधा और इनके बारे में। एक बोला–अम्माँ, सर को सब मोहित कुमार नाम दिये हैं। हम पूछे–ई काहें रे। बोला–ओ सुमेधा का असल नाम सुमेधा नहीं, मोहिनी है न, इसके वास्ते। अय, नाम ऊ पतुरिया गड़बड़ बताइस! पर हम जहर माहुर खाके रह गये। उल्टा डाँट के बोले–"अगर ई बात हम तोहार 'सर' के बोल दें तो तोहार पत्ताई साफ़ होइ जाई। पास होय की हुलस हय बचुवा, तो तुमहू इतनी अकलमन्दी करो कि चुप्पई रहो।"

"डाग्दर साहब लौटे तो हम पूछे–"सुमेधा का नाम क्या है?" बोले "मेधा, और क्या?" ये लेओ, एक आखर अउर कम हो गया! "काहे पूछत हो?"–व्वो अइसे हमारी ओर आँख काढ़कर देखे, जैसे कहते हों–"सुन लो, पँड़ाइन, अपना लखमन रेखा का भीतर ही रहो!" अउर उसका भासन लिखने को बैठे। सच्ची बात जज साहेब, हमारा हिम्मत न हुआ कि उनका नामकरण "मोहित कुमार" बतावें। अइसे ही तो नहीं, एक इस छातराइन को छोड़ सब छात्र लोग का गुरु जी के सामने घिग्घी बँध जात है।

"रात-दिन उसके लिए भासन कागज पर लिखते-लिखते उनके दिल में तो नहीं, पेट में दरद सुरू हो गया। असली डाग्दर को दिखाये तो पेट क हर्निया...

"वो ही टेम, डॉ. साहेब हर्निया के ऑपरेशन कराके तीन दिन अस्पताल में रहे। हम अस्पताल जावें तो सुमेधा बोले–माते, आप घर-दुआर देखो, बाबू को हम देख लेते हैं। ये भी बोलें–मेधा है न। तू काहे बेआराम होती हो...

"हम जब घर-दुआर से फारिग होकर अस्पताल पहुँचे तो क्या देखें कि वो सेब, सन्तरा, नासपाती, आलू-बुख़ारा और क्या-क्या हेन-तेन लाके डाग्दर साहेब को खिला रही है। अपने हाथ से छील-छीलके ऐसे खिलाये जैसे ये कौनों बबुआ होंय। सोचो कि एक साठ बरिस का आदमी सात साल का बच्चा होयके गुबुर-गुबुर फल खा रहा है और ये चेलिन लहक-लहकके उसका मुँह में सन्तरा का फाँक डार रही है।

"सन्तरा के फाँक का ये असर कि डाग्दर साहेब इसको कालिज में टीचर लगाने के खातिर सबसे जोग्ग लरिका को रिजेक्ट कर दिये। एक से बढ़के एक खिस्सा पानी में गोबर के जैसे उतरा गया। हम वो सब बरदास (बर्दाश्त) कर लिये। तीसरे पन डाग्दर साहेब बोल–बतियाब हमसे छोड़ दिये। हम सोचे कि चलो, उसका बियाह हो गया तो सुबह का भूला कभी तो घर पलट आवेगा ही।

"पर न उसका बियाह हुआ, न हमारा इच्छादेवी का नींद टूटा...घर तो पलटके आते रहे पर अपना जीव उधर ही छोड़के। कितना कालिज में उसको फिट किये, एक बरिस कौनों जगह टिकी नाहीं। कालिज में लगते ही इस्टाफ रूम छोड़के सीधा पहुँच जाये प्रिन्सिपल या मैनेजिंग कमेटी के हेड का कमरा मा। साथ पढ़ानेवाले के आँख

का काँटा बन जाये। काम छूट जाय, बस हमरे दरवज्जे पे हाजिर। ये उसके संकटमोचन, दस काम छोड़के फ़ोन पर लग जाते। एकर फ़ोन, ओकर फ़ोन! सोलह घण्टा फ़ोन पर। बिल आय गवा ओ महीना दो हज़ार रुपिया। हम बोले—आँय, बिल का एन्कायरी कराओ। फ़ोन का एतना बिल तो कभी आया नहीं। बोले—भागमती, तुम अपना बथुआ का साग देखो, गैस खुला छोड़ आयी का जल रहा है, ई सबसे हम निपट लेंगे। हम मन में सोचे—ठीक है! जब अपना खीसा में हराम का पइसा आ गया है, लुटाओ जेकर ऊपर चाहो। जिधर भेकेंसी का ख़बर मिले, जुगाड़ में लग जावें। आखिर इनका मेहनत का रंग असर देखा दिया। ये टैम जो उसका नौकरी लगवाये, सो अइसा कि रहने-रुकने को क्वार्टरवा मिल जाये। बस, उसका क्वार्टर को ही अपना घर-दुआर बना बैठे। हर सनीचर-इतवार उसके दुआरे। दरवज्जे के बाहर पाँव छुआ-छुआके निहाल और दरवज्जे के भीतर...साँकल चढ़ जाती। सोचते, कौन देखता है। अरे, लोग-बाग़ बिना आँख के तो नाहीं। माना कि भीतर नहीं देखते मगर बाहर निकलते समै चेहरे पर भीतर का रंग तो कपाट में बन्द करके नहीं आते न, तो सब तोहार रंग के तो देखत-बूझत है कि नाहीं। पर जो एक बार लोकलाज छूट गयी तो जानत सब कोइ। मरद की ई देह, मरद की जो दुरगति न कराये सो थोड़ा...

"हम यहीं तो खा गये धोखा! हम सोचते रह गये कि ये हमसे ही लौ लगाये हैं, मुँह चाहे जिसके दुआरी मारें! बाकी पिरेम का परिभासा बड़े-बड़े ज्ञानी-ध्यानी न बता पाये तो हम गाँव-जवार की अउरत क्या बतायें मरद का पिरेम क्या होता है। हम तो इनके चुप्पी को ही प्रेम समझ लिये। ये अपने को ज्ञान समझत रहे और सुमेधा को सरीर। हम सोचत रहीं कि ज्ञान चेतन्त होय तो घर लौटे और सरीर जाये मसान पर लेकिन सरीर अपना परपंच दिखाये तो ज्ञान भी आँख मूँदकर, सुग्गा बन जाता है।

"ये सब टेन्सन में हमारा दाँत दुखाने लगा। दाँत का डाग्दर के पास गये। आजकल डाग्दर रूट कलान रूट कलान करता है न। पइसा जियादा मिलता है उसमें। चार बार दाँत को जड़ से खुरच-खुरचके साफ कराये पर जइसे ही उसमें फिलिन करते रहे, वो फूल के कुप्पा। दुखे सो अलग। हम हारकर डाग्दर से बोले—बेटवा, एके निकाल बाहर करो जड़ से। न रही बाँस, न बाजी बाँसरी! ये ऐसे ठीक न होई। जड़ से दाँत उखाड़ दिया, तब जाके चैन का साँस लिये। ये तो दाँत की बात, पर आँत के भीतर जो कीला चुभता रहा, उसको जड़ से कइसे निकाला जाय। हम तो अपने पण्डी जी का नाम मोहित कुमार मोहित कुमार सुन-सुनके बेहाल हुइ जाते। ये नाम हमरा कलेजे में सूल-सा चुभता, पर कौनो डाग्दर के पास इसका इलाज नाहीं...

"बाका य बात बताओ! सब-कुछ बरदास करे का मेवा क्या मिला? ये तो हमारे लिये ही सोच लिये--ना रही बाँस, न बाजी बाँसरी। आज नहीं तो कल, दूनों मिलके हमरा काम तमाम कर देते। वो ही काम हमरे हाथ से हो गया तो कौन गुनाह हो गया? बताओ साहेब...बताओ...बताओ?"

ऊँची आवाज़ में बोलतीं, हाँफतीं हुई पँड़ाइन एकाएक चुप हो गयी। दाँत के दुखने की फिरौती हो गयी थी और उसकी पीर दिमाग की नसों तक पहुँच रही थी। एकदम चाय की तलब महसूस हुई पर पूरी देह पर जैसे सपना अकड़कर बैठा था।

अपने इकलौते सोने के कमरे में अब वे अकेली जाग रही थीं। बगल में सोये पाँड़े सप्तम सुर में खर्राटे भर रहे थे। बीच-बीच में उनका पेट ऐसे गुड़गुड़ा उठता मानो कोई बूढ़ा हुक्का खींच रहा हो। पँड़ाइन ने चारों ओर देखा और अपना माथा पकड़ लिया क्योंकि भूला-बिसरा अतीत, जब आँख में उँगली डालकर, फेंटा कसकर, सामने आ खड़ा हुआ तो सोच-सोचकर उनका दुखता सिर घूमने लगा कि क्या यह सब सच भी हो सकता है? आज तक किसी के सामने उन्होंने जुबान नहीं खोली और आज अपने जीवन का कच्चा चिट्ठा सपने में बयान कर गयीं। मन में सुकून भी रहा कि चलो, किसी ने सुना नहीं, उनके भरतार की इज्जत लुटने से बच गयी। कहीं भी आते-जाते रहे हों, सप्तम सुर में खर्राटे तो उन्हीं की बगल में इत्मीनान से लेते रहते हैं। जानते हैं, भागमती उन्हें करवट बदलने को नहीं कहेंगी।

पँड़ाइन का मन रोने-रोने को हो आया लेकिन बेआवाज वे लेट गयीं। लगा जैसे आँख से देखकर भी धोखा खाते रहना ठीक नहीं था। वे जीवन भर वही करती रहीं जो हर भारतीय नारी करती है। घर को सँभालना। अपनी अनिच्छाओं को भी पति की इच्छा से ढँक देना और मुँह बन्द रखना। और उसका सिला क्या मिला? उपेक्षा! बहिष्कार! घर निकाला! और अब मार डालने की साजिश! और ये खाली सपना रहा हो, ऐसी बात नहीं थी। वे देख रही थीं कि आजकल उनके बुख़ार, उनकी बेआरामी, कलेजे की जलन, मुट्ठी भर भात खाके भी ढउँ-ढउँ डकार, घुटने-टखने-कुहनी के दर्द से उठती आह और कराह से उनके पति प्रोफेसर गिरधारी लाल पाँड़े की आँख में नमी और ललाट पर चिन्ता की एक लकीर तक नहीं उभरती बल्कि एक राहत की साँस झलकती है। जो धर्म-कर्त्तव्य निभाने आयी थी, सब तो हो गये पूरे। अब बस पूर्णाहुति बाकी है। कल की मरती बुढ़िया आज मरे, उनकी बला से! उस झलक को छिपाने के लिए किसी-न-किसी नाती-पोते का नाम, जो उन्हें वैसे तो कभी याद तक नहीं रहता, उस वक़्त झट से याद आ जाता है। उसी का नाम लेकर बोल देंगे—विहान को साथ ले जाओ, डॉक्टर को दिखा आओ।...किस्सा खतम और अपना कन्धा

झटककर निकल पड़ते नाक की सीध में। कहाँ? कौन नहीं जानता। भागमती की याददाश्त जितनी भी कमजोर हो गयी हो पर वह दिन कभी नहीं भूलता जब उन्हें तपते बुख़ार में छोड़कर चले गये डॉक्टर पाँड़े अपनी मेधा के क्वॉर्टर। बुढ़िया को बुख़ार है तो नाती-पोते किस लिये हैं, हकीम डॉक्टर को दिखा लेंगे। उसके लिए वो अपना सनीचर-इतवार क्यों ख़राब करें!

पँड़ाइन भूल गयी थीं कि मेहर हो चाहे मनुस, अगर लँगोट का कच्चा हो गया तो किसी एक का तो हो ही नहीं सकता, प्रेम तो बहुत दूर की बात है। पँडाइन को सोचकर बुरा लगता कि सुमेधा तो अपने मतलब के लिए उनका इस्तेमाल करती रही लेकिन ये तो डॉक्टर साहब थे—विश्वविद्यालय के विभागाध्यक्ष। बहुत मोटी तनख्वाह और ढेर-सारी सुविधाओं का सेवन करनेवाले! मानित-सम्मानित! छात्रों से पाँव पुजवानेवाले! ये क्यों अपने चरित्र से गिर गये। क्या ये भीतर से इतने कमजोर थे। या जन्म के लम्पट थे। क्या थे ये कि वे समझ नहीं पायी और इनकी कुशलता के लिए ताउम्र निर्जला व्रत रखती रहीं। लानत है उन पर!

पँड़ाइन उम्र भर धोखा पाले रहीं कि उनके इकलौते पति मोहतरम जनाब प्रोफेसर पाँड़े उनके हैं! सिर्फ़ उनके! वे चाहे जिस खेत चर लें लेकिन प्रेम तो वे बस मुझसे ही करते हैं। सच तो यह था कि प्रेम किस चिड़िया का नाम है, भूलकर वे सिर्फ और सिर्फ नटवर नागर होकर रह गये थे।...और इन नटवर नागर के लिए क्या भागमती का भी सतवन्ती चाची बनना जरूरी है? सतवन्ती चाची तो ईंट के एक प्रहार से स्वर्ग सिधार गयीं, पर भागमती के प्राण तो, अपने डॉक्टर पाँड़े की आग उगलती एक तीखी निगाह से ही, सिकुड़कर रोमकूप से बाहर निकल जायेंगे।

पँड़ाइन के दिमाग में बवण्डर चल रहा था। बिस्तर से उठा नहीं जा रहा था। चाय की तलब परेशान कर रही थी। कोई एक प्याला चाय बनाके देनेवाला नहीं। उनके भरतार को तो गैस का चूल्हा जलाने तक की ज़रूरत नहीं पड़ी कभी। अपने भाग्य में पति के हाथ की चाय पीना नहीं बदा! भागमती ने एक गहरी उसाँस ली। पता नहीं लेटे-लेटे कब दुबारा उनकी आँख लग गयी।

बदलाव बहुत धीरे से होता है। सतह पर दिखता नहीं लेकिन भीतर चल रहा होता है। अचानक हो जाता है। वैसा ही हुआ!

इस बार मंगलवार को करवाचौथ थी। पाँड़े घर पर ही रहे। तीज-त्योहार सनिवार-इतवार को नहीं पड़ा, इसलिए। हर साल यह दिन पँड़ाइन के लिए

खास होता रहा है। पचास साल से मुसलसल। पाँड़े भी गर्व से फूल जाते। आखिर ऐसे गुलाम मिलते कहाँ हैं, जो लात खाकर भी मारनेवाले की जिन्दगी के लिए दुआ माँगे!

लेकिन उस दिन डॉ. पाँड़े को कहीं कुछ सुगबुगाहट नजर नहीं आयी। उन्होने सोचा कि उम्र की वजह से सुस्त पड़ी होंगी। पँड़ाइन को अचम्भे में डालने के लिए वे बाज़ार से सामान लाने घर से निकल पड़े। मेथी-पालक, फल-फ्रूट, खरीद लेने के बाद उन्हें इलहाम हुआ कि कुछ खास ले चलना चाहिए। आखिर साल में एक ही दिन तो इनकी ख़ातिर करते हैं। वो भी अपनी खातिर! वे फौरन फ्लोरिस्ट की दूकान पर जा पहुँचे। एक दमकता हुआ लाल सुर्ख गुलाब चुनने में उन्हें देर न लगी। जेब से भी सिर्फ़ पाँच का सिक्का निकालना पड़ा और काम हो गया।

पाँड़े बायीं मुट्ठी में सुदर्शन चक्र की तरह लाल सुर्ख गुलाब थामे घर लौटे। वे पँड़ाइन को गुलाब का फूल दिखाकर चकित कर देना चाहते थे। लेकिन उन्हें स्वयं चकित होना पड़ा। पँड़ाइन चाय पीते हुए आलू के चिप्स चुभला रही थीं। पास रखी तश्तरी में रोटी, भरवाँ करेले, बथुए का रायता और नींबू का अचार रखा था। यह नाश्ता है कि खाना? और वो भी अकेले! डॉ. पाँड़े ने पलकों को झपकाकर फिर से खोला।

मंगल को अमंगल कैसा! सकपकायी हुई आवाज में पाँड़े बोले—अरे! का हो? आज चौथ है। व्रत नाहीं हउ का?

''न्ना।'' पँड़ाइन ने गरम-गरम चाय की चुस्की लेते हुए कहा। एक-एक चुस्की में चाय खींचने की सुड़क-सुड़क की आवाज होती रही बेहिचक।

''क्या? काहे?

''बस अइसे ही! मन न हुआ! तीज चौथ को एतना बरत उपवास से का हुइहैं? बोलते हुए पँड़ाइन के चेहरे पर ऐसा तेज दीप्त हुआ कि उसकी चमक में उनके चेहरे की एक-एक झुर्री गिनी जा सकती थी—''अब हमसे अउर बरत-उपवास ना होई। सरीर लाल बत्ती दिखावत हय, बोलत हय—न्नो।''

पँड़ाइन के मुँह से अंग्रेजी का जोरदार 'न्नो' सुनकर पाँड़े के हाथ से सुर्ख गुलाब नीचे गिर पड़ा। ज़मीन पर गिरते ही गुलाब के फूल की पंखुरियाँ टूटकर इधर-उधर बिखर गयीं।

आख्यान : दो

राग देह मल्हार

हर क़िस्म के ग़ुलामों के कुछ सार्वजनिक और कुछ निजी उसूल होते हैं। चार दीवारोंवाला घर उनकी पहली ज़रूरत होती है जिसकी दीवारों और छत के बीच वह अपने महफ़ूज़ होने का भरम पाल सकें। औरत ने जब अपने लिये ग़ुलामी को अपना सुरक्षा कवच बना लिया तो उसने अपने स्वभाव में कुछ तमग़े अनिवार्य रूप से धारण कर लिये। उनमें से एक था—घर की नींव को हिलानेवाली स्थितियों के अस्तित्व की ओर से पीठ फेर लेना, आँखें मूँद लेना, चुप रहना और वक़्त ज़रूरत सहते चले जाना। यह अन्तहीन सहनशीलता इस क़दर बढ़ी कि वह भूल गयी कि जिस तरह पक्षियों के लिए पिंजरा उनका घर नहीं हो सकता, औरत के लिए उसके घर को पिंजरा नहीं बने रहना है! औरत घर के भीतर की छत को ही अपना पूरा आसमान समझ बैठी। कैनवास पर पक्षी और आकाश, सूरज-चाँद और टिमटिमाते तारे आँकती रही और उसे अपने आका की निगाह से सराहकर अपने लिये ख़ुश होती रही। पुरुष को घर के भीतर भी आसमान, चाँद, सितारे मिले पर वे उसके विस्तार के लिए काफ़ी नहीं थे। उसने बाहर के आसमान की भी थाह लेनी चाही। पुरुष ऊँचा उड़ा, बाहर के आसमान में टहलक़दमी कर आया और जब टूटे सितारे की तरह गिरकर बिखरने ही वाला था कि औरत ने उसके नीचे गिरने से पहले ही उसे अपनी बाँहों में लोक लिया।

बेनू भट्ट के साथ यही हुआ। घुमौरियाँ खा-खाकर बिस्तर पर ढहती बेनू भट्ट अपने को भूल अपनी साँसें समेटते—बिलखते पति की तीमारदारी में लग गयी। "अन्त भला सो सब भला", "जैसे उनके दिन फिरे" जैसे जुमलों ने उसे राहत की साँस दिलायी और उसने ठान लिया कि आइन्दा दरवाज़े-खिड़कियाँ बन्द रखेगी और बाहर के अन्धड़ को घर के अन्दर नहीं आने देगी। मायानगरी मुम्बई के भूले-बिसरे अतीत को एक बार ताज़ा कर दोबारा भूलने-बिसरने में ही उसे अपने जीवन का सारतत्त्व नज़र आया।

सुनें मायानगरी की कहानी—बेनू भट्ट की ज़बानी!

मायानगरी मुम्बई यानी साँसत में जान :

हमारी बिरादरी में यह कैसी जमात दाख़िल हो गयी है!—बेनू भट्ट का बयान...

"नहीं जी, मुम्बई की नहीं हूँ मैं! यहाँ की पली-बढ़ी, यहाँ रची-बसी होती तो ऐसी पगलेट होती? मैं तो ऐसे पिण्ड से हूँ जहाँ लड़कियों को प्रेम करने की मनाही है। प्रेम करनेवाली लड़कियाँ बदज़ात समझी जाती हैं। माँ-बाप की रज़ामन्दी के बग़ैर प्रेम करो तो कटारें-खड्ग निकल आवें। सो प्रेम करने का जोख़िम तो अपुन ने उठाया ही नहीं। ज़रूरत भी नहीं पड़ी। रब्ब की मेहर रही। हमारे परिवारों में जूट-छुहारे लिपटे गुलाबी दुपट्टे से गाँठ बाँधकर जिसके साथ आग के सात फेरे ले लिये, प्रेम तो अपने-आप उससे हो जाता है। और होता भी है तो ऐसा कि बस, मरने पर ही छूटता है। उसके साथ कोई जोड़-घटाव नहीं, कोई गुणा-भाग नहीं। मेरी क़िस्मत थी कि मेरे दिल के अन्दर प्रेम की चिड़िया ने पहली कुहुक ही बोली थी कि सारी क़ायनात ने जैसे अपना हाथ आगे बढ़ा दिया।

बीस साल पहले की बात है। मैं तब लड़कियों के कॉलेज में सेकेण्ड ईयर में थी। हमारे सालाना जलसों में ग़ज़लगो, शायर, कवि आते ही हैं। उनमें से ज़्यादातर तो आधे काले, आधे सफ़ेद बालोंवाले ही होते हैं। उस साल एक नया-नकोर शायर आया। नाम-मनप्रीत भट्ट! क्या तो उसकी शक्ल और क्या सुर। लड़कियों की आहें उनकी साँसों में घुटकर रह गयीं। सबकी निगाहें उन्हीं साहिबान पे जमी थीं। अब जब सुनाने की उनकी बारी आयी तो ऐसी साफ़-शफ़्फ़ाफ आवाज़—खरी और भरी, अन्दाज़ ऐसा कि हम सारी लड़कियों के तो मुँह खुले-के-खुले रह गये। मेरी तरह न जाने कितनी लड़कियों ने गुलाबी साफ़े और किनारीवाली चुनरी के सपने देख डाले। फिर जब जलसा ख़त्म हुआ तो सब हॉल में पोस्टर नुमाइश देखने निकले। इत्तफ़ाक़ कि इन्होंने जो कविता सुनायी, उसका पोस्टर मैंने बनाया था। ये उस पोस्टर के आगे खड़े हुए तो हिले ही नहीं। मैंने थोड़ा-सा आगे खिसककर कहा—"जी, ये मैंने बनाया है!" इन्होंने मेरी ओर तो देखा ही नहीं बस, पोस्टर ही देखते रहे, बोले—"क्या बा...त है! आपके रंगों ने तो मेरी नज़्म में जान फूँक दी।"

हिरन की तरह कुलाँचे भरता मन यकायक थम गया कि इन्होंने तो नाम भी नहीं पूछा मेरा।

दो दिन बाद उन्हें अपने घर खाने पर आया देखा तो मुझे अपनी आँखों पर भरोसा न हो। सपना तो नहीं देख रही! उस दिन प्रोग्राम में बुआ साथ थीं। वे भी कुछ

अफ़साने वग़ैरह लिखती थीं पर छपवाती नहीं थीं। बुआ ने इन्हें बुलाया था। घर पर मेरे बनाये लैण्डस्केप दीवारों पर लगे थे। बस, ये आये तो थे कविता सुनाने पर मेरी बनायी तस्वीरों से इनकी नज़र ही न हटे। बाऊ जी ने ताड़ लिया। सीधे इनसे पूछ ही लिया कि आपको मेरी बेटी कैसी लगी। ये शरमा गये।

मुस्कुराये तो गालों में हलके-से गड्ढे पड़ते थे। आँखें झुकाकर बोले—"जी, बड़ी हुनरमन्द है।"

बाऊ जी ने सीधे पूछा—"आप हाँ कहो तो रिश्ते की बात चलाऊँ?"

इन्होंने पलकें उठाकर ऐसी नज़रों से मेरी ओर देखा कि मेरी साँस तो बीच रस्ते ही थम गयी। न लेते बने, न छोड़ते!

शादी के लिए सबसे बड़ी वजह यह बनी कि इनकी स्थायी सरकारी नौकरी थी। दूसरी वजह यह कि कविता लिखना फुलटाइम पेशा नहीं था। वर्ना मेरे बापू मरते मर जाते पर किसी कवि से मेरा ब्याह न करते।

हमारा तयशुदा प्रेम विवाह था। बस, फिर तो मैं हवा पर सवार रही। इन्होंने जब पहली बार मुझे 'बेनू' कहा तो जैसे मुझ पर बारिश की पहली ठण्डी फुहारें पड़ीं। ये मुझ पर जान छिड़कते थे—बेनू, तूने खाना खाया? बेनू, दूध का गिलास पूरा ख़तम किया कि नहीं? बेनू, अपना ख़याल रखाकर। मैंने एक दिन पूछ ही लिया—आपने ऐसा क्या देखा मुझमें कि पहली ही बार में शादी के लिए हाँ कर दी। बोले—तेरे जैसी सोहणी पूरे पिण्ड में दूसरी नहीं। मैंने कहा—बस, सिर्फ़ यही देखा? बोले—मेरी नज़्मों में जान पड़ जाती है जब तू उसे कैनवस पर रंगों में उतार देती है। इनकी आँखें हमेशा नम रहतीं। सातवें आसमान पर रहती मैं, कि कैसी क़िस्मतवाली हूँ। दूसरी सहेलियों के ख़ाविन्द इधर-उधर मुँह मारते फिरते पर इनके लिए तो बस, बेनू-ही-बेनू। मज़ाल कि किसी और की तरफ़ देख तो लें।

शादी के बाद अपने छोटे-से शहर में चार बार हमने पोस्टर प्रदर्शनी की। कविताएँ इनकी। चित्रकारी मेरी। जब-जब हमारी प्रदर्शनियाँ होतीं—दो-एक लड़कियाँ इनकी मुरीद हो जातीं। देखने में ये बीस-बाईस से ऊपर के लगते नहीं थे। उच्चे-लम्बे, तीखे नैन-नक़्शवाले! इनके कविता-पाठ पर लड़कियाँ लट्टू हो जातीं। घर आकर मुझे देखतीं तो उन पर घड़ों पानी पड़ जाता। अफ़सोस भरी लम्बी साँसें छोड़तीं कि इसे तो पहले ही यह कुड़ी ले उड़ी। खिसियानी हँसी के साथ वे विदा हो लेतीं। कुछ एक अपनी नयी-नयी कविताएँ इन्हें दिखाने के लिए आतीं। बैठतीं, बातें करतीं। एक तो पीछे ही पड़ गयी थी। वैसे इन्हें 'बीर जी' 'वीर जी' 'भाई जी' पुकारती फिरे, पर मेरे पर धौंस जमाये—आप मेरे वीर जी का ख़याल नहीं रखते, कैसे

सींक-सलाई हो रहे हैं! सीधे घुस जाये मेरी रसोई में और इनके लिए नयी-नयी चीनी-जापानी डिशें बनाये। वह तो मेरी क़िस्मत अच्छी थी कि उसे एक लखबीर मिल गया जिसके साथ उसने गुरुद्वारे में फेरे ले लिये और इस 'वीर जी' की जान छूटी वर्ना उसने तो वीर जी पे तीर चलाने में कोई कोर-कसर बाक़ी नहीं छोड़ी थी। ये उसे कभी अपने स्कूटर की पिछली सीट पर बिठा लेते तो मेरा दिल शाँय-शाँय करता। बस, उसके अलावा और किसी से कोई परेशानी नहीं हुई मुझे।

अक्सर हमारे घर जमावड़ा होता। जितने दोस्त थे इनके, उतनी ही दोस्तानियाँ भी थीं। सब अपने-अपने घरों से एक-एक डिश ले आतीं। शामें बड़ी अच्छी गुज़रतीं। तब तक बाइक आ गयी थी तो ये उन्हें छोड़ने उनके घर भी जाते। एतराज़ करने की कभी कोई वजह ही नहीं थी। हमारा बेटा छोटा-सा था। वह भी इन 'दीदियों' से ख़ूब हिल-मिल गया था। सभी हमारे लाड़ले बेटू को बड़ा लाड़-प्यार करतीं। बस, वे दिन भी क्या यादगार दिन थे। दिन नहीं, बरस। पन्द्रह साल बिताये हमने। समय जैसे पंख लगाकर उड़ रहा था। बस, अपना छोटा-सा वो क़स्बा क्या छूटा, सुनहरे दिन भी मैं वहीं छोड़ आयी!

फिर इनका तबादला हो गया—इस नामुराद शहर मुम्बई में। जब हमारा ट्रान्सफर हुआ, हम तीनों कितने खुश हुए थे कि चलो, यह मायानगरी देखेंगे। यह ज़रा-सा भी अन्देशा नहीं था कि इस मायानगरी की माया हमारे घर में घुस के हमारा ही जीना हराम कर देगी। यहाँ के बड़े-बड़े नामचीन लोगों के बीच इनका उठना-बैठना होने लगा तो मैं घर की चहारदीवारी में क़ैद हो गयी। कभी छठे-छमाही मुझे साथ ले गये तो ले गये वर्ना हर जगह अकेले ही जाते। भूल ही गये कि पिण्ड से एक कुड़ी लेकर आये हैं। उन दिनों के बारे में सोचकर ही हँफनी चढ़ जाती है।

सच तो ये है कि बिलकुल मन नहीं करता ये बातें दोहराने का। किसी से कहने का। ये टीसते हुए हादसे हैं, जिन्हें बीतना ही होता है। बीत भी जाते हैं पर अपनी खरोंच छोड़ जाते हैं। उन्हें ज़रा-सा खुरचते ही पता चलता है कि अब भी गीले हैं ज़ख़्म। ये जल्दी सूखते नहीं। इसलिए हमारे रास्ते के बीच में ये जब भी आते हैं, उन्हें अनदेखा कर हम अपना रास्ता बदल आगे बढ़ लेते हैं।

कोई भी हादसा पहले आपको सज़ा देता है, फिर सबक! मेरी सज़ा भी पूरी हुई! बड़े चाबुक लगे जी मन पर, तब जाके सबक मिला। बोलते टीस उठती है फिर भी कोशिश करती हूँ कि आपके सामने उसका बयान कर सकूँ।

उस माया की अच्छी ख़ासी काया थी। उम्रदराज़ लड़की थी। लगी इनके आगे-पीछे घूमने। लड़की तो नहीं कहना चाहिए उसे पर जब तक शादी न हो, चालीस-पैंतालीस

साल की औरतें भी लड़की ही कहलाती हैं। वो तो बाद में पता चला कि दो-दो शादियाँ की थीं उसने। दोनों सिरे ना चढ़ीं। अब इसने छोड़ा या इसके मरदों ने...वो तो रब्ब ही जाने। ख़ैर, मैंने तवज्जो न दी। सोचा, ये भी ऐसी फितूरी लड़कियों में होगी जो हैण्डसम दिखनेवाले कवियों को अपना खुदा, अपना रोल मॉडल समझने लगती हैं पर इस खुदा की बन्दी ने तो इनके जिस्म पर अपने निशान ऐसे छोड़े कि उन्हें मिटाने में मेरी जई-तई (ऐसी-की-तैसी) हो गयी...

बस, कुछ ना पूछो!

जब वह पहली बार मेरे घर आयी, मुझे तभी कहीं कुछ गड़बड़ लगा जैसे धुआँधार बारिश के पहले का धुआँसा आसमान देखने पर लगता है या जैसे सुबह-सवेरे कोई अपसगुनी सपना आपके दिल की धड़कनों को बेसुरा कर दे, या तवे पर सिंकती रोटी की फूँक निकलकर अचानक उँगलियाँ जला दे। उस दिन में कहीं कोई झोल था। मुझे वैसा ना लगा जैसा अपने शहर की कुड़ियों को देखकर लगता था जो इन पे जान छिड़कती थीं। कमरे के अन्दर वो ऐसे घुसी जैसे घर के चप्पे-चप्पे से वाकफ़ियत है। मेरे गले में अपनी बाँहें डाल दीं—बेनू, मैं मोहिनी हूँ। मैं औचक! न मैंने अपना नाम बताया, न उसका पूछा पर वो तो ऐसे मिली जैसे पता नहीं कब की पहचान है। ये थोड़ा शरमा गये फिर इन्होंने बताया कि यह टीचर है, कहीं पढ़ाती है। मैंने कहा—जी, ज़रूर पढ़ाती होगी। इन्होंने कहा—बड़ी इल्मी है। मैंने कहा तो नहीं पर सोचा—जी, ज़रूर होगी इल्मी, मुझे तो तिलस्मी नज़र आ रही है। इस इल्म से पहली ही मुलाक़ात में दहशत-सी हो रही थी। मन-ही-मन सोचूँ कि इल्म देनेवाले की एक डिग्निटी होती है, उठने-बैठने का एक सलीक़ा होता है, बात करने की तमीज़ होती है, इसमें तो ऐसा कुछ था ही नहीं। इतना बड़ा मुँह फाड़कर हँसती थी कि हमारे घरों में तो जी, मर्द भी इतना चौड़ा हँसे तो बेअदबी समझी जाती है।...और नाम था उसका—भुवनमोहिनी। फर्लांग भर लम्बा। साँवली सलोनी-सी! आँखों में काजल के लम्बे तीर-कमान काढ़े। पता नहीं क्यों मेरी नसों में झुरझुरी-सी होने लगी, मुझे तब समझ में नहीं आया था। हम बीवियाँ अपनी तीसरी आँख को हमेशा बन्द ही रखना चाहती हैं। हर परेशान करनेवाले ज़लज़ले को घर के पिछवाड़े फेंक देती हैं ताकि वो कभी दिखायी न दे। यह नहीं पता होता कि वह ज़लज़ला पिछवाड़े सिमटकर बैठे रहने के लिए नहीं आया, वह तो आपके आस-पास की हवा के ताज़े रेशों में कलौंध छोड़ता, घर का सारा सुख-चैन अपने साथ उड़ा ले जानेवाला है।

बस, यह ज़लज़ला जब-तब हमारे घर का रुख़ कर बैठे। अपने-आप ही हमारे घर-परिवार का एक हिस्सा बन गयी। बेटू को बेटू कहने लगी, बेनू को बेनू। बार-बार

बेटू को कहे—मैं तो तेरी दीदी हूँ, मुझे दीदी बुला सकते हो। बेटू ने उसकी एक न सुनी। आण्टी कहना शुरू किया, आख़ीर तक आण्टी ही कहता रहा।

एक शुक्रवार की बात है। ये ऑफ़िस से लौटे और पन्द्रह मिनट बाद मोहिनी आ गयी। कहने लगी—"कल तो छुट्टी है। आज की शाम प्रीत के नाम!" उसने 'प्रीत' जिस तरह लहककर, जिस लहज़े में कहा, मैं ताक़ती रह गयी। वहाँ भी सब इन्हें प्रीत कहते थे। लड़कियाँ भी। पर मुझे कभी अखरा नहीं। मेरे चेहरे पर एक रंग आये, एक जाये। उसने भाँप लिया। मेरी ठुड्डी पर अपना अँगूठा दबा, चिढ़ाने के अन्दाज़ में कहने लगी—"अरी मेरी बेनू, तुझे बुरा लगता है, मैं तेरे प्रीत को प्रीत कहती हूँ तो?"

ग़नीमत है, उसे नहीं पता था कि मैं इन्हें प्रीत नहीं, मन्ना कहती हूँ!

मैंने होंठों को ज़बरदस्ती खींचकर थोड़ा मुस्कराकर कहा—"नहीं, बुरा क्यो लगे भला? इनको सारे ही वहाँ प्रीत कहते थे। आपकी जो मर्ज़ी आये, सो बोलो।" अपनी ही आवाज़ परायी-सी लगी जैसे मुझे परे कर मेरे भीतर से कोई और ही बोल रहा है!

मैं रसोई में चली गयी! कमरे में लौटी और चाय-नाश्ते की ट्रे हाथ से नीचे रखी तो क्या देखती हूँ—वह बड़े प्यार से इनकी आँखों में झाँकती हुई इनके मुँह में कौर डाल रही है और ये मुँह उधर घुमा रहे हैं। मैं अचानक बुत-सी थिर गयी। मुझे देख वही हाथ मेरे मुँह की ओर बढ़ा दिया—"आ बेनू, तू भी खा! मेरी माई बहुत बढ़िया बनाती है।" खुले टिफ़िन बॉक्स में अंकुरित चने और साबुत मूँग थे! मैंने कोई जवाब नहीं दिया। उसने मुझे अपने पास खींच लिया—"अरे, तुम्हारे प्रीत को अपना टिफ़िन खिला रही थी तो क्या हो गया?" बाजू से मेरे कन्धे को घेरती बोली—"देख बेनू, यह मुम्बई है। यहाँ मर्द और औरत की दोस्ती में कोई फ़र्क़ नहीं। हम तो वैसे ही दोस्त हैं जैसे लड़की-लड़की होती है। मर्द-औरतवाली दोस्ती नहीं होती हममें।" मैं तो सुनती रह गयी। ऐसी बातें तो किसी लड़की के मुँह से पहले सुनी नहीं थी। मैं कुछ बोलूँ कि इसने प्रीत का हाथ अपने हाथ में जकड़ लिया और मेरी ओर मुख़ातिब हुई—"अब देख—मैंने इसे यहाँ छुआ और प्रीत, सच बताना, तुम्हें कुछ हुआ? नहीं न?" वह इनका हाथ अपनी दोनों हथेलियों में कसकर बैठ गयी। ये हाथ छुड़ाने के लिए थोड़ा आड़े-तिरछे हुए, पर हाथ छोड़ने के बजाय वह प्रीत की गोद में लेट गयी—"अब बोलो प्रीत, तुम्हें कुछ महसूस हुआ? नहीं न!"

अब पता नहीं इन्हें कुछ हुआ या नहीं पर मेरा तो सिर चक्कर खा गया। मैं जो आँखें फेरकर वहाँ से उठी तो दीवार से सिर जा टकराया। सिर फट गया। ख़ून

की लकीर बह निकली। मेरी उँगलियाँ माथे की चोट पर गयीं तो ख़ून से चिपचिप करने लगीं। "हाय, ख़ून।" बेटू की चीख़ सुनायी दी। इसने तब जाकर गोद छोड़ी—"ये क्या बेनू? चक्कर आ गया क्या?" बेटू ने घूरकर उसे देखा और पापा को आवाज़ दी। इनकी आवाज़ में थोड़ी खीझ थी—"ओफ़, देखके चलाकर बेनू।" दोनों ऐसे देखें जैसे देख ही नहीं रहे कुछ, जैसे परदे पर सिनेमा की रील चल रही है। बेटू भी यह तमाशा देख रहा था। पन्द्रह साल का लड़का कोई बच्चा तो होता नहीं। "देख क्या रहे हो पापा, डॉक्टर के पास ले चलो" बेटू चिल्लाया। "मैं भी चलूँ साथ!" मोहिनी ने प्रीत के कन्धे पर हाथ रखकर पूछा। बेटू की सख़्त नज़रें देखकर वह बस के अड्डे की ओर बढ़ गयी और हम पास के क्लिनिक में चले गये। चार टाँके लगे माथे पर। निशान ये रहा! अब तक है। दिल पर कितने टाँके लगे, वो किसने देखे! उसके तो निशान भी नहीं दिखते। ख़ैर।

जैसे-जैसे वह इनकी ज़िन्दगी में दाख़िल होती गयी, ऑफ़िस में इनका काम बढ़ता गया। इनको तो दफ़्तर से दो मिनट की छुट्टी नहीं। अब औरतें अपने पतियों के दफ़्तर में तो देखने जाती नहीं कि वो वहाँ बैठकर कितना ओवरटाइम कर रहे हैं।

लगता था—घर जैसे सिर्फ़ खाने और सोने के लिए आते हैं। न कोई बात, न चीत। मेरी तो दुनिया ही बदल गयी थी। बार-बार पुराने दिन याद आते। हम अपने छोटे-से शहर में कितने खुश थे। इस मायानगरी ने जान साँसत में डाल दी।

उन दिनों मेरी तबीयत बहुत ख़राब रहने लगी थी। सुबह इनको दफ़्तर जाना होता था तो मुझे तो उठना ही पड़ता था। घर में सबसे पहले मैं ही उठती हूँ। सुबह उठते ही चक्कर ऐसे आते थे जैसे झूले पे तेज़-तेज़ घुमाके किसी ने छोड़ दिया हो बिस्तर पर। उल्टियाँ शुरू हो जाती थीं। ऐसा सिर घूमता था कि बड़ी मुश्किल से मैं दोनों बाप-बेटे का टिफ़िन तैयार करती।...ये मेरा हाल देखें और ब्रीफ़केस उठाकर ऑफ़िस के लिए चल दें। पहलेवाले दिन याद आयें—एक छींक आ तो जाये मुझे—इनकी हिदायतों की फ़ेहरिस्त खुल जाती थी—बेनू, चल, अपने लिये काढ़ा बना, अपना ख़याल बिलकुल नहीं रखती तू! मेरे हाथ से इस्तरी छीन लेते, मैं प्रेस कर लेता हूँ अपनी शर्ट, तू चल। अब वही बेनू गिरते-पड़ते काम कर रही थी और ये हाथ आगे बढ़ा देते—मेरा टिफ़िन कहाँ है, देर हो रही है मुझे! इनके जाते ही जैसे कोई कटा हुआ तना ढह जाये ज़मीन पर, ऐसे गिरूँ पलँग पर! बेटू फिर कभी स्कूल जाते-जाते रुक जाता, पर ये...मुम्बई ने मेरे मनप्रीत को संगदिल बना डाला था...

दिन के वक़्त भी, मुझे आसमान पर काले बादलों का अँधेरा पसरा हुआ दिखायी देता। मेरा ब्लड प्रेशर ऊँचा रहने लग गया। सारा दिन गिरी-पड़ी रहती। थकान चढ़ी रहती।

बस, मन होता कि सोयी रहूँ। पर सारी चीज़ें ऐसा रुख़ कर लेंगी, ये तो मैंने सपने में भी नहीं सोचा था। मुझे अचानक लगने लगा जैसे अपने प्रीत की बीवी न रहकर मैंने एक नौकरानी का दर्ज़ा इख़्तियार कर लिया है जो सुबह अपने पति को नाश्ता खिलाकर, उसके लिए लंच बॉक्स तैयार कर उसे दफ़्तर विदा करती है, बेटे को खिला-पिलाकर, टिफ़िन थमाकर उसे स्कूल भेजती है, दोनों के जाने के बाद घर के काम निबटाती है। बेटू लौटता, उसे शाम को कोचिंग क्लास जाना होता। सारे दिन की धकमपेल के बाद रात को इनके लौटने का इन्तज़ार करती रहती और ये रोज़ देर से आते।

मैं लाड़ से कहती—"मन्ना, इतनी-इतनी देर तक काम?"

ये कुढ़के कहते—ये मुम्बई है, तेरा पिण्ड नहीं। इतने बड़े महानगर में रहने की क़ीमत चुकानी पड़ती है नहीं तो कोई दूसरा आपकी कुर्सी पर बैठकर आपको बेदख़ल कर देगा।

बेदख़ल तो मैं हो रही थी अपने ओहदे से। वह बेनू-बेनू करनेवाला मेरा शौहर कहाँ गुम हो गया था इस बेदम मुम्बई में। मैं गीली आँखें लेकर सुबकना शुरू करती, जवाब में इनके खर्राटे सुनती। एक तो देर से आना, ऊपर से आते ही खाना खाया और बिस्तर पर लेटे नहीं कि नाक बजनी शुरू। बिस्तर पर लेटते ही चीख़ें मार-मारकर रोने को मेरा मन होता और कलेजा हौलकर ऊपर को आता और मैं उसे थपकाकर नीचे धकेल देती। लगता—अपना रोना सुनाकर इनकी नींद क्यों ख़राब करूँ, इन्हें तो सुबह उठकर काम पर निकलना है। मेरा क्या है, सारा दिन इन चारदीवारों के बीच आराम से रहती हूँ। बाहर की जानलेवा गर्मी हो या मानसून का अन्धड़-तूफ़ान—सब तो इन्हें ही झेलना पड़ता है। अपने रोने का क्या—ये ऑफ़िस चले जायें, बेटू स्कूल, तो सारा दिन जब मर्ज़ी आये, तब रो लेना। जो बीवियाँ बाहर काम करती हैं, उन्हें तो घर-बाहर सब सँभालना पड़ता है। इन्होंने तो मुझे कभी पैसे की तंगी नहीं होने दी। पूरी तनख़ा ला के मेरी हथेली पर रखते और फिर बच्चों की तरह सौ-पचास माँगते रहते। ऐसे फ़राख दिल शौहर कितने को नसीब होते हैं भला? पर कुछ था जो बिना शिकन की चादर पर भी पिन-सा चुभ रहा था। क्या था वो—जो समझ में ही आ जाता तो निकाल न फेंकती!

पहले हमेशा ये अपनी नयी लिखी हरेक नज़्म मुझे सुनाते थे। अब सुनाना बन्द कर दिया तो मेरे ब्रश के रेशे भी सूखकर अकड़ने लगे। मैं कैनवस पर रंग सजाना ही भूल गयी। हर वक़्त जिस्म थका-टूटा और मन दुचित्ता-सा रहता। तब समझ में न आया कि मन की टूटन बाहर फूटी पड़ रही थी तो जिस पिंजर ने मन को सँभाल रखा था, उसमें भी तरेड़ें तो पड़नी ही थीं।

जो बीत गया, कैसे बीता, अब समझ में आ रहा है। उलझे हुए पज़ल्स के सारे

टूटे हुए सिरे तो अब जाकर जुड़ रहे हैं। सारे कुण्डे तो एक-एक कर अब खुल रहे हैं।

आजकल ये ऑफ़िस से जल्दी ही लौट आते हैं, नहीं तो तीन साल से तो इनके घर लौटने का कोई वक़्त ही नहीं था। कितना मन होता था कि ये जल्दी आ जाया करें दफ़्तर से, हम साथ बैठकर चाय पीयें, बेटू के साथ गले में बाँहें डालकर ये बातें करें, आख़िर इनसे लम्बाई में सिर निकालने लगा है। बेटे के पैर में बाप का जूता आने लगे तो बाप की छाती चौड़ी हो जाती है।...पर नहीं, किस मर्द ने आज तक अपनी बीवी की बात सुनी है जो ये सुनते।...

उस दिन जब ये लौटे तो रेडियो एफ़. एम. पर गाना आ रहा था–

तू ही मेरी शब है, सुबह है...

जैसे ही कमरे में अन्दर आये, यह गाना सुना, भड़क गये–"ये क्या रेडियो पर हर वक़्त ऊलंजलूल गाने सुनती रहती हो।" मैं हैरान। ये गाना कोई पहली बार तो नहीं आ रहा था। पचासों बार आता रहता है। मारे ग़ुस्से के तड़ाक से रेडियो बन्द करने की जगह मेन स्विच ही बन्द कर दिया। उसी स्विच से बेटे का पी.सी. भी लगा हुआ था। वह कुछ काम कर रहा था।

उसने अपना लिखा हुआ सेव नहीं किया था, सो भड़क गया–"पापा, ये क्या तमाशा है। मेरा आधे घण्टे का काम ईरेज़ हो गया। क्या हो गया है आपको? इस गाने से आपकी क्या दुश्मनी है?"

ये थोड़ा सकपकाये–"गाने से मेरी कोई दुश्मनी नहीं, पर ये घर है या पान की दूकान। जब देखो, तो सड़कछाप गाने बजते रहते हैं। आदमी घर आता है तो उसे शान्ति चाहिए होती है कि नहीं।"

सड़कछाप गाना? मेरे कान में इनके शब्दों की टंकार बजी। मेरी याददाश्त अभी इतनी भी कमज़ोर नहीं हुई है। मुझे याद आया–डेढ़-दो साल पहले की ही तो बात है–14 फरवरी को–जब भी वो वैलेण्टाइन डे होता है, इनके बैग में से एक गुलाबी कार्ड झाँक रहा था। उसका रंग देखकर मैंने खोल लिया कि शायद किसी प्रोग्राम का निमन्त्रण होगा। देखा तो उसमें बड़ी घुमावदार हैण्डराइटिंग में सिर्फ़ चार लाइनें लिखी थीं–

तू वक़्त मेरे लिये है, मैं हूँ तेरा लम्हा
कैसे रहेगा भला, होके तू मुझसे जुदा...

मैंने उलट-पुलटकर देखा—डॉट्स के आगे-पीछे, ऊपर-नीचे कहीं किसी का नाम नहीं। बस, ये चार लाइनें जैसे अपना पता ठिकाना ढूँढ़ती लावारिस-सी भटक रही थीं।

मेरे हाथ में जैसे ही कार्ड देखा, ये भड़क गये—"ये क्या हो रहा है? मेरे ब्रीफ़केस की तलाशी क्यों ली जा रही है?"

मैंने हँसकर कहा—"क्यों जी, ये बेनामी प्रेमिका कौन है? अपना नाम भी नहीं लिखा।"

ये थोड़ा हकलाये, फिर सँभलकर बोले—"नीचे नाम नहीं लिखा, ऊपर मेरा नाम लिखा है क्या? ये किसी ने किसी के लिए लिखा है, मुझे देने के लिए कहा है।"

मैंने फिर हँसकर पूछा—"आप प्रेमी-प्रेमिकाओं के बीच डाक डिलीवरी कब से करने लगे?"

इन्होंने मेरी आँखों में अपने लिये भरोसा और इस कार्ड को दरकिनार कर देना देख लिया और मुझे बाँहों से घेरकर बोले—"मैं तो तेरे से शादी करके मारा गया। मुझे कौन घास डालेगा भला। इस उम्र में? हँ...बोल!"

बात आयी गयी हो गयी। मैं यह भी भूल गयी कि एक बार अपने बेसुरे सुर में इसी गाने की लाइनें गुनगुना रहे थे—

"आँखें तेरी शबनमी, चेहरा तेरा आईना,
तू है उदासी भरी कोई हसीं दास्ताँ..."

कैसी अजीब बात है न! तीन साल से इनका प्रेम चल रहा था, मुझे भनक तक ना लगी। हम बीवियाँ भी जाने किस मिट्टी की बनी होती हैं। ये देर से आ रहे हैं, कोई बात नहीं जी, दफ़्तर में काम होगा। ठीक से बात नहीं करते, दफ़्तर के कामकाज के सौ सरदर्द होते हैं। बार-बार फ़ोन पर मेसेज़ आते हैं, आते होंगे। कोई मेरी तरह घर थोड़े ही बैठे रहते हैं कि न कोई सहेली, न दोस्त। ख़याल ही नहीं आया कि किसी औरत के साथ ऐसा टाँका भिड़ा हुआ होगा। अब जब वह इन्हें धक्का देकर इनके ही करोड़पति दोस्त के साथ फाइव स्टार होटलों और रिसॉर्टों में जाने लगी, तब ये शराब में गोते खाने लगे। रात को सपने में उसका नाम बड़बड़ाने लगे। बस, कुछ न पूछो कैसे दिन देखे हमने।

तौबा! क्या दिन थे वो भी! ये तो ऐसे पागल-से हो गये थे। रोज़ पीने बैठ जाते।

मैंने कहा—"अच्छी भली छोड़ दी थी शराब, अब क्या पी-पीकर जान दे दोगे?"

ये रोज़ रोने लग जाते—"मुझे रब्ब माफ़ नहीं करेगा। मैंने तेरे साथ बड़ा धोखा किया है।"

अजीब बात थी—पीना शुरू होते ही रोना शुरू हो जाता।

फिर पीना तो बन्द हो जाता पर रोना बन्द न होता।

कितना प्यार करूँ, चाव-मल्हार करूँ कि चलो, भूल जाओ, जो हो गया, जाने दो। एक नशे से उबरने के लिए दूसरे नशे का सहारा लेने लगे जो इनके लीवर को कुतरने लगा। अब ये बातें किसी से बताने की तो हैं नहीं इसलिए सबर करके बैठी हूँ। किसी से कहो तो अपनी ही चादर में पड़े सूराख दिखाओ।...

एक दिन आधी रात को मेरे पैरों को पकड़कर पहले तो ख़ूब रोये, फिर मेरे हाथों को पकड़ अपने गालों पर तड़ातड़ तमाचे जड़ने लगे।

मैंने कहा–"ये क्या पागलपन कर रहे हो जी?"

ये रोते जायें और मेरे हाथों से अपने चेहरे पर थप्पड़ लगाते जायें–"तू मुझे मार, मार। मैंने तेरे-जैसी देवी के साथ धोखा किया है। मैं तेरे लायक़ नहीं हूँ।"

बीवियाँ ऐसे ही मौक़ों पर देवियाँ नज़र आने लगती हैं, वैसे तो उनके इन्सान होने पर भी इन्हें शक होता है। जब मैं लुढ़कते-पुढ़कते भी गधी की तरह घर के कामकाज में खट रही थी तो इन्हें अपनी कमीज़ पर एक छोटा-सा दाग़ भी बर्दाश्त नहीं होता था। दुबारा धोने में डाल देते। मेरी हथेलियाँ ख़ुश्क हो जातीं पर इनकी शर्ट के दाग़ को हटाये बिना मुझे चैन न मिलता।

आख़िर सुबह से रात तक नौकरी में ये खटते जो थे। उसी वक़्त ज़रा सख़्ती बरती होती तो पता चल जाता कि नौकरी के बाद किसकी ड्यूटी बजा रहे थे। पर अब जो सिर पर बला आ पड़ी थी, उसमें गिले-शिकवे की गुंजाइश ही कहाँ थी, उसमें से पहले तो इन्हें साबुत बाहर निकालना था।

मैंने कहा–"क्या नौटंकी कर रहे हो जी। हटाओ। मैं मारूँ आपको? ऐसी पागल हूँ मैं?"

बस, ये कहना था कि इनका तो रोना और तेज़ हो गया।

"बेनू! बेनू! तू मुझे मार! मार!" मेरी हथेलियाँ पकड़कर अपने गालों पर खुद ही मारते जायें।

मैंने प्यार से इनका चेहरा हाथ में लिया और कहा–"मन्ना, आप मेरे लायक़ हो या नहीं, ये मैं तय करूँगी या आप।"

ये तो जैसे पागल हो गये। जितना मैं प्यार करूँ, जितना लाड़ करूँ, उतना रोते जायें।

–"तुझे पता है, मैं तुझे छोड़ दूसरी शादी करनेवाला था। किसी दिन वह मुझे घसीटकर बान्द्रा कोर्ट में मैरेज रजिस्ट्रार के दफ़्तर में ले जाती न तो मैं उससे शादी कर लेता।"

मैंने कहा–"दिमाग़ ख़राब हो गया है क्या? क्यों भद्दा मज़ाक़ कर रहे हो।"

ये रोते-चीख़ते अपने ही हाथों से फिर अपना चेहरा पीटने लगे।

मैंने समझाने की कोशिश की—"बेटा जवान हो रहा है, उसकी तो शर्म करो। सुनेगा तो क्या सोचेगा कि पापा पागल हो गये हैं।"

इनकी आँखें तो सावन-भादों की झड़ी हो रही थीं—"उसे भी बोल—मुझे पीटे, मुझे मारे। मैं उसका बाप कहलाने के लायक़ नहीं हूँ।"

फिर एक रात बोले—"वो ये गाना गाती थी—मेरे हाथ में तेरा हाथ हो, सारी जन्नतें मेरे साथ हों। हो जायें फ़ना। फ़ना तो उसने मुझे कर दिया।" इनका एल.पी. रिकॉर्ड चल पड़ा था—"14 फरवरी को वैलेण्टाइन डे पर उसी ने मुझे वह गुलाबी कार्ड दिया था यह लिखकर—तू वक़्त है मेरा, मैं हूँ तेरा लम्हा...! सारे फ़िल्मी गानों में से जुमले चुरा लेती थी और मैं उन जुमलों को उसकी कविता, उसका प्रेम समझता रहा। उसके सारे लन्द-फन्द ने मुझे बरबाद कर दिया।"

मैं पत्थर की मूरत बनी जहाँ थी, वहीं खड़ी रह गयी! अपने प्रेम और मेरे साथ बेवफ़ाई की कहानी मेरे ही सामने बयान कर रहे हैं। और कोई न मिला इन्हें। उस साँवली-सलोनी के लिए ये बरबाद हो गये। अपनी बीवी और इकलौते बेटे का लाड़-मल्हार भी इन्हें आबाद नहीं कर सका। बरबाद करनेवाली को खुद बाहर से उठा लाये, हमारे सिर पर बिठा दिया और अब ऐलान कर रहे हैं कि बरबादी के फटे चिथड़े को हम रफ़ू करें। हम जैसे किसी गिनती में ही नहीं आते।

मेरे तो दिमाग़ ने काम करना बन्द कर दिया था। इन्होंने ऐसी चिंघाड़ शुरू की कि अपने सारे गिले-शिकवे तो मैं भूल ही गयी।

मन्ना फूट-फूटकर रो रहे थे—"मैंने उससे कहा था—मैं अराजक आदमी हूँ, मेरे पीछे मत पड़ पर उसने मुझे नहीं ही छोड़ा। बदज़ात, कमीनी औरत! ख़तम कर दिया मुझे। खा गयी मुझे।" मैं इनकी जबान सुनकर सन्न रह गयी। किसी लड़की के लिए कभी ऐसी गालियाँ इनके मुँह से नहीं सुनी थीं। आपस में दोस्त एक-दूसरे को साला-वाला, हरामी-वरामी कह लेते थे, बस।

मैंने कहा—"आप ऐसी बातें मत करो जी!" इनका रोना और तेज़ हो गया—"तो क्या बोलूँ उसे जो कहती थी—मेरी जान, मेरे जहान! मैं अगले जनम तक इन्तज़ार नहीं कर सकती। बाद में तो बेसुध होकर मैं सब-कुछ भूल गया था बेनू कि मेरा कोई घर-संसार भी है। अगर वह कहती, चल, मेरे साथ बान्द्रा कोर्ट चल! तो मैरिज रजिस्ट्रार के पास जाकर मैं उससे शादी कर लेता।"

इनके रिकॉर्ड की सुई अटक गयी थी। बार-बार एक ही जुमला। एक ही बात। मैं उससे शादी कर लेता, शादी कर लेता। शादी न हुई भला गुड्डे-गुड्डियों का खेल हो गया। पहले इनके पास मेरे पास बैठने का, बात करने का वक़्त ही नहीं था, तो कभी-कभी मुझे ऐसा ख़याल भी आता था कि तीसरे माले से कूदकर अपनी जान दे दूँ या ज़हर गले से नीचे उतार लूँ या सामने दिखती सड़क पर आती-जाती किसी

तेज़ मोटर के सामने आकर अपने को कुचल जाने दूँ! अब इनका पीना और इनकी बकवास सुनकर मन होता था—उस बेशरम बेहया चुड़ैल को गुत्त पकड़के इनके सामने ला सुट्टूँ कि मोहिनी की बच्ची, देख, अपने मजनूँ मनप्रीत का क्या हाल कर दिया है तूने!

मन्ना जैसे कन्फेशन बॉक्स में खड़े थे—"वह पुरानी हिन्दी फ़िल्मों के गानों की लाइनें मुझे एस.एम.एस. करती, मुझे बार-बार ग़ज़लों के टुकड़े सुनाती। उसके पास हर मौक़े के लिए, हर लम्हे के लिए मौजूँ शेर थे।"

मैंने इनसे कहा तो नहीं पर मन में सोचा—"शायद हर आशिक़ के लिए भी।" अब आशिक़ तो आपस में महबूबा के भेजे हुए शेर शेयर नहीं न करते! तो हर आशिक़ समझता था कि यह उसी के लिए कहा गया एक्स्क्लुसिव—नायाब जुमला है और उस जुमले पर वह सौ जान से कुर्बान होता चला जाता!

एक दिन फिर अन्धाधुन्ध पी ली और मेरे पीछे पड़ गये—"ला, चाकू ला, चाकू ला!"

मैंने खीझकर कहा—"चाकू क्या करना है? मुझे चाकू मारोगे या अपने को?"

बस, रोते जायें, बोलते जायें—"चाकू ला! चाकू ला!"

मैंने सोचा—शायद उसे जान से मार डालने की ठान ली है।

इनको कसकर पकड़के सीधा किया—"सच-सच बताओ मुझे, चाकू क्या करना है?"

ये सुबक-सुबककर कहते हैं—"मुझे ना...मुझे अपनी सारी चमड़ी छील देनी है, जहाँ-जहाँ उसने अपने होंठ रखे थे...यहाँ, यहाँ, यहाँ, यहाँ...कहती थी—मेरे मन! मेरा तुम्हारा जनम-जनम का साथ है।...पिछले जनम का प्रेम है...हरामज़ादी...!!" और धाड़ें मारकर रोते जायें।

हाय मेरे रब्बा, मुझ पर घड़ों पानी पड़ गया। कोई लड़की किसी कवि से कभी ब्याह न करे! ये मर्द है या मोम का पुतला? वाह रे मेरे मनप्रीत भट्ट! एक लड़की ने धोखा क्या दिया, अपनी चमड़ी छीलने को तैयार हो गये। मुझे तो फ़िल्म 'हम दिल दे चुके सनम' का ऐश्वर्या राय का झूलेवाला सीन याद आ गया—जहाँ वह पगलायी-सी कहती है कि सलमान खान ने उसे यहाँ, यहाँ, यहाँ चूमा है।...पर ये कभी रोयें, कभी हँसें। हँसते जायें, रोते जायें। मैंने तो इनकी ऐसी हालत कभी देखी नहीं थी। किसी आदमी को रोते हुए देखना उसकी बीवी को कैसा लगता है, यह तो वे बीवियाँ ही समझ सकती हैं जिन्होंने अपने मरद को रोते देखा है। मरद इस तरह रोये तो औरत उसके सौ ख़ून माफ़ कर देती है। मैं और बेटू तो पहले से ही इन्हें आगाह कर रहे थे पर ये धृतराष्ट्र हुए पड़े थे। क़सूरवार कौन था?

आख़िर मुझे ग़ुस्सा आया। इन्हें ज़्यादा पीने से चढ़ गयी थी। तभी अल्लम-गल्लम बोले जा रहे थे। बस, एक ही रट! चाकू ला! चाकू ला! चाकू ला! कहते हुए भी शर्म आती है। मैंने सचमुच इनके आँसुओं से तरबतर हुए गालों पर दो थप्पड़ जड़ दिये।

ज़िन्दगी में पहली बार मैंने इन पर हाथ उठाया। तब जाकर इनका रोना रुका।

तौबा! किसी बीवी ने ऐसे दिन ना देखे होंगे जैसे इनका प्रेम का क़िस्सा ख़तम होने पर मैंने देखे। मुझे इन पर ग़ुस्सा आने की जगह तरस आता कि मेरा यह लम्बा उच्चा शहजादा उस ठिंगू-सी औरत के पीछे ऐसा दीवाना कैसे हो गया?

ख़ैर, वह रात बीती। सुबह हुई। ये सो ही रहे थे। ऑफ़िस भी नहीं गये। मैंने सोचा—चलो, रात गयी, बात गयी। अब सुबह तक नशा उतर गया होगा। भूल गये होंगे कि रात को क्या-क्या हुआ था। सुबह बेटू को स्कूल भेजकर मैं रसोई का खलेरा समेट ही रही थी कि बाथरूम से ज़ोर-ज़ोर से मेरा नाम पुकारने की इनकी आवाज़ आयी—बेनू! बेनू!! बेनू!!!

मैंने पूछा—"क्या हो गया।"

कहने लगे—"तू अन्दर आ।"

मैंने कहा—"अन्दर आके मैं क्या करूँगी। बाहर रसोई का खलेरा समेटना है। आपका डब्बा तैयार कर रही हूँ।"

वैसे तो इनके ऑफ़िस में खाना बहुत बढ़िया मिलता था पर इनकी लीवर की प्रॉब्लम के चलते मैं बग़ैर घी-तेल का, बिना मिर्च-मसाले का, घर का सादा खाना ही देती थी।

अब इनकी रोती-बिलखती आवाज़ आयी—"अरे, छड्ड परे मेरा डब्बा-शब्बा! तू ऐत्थे आ! तक्क! मैंनू कुज हो गया।"

मैं घबरायी। बाथरूम का दरवज्जा बस उढ़काया हुआ था, सिटकनी नहीं लगी थी। ठेलकर अन्दर गयी।

अन्दर नल खुला था। पानी बह रहा था—नल से भी और इनकी आँखों से भी। बहते पानी के नीचे ये पत्थर-से बैठे थे।

देखा—साबुन से बाँहें घिसते जा रहे हैं और रोते जा रहे हैं।

मुझे लगा—इन पर तो कोई बला चढ़ गयी है। दिमाग़ ख़राब हो गया है इनका।

मैंने हाथ पकड़कर बाहर खींचा—"बहुत हो गया नहाना। अब उठो।"

इन्होंने मुझे अपने पास बिठा लिया और कहने लगे—"देख, मैंने कितना साबुन लगाया पर उसके निशान हैं कि हटते ही नहीं। मुझे डॉक्टर के पास ले चल बेनू,

मुझे कोई स्किन डिसीज हो गयी है। मेरे हाथ-पैरों पर कैसे काले-काले दाग़ हो गये हैं। इन पर दवा लगानी है। मेरा रंग ख़राब हो गया है। मेरा जिस्म स्याह पड़ गया है। ये पिछले जनम का वैर निकाला है उसने।" बोलते वक़्त ऐसे फूट-फूटकर रोये, जैसे घर में कोई मौत हो गयी हो।

हे मेरे परमात्मा, क्या करूँ इनका! मेरी तो मति मारी गयी!

मैंने इनके पानी टपकते बदन पर तौलिया लपेटा और किसी तरह पोंछ-पाँछकर भीतर लायी।

नहाने के बाद ये फिर निढाल हो लेट गये। रात को लगता है, कुछ ज़्यादा ही पी ली थी।

इनके लेटने के बाद मैं सायकिएट्रिस्ट के पास गयी। हमारे घर के पास ही एक पॉली क्लिनिक था। मुझे रोते देख अपॉयण्टमेण्ट जल्दी मिल गया। जिसका नम्बर था, उसने भी मेरी गीली आँखें देखीं तो पहले मुझे अन्दर जाने दिया।

डॉक्टर ने पूछा—"क्या हुआ?" तो मेरा रोना छूट गया।

मैंने भरे गले से कहा—"मेरे हस्बैण्ड..." बाक़ी बात आँसुओं ने पूरी कर दी।

डॉक्टर ने अपनी अटकलें लगायीं—"पति मारते हैं?"

मैंने 'ना' में ज़ोर से सिर हिलाया।

"परेशान करते हैं?" डॉक्टर ने पूछा।

मैंने 'ना' में और ज़ोर से सिर हिलाया।

"अच्छा, आप पहले रो लें...अच्छी तरह।" उसने टिश्यू पेपर का बॉक्स मेरे सामने रख दिया।

रोने की ऐसी खुली इजाज़त पाकर मेरा रोना बन्द हो गया।

"मेरे वो तो बहुत अच्छे हैं। वो...एक औरत...मतलब...लड़की...मतलब शादी नहीं हुई थी उसकी...से बहुत प्यार करते थे। वह इन्हें धोखा देकर किसी और के साथ...और अब ये पागलों की तरह दिन-रात शराब में डूबे रहते हैं, चाकू-छुरी माँगते हैं, पीते हैं और रोते हैं...पीना बन्द करके भी रोना बन्द नहीं होता...मैं करूँ तो क्या करूँ?"

"अच्छा, तो पेशेण्ट आप नहीं, आपके पति हैं।" डॉक्टर ने हैरानी जतायी—"उन्हें लाइये। पेशेण्ट को देखे बग़ैर मैं दवा कैसे दे सकता हूँ?"

"कुछ भी करिये डॉक्टर! काम में इनका मन नहीं लगता। खाना बन्द कर दिया है। टिफ़िन देती हूँ, वैसे-का-वैसा वापस आ जाता है। लीवर के मरीज़ पहले से हैं। सारा-सारा दिन डकार मारते रहते हैं। शराब पी-पीकर अपनी जान दे देंगे या अपने

को कुछ कर-करा लेंगे तो हम कहाँ जायेंगे? मेरा पन्द्रह साल का बेटा है। ये रात-रात भर सोते नहीं। उसके नाम का जाप करते रहते हैं..."

जैसे-तैसे मैंने उन्हें पूरे क़िस्से का सार बताया। उसने सारी बात सुनी और कहा—"चलिये, उन्हें रात को यह दवा दे दीजिये। एक रात अच्छी नींद सो लें तो मेरे पास ले आइये।"

इनको दवा की दो टैबलेट रात को दीं तो ये एक घण्टे बाद खर्राटे मारने लगे। मैं सारी रात सोचती रही कि आख़िर इनका ऐसा हाल क्यों हो रहा है? एक औरत के चले जाने से इस क़दर बुझ गये हैं, बौरा गये हैं, पगला गये हैं! इनके आगे-पीछे तो एक-से-एक ख़ूबसूरत लड़कियाँ घूमती थीं। तब तो गाड़ी भी नहीं थी हमारे पास। मेरे सामने ही, स्कूटर की पिछली सीट पर एक-से-एक तीखे नैन-नक़्शवाली सन्दर लड़कियों को बिठाकर ले जाते। न मुझे कभी बुरा लगा, न इन्हें कोई गिल्ट हुआ। फिर इस बार इतनी तरथल्ली क्यों मच रही है? पी-पीकर अपनी सुध-बुध ही खो बैठे हैं। हमेशा बेहोश ही बने रहना चाहते हैं। इनको पटरी पर लाने में मैं अपना ग़म भूल बैठी थी...पति को लताड़ने, उसकी धोखाधड़ी पर मुँह फुलाकर बैठने का तो मौक़ा ही नहीं मिला मुझे। जी-जान से निहाल होनेवाली बीवी के रुतबे को ऐसी ठोकर लगायी इन्होंने, पर खुद ही बेदम बेजान होकर ऐसे ढहे कि इन्हें सँभालने में ही मुझे अपनी सुध-बुध भूल जाना पड़ा।

अब ज़रा सोये थे तो मुझे भी चैन मिल रहा था।

दिन चढ़ा। ये उठे ही नहीं। सोचा, चलो, थोड़ी देर और सो लें। पर ये तो दूसरे दिन चार बजे तक सोते रहे। मैं फिर घबराकर डॉक्टर के पास गयी कि इन्हें कुछ हो गया है, दवा की एक डोज क्या दी रात को कि सोये पड़े हैं। डॉक्टर ने कहा—"रात को पेट भरकर खाना नहीं खाया होगा। घबड़ाइये मत। ठीक हो जायेंगे।"

मैंने कहा—"डॉक्टर साहब, कैसी बातें करते हैं, आख़िर बीवी हूँ उनकी। घबड़ाऊँ न तो करूँ क्या? रात का सोया आदमी अगले दिन चार बजे तक सोता रहे तो घबराहट नहीं होगी? आपने पता नहीं कैसी दवा दे दी..." और मेरी तो आँसुओं की फिर से झड़ी लग गयी।

डॉक्टर मुँह पर हाथ रख पहले तो मुझ उजबक को रोते हुए एकटक देखता रहा, फिर हँसने लगा—"देखिये, जिस आदमी ने कभी कोई सेडेटिव खाया न हो, उसके लिए हलकी डोज़ भी भारी हो जाती है। आपने उनकी जो हालत बतायी थी, उसके हिसाब से उन्हें यही दवा चाहिए थी...और हो सकता है, आपको तो अब बताया हो पर महीनों से चैन की नींद सोये न हों तो इस दवा ने ऐसा असर किया...पर आप अगर रोयेंगी तो उन्हें कौन सँभालेगा?...और सुनिये, खुश रहना सीखिये। अपनी ख़ुशी की बागडोर किसी दूसरे के हाथ मत सौंपिये।"

तब तक बेटू का फ़ोन आ गया। उसकी आवाज़ में ऐसा चहक भरा ऐलान था जैसे कोई मरता हुआ आदमी जी उठा हो–"पापा उठ गये हैं, ममी! आपको पूछ रहे हैं!"

हवा की तरह उड़ती घर पहुँची। इन्होंने मुझे बड़ी भीगी नज़रों से निहारा।

कहने लगे–"बेनू, मेरा सिर बड़ा भारी हो रहा है जैसे किसी ने लोहे के बटखरे रख दिये हैं सिर पर।"

मैंने सोचा–"वह लोहार की सगी तो चली गयी, खुद तो इस्पात में ढली थी, आपके सिर पर अपना रहैंद खूँद, लोहा-लक्कड़ छोड़ गयी।"

बार-बार मुझसे पूछे–"मुझे हो क्या गया था। मैं अनाप-शनाप बोलने लग गया था क्या?"

अब मैं इन्हें क्या बताती? उस सदमे से बाहर निकल आये। मेरे लिये काफ़ी था।

अब सारे बीत गये दिन याद आते हैं।

उस दिन हमारे घर सत्यनारायण की पूजा थी। हमारे 'ये' तो बिलकुल नास्तिक हैं पर मैं तो एकादशी अमावस्या सब मानती हूँ।

एकादशी के दिन मैं चावल भी नहीं पकाती।

एक-दो बार मैंने ग़ौर किया कि ये जब भी मुझसे पूछते–"मैं मोहिनी को बुला लूँ? बेचारी अकेली है।"

मैं बेमन से कहती–"हाँ, चलो बुला लो।" मना करने की तो गुंजाइश ही नहीं होती।

उसके बाद एक बार हुआ, दो बार हुआ, तीसरी बार मैंने कहा–"जी, ये अजीब बात है। इधर आपने मुझसे पूछा कि बुला लूँ, उधर मैंने हाँ बोला और ये दस मिनट में हाज़िर। लड़की है या फायर ब्रिगेड? एमरजेन्सी में चली आती है।"

इन्होंने 'पिच्च' किया–"तू भी ना कैसी बातें करती है? अरे, कान्दिवली से मलाड है ही कितनी दूर। दस मिनट तो लगते हैं।"

मैं और खीझ गयी–"पर बन्दा हमेशा खाली बैठा रहता है क्या? अब कोई हमें बुलाये तो हम जाने से पहले दस बार सोचेंगे–जायें कि न जायें! सौ काम होते हैं घर के। ऐसा थोड़े कि कपड़े-वपड़े पहने तैयार बैठे होते हैं कि किसी ने हाँक मारी और फटाक से निकल पड़े।...आँखों में तीर-कमान काढ़के जैसा काजल लगाती है, दस मिनट तो उसमें ही लग जाते होंगे।"

ये कहने लगे—"बेनू, अब छोड़ भी। बिचारी अकेली है। माँ-भाई-भाभी, सब अपढ़ गँवार है। किसी से पढ़ने-लिखने की बात करने को तरस जाती होगी इसलिए जब बुलाता हूँ तो चली आती है।"

हाँ, उन दिनों यह ख़याल भी आता था कि मैं तो कभी काजल लगाती नहीं, ये किसकी कजरारी आँखों पर कविताएँ लिखते रहते हैं? पहाड़ की बात करें तो, हरियाली और फूल-पत्ते, बिजली और बादल की, ओस की बूँदों की बात करें तो—हर कविता की किसी-न-किसी लाइन में आँखों में काजल आँजती हुई लड़की आकर ढलान पर खड़ी हो जाये! ख़याल आता, आके फुर्र हो जाता। किसे फुर्सत पड़ी है—घर के झमेलों में इन सबको तरजीह देने की? शुक्र है कि सारे गिरे हुए फन्दे अब सलाइयों की गिरफ़्त में आने लगे हैं!

उस दिन की पूजा पर मैंने गौर किया कि बड़ी तीखी नज़र से सत्यनारायण की फ्रेम जड़ी तस्वीर को घूरकर हाथ जोड़ रही है। अब समझ में आता है कि भगवान को भी झाँसा दे रही होगी कि अपनी इस बेनू भक्तिन को अपने पास बुला लो, मैं इससे भी ज़्यादा धूमधाम से इसी घर में तुम्हारी कथा बँचवाऊँगी। पूजा में हाथ-वाथ जोड़ने और आटे की पंजीरी में कटे हुए केले का भोग लगाने के बाद शुरू हो जाता कविता-पाठ का सिलसिला।

वो घर आये और ये उसे कविताएँ सुनाने बैठ जायें। इनकी कविताओं की दीवानी थी वह। अब दीवानी तो क्या थी, उसने समझ लिया था कि इस बन्दे को अपनी मुट्ठी में करना है तो यह जो भी लिखे, जैसा भी लिखे, उसे सिर माथे ले लो। कवि लेखकों की यही तो कमज़ोरी है—दो-चार लाइनें लिखी नहीं कि वाह-वाह करने के लिए एक अदद चमचा भाड़े पे भी मिल जाये तो क्या कहने। आत्मविश्वास तो धेले का भी नहीं होता। जब तक दूसरा वाह-वाह न कर दे, अपने लिखे पे भरोसा ही नहीं जमता। और जी, वह ऐसे वाह-वाह करे जैसे ग़ालिब की ग़ज़ल पर दाद दे रही हो। बीच-बीच में कहे—"यह लाइन ज़रा फिर से पढ़कर सुनाओ।" और ये अपने ही लिखे हुए पर बाग़-बाग़ हुए जाते। एक-एक लाइन तीन-तीन बार पढ़कर सुनाते।

अब वो ख़ुद भी कुछ लिखने-विखने लगी थी। वो सुनाये तो ये उसमें इतनी काँट-छाँट करें कि काग़ज़ पे कुछ पढ़ा ही न जाये। फिर ख़ुद ही अपने हाथ से पूरा लिखकर उसे पकड़ा दें...और उसमें इतना भी सबर नहीं कि घर ले जाये। यहीं बैठे-बैठे अपनी घुमावदार राइटिंग में लिखे। उसका लिखा हर आखर ऐसे सिरे से मुड़े जैसे कोई बहते पानी में चप्पू चला रहा हो!

अब इस शेरो-शायरी करनेवाली जात का क्या बखान करूँ। अपना ही पति ऐसा निकला। इन्हें अपनी तारीफ़ में क़सीदे पढ़नेवाली एक परमानेण्ट शागिर्द चाहिए थी।

उस दिन मैंने उसके जाने के बाद कहा–"तुम्हें समझ में नहीं आता क्या कि यह सिर्फ़ तुम्हें ख़ुश करने के लिए वाह-वाह किये जा रही है।"

ये बिगड़ गये, तीखे और तल्ख़ होकर बोले–"तेरा मतलब है, मैं बकवास लिखता हूँ। तुझे समझ में न आये तो तू चुप रहा कर।"

मैंने कहा–"मुझे आपको वाह-वाह करके ख़ुश करने की ज़रूरत नहीं जी, मैं कम-से-कम आपका लिखा ध्यान से सुनती तो हूँ। आप तो अपनी कविता पढ़ने में मशग़ूल थे, वह वाह-वाह कर रही थी। आप-जैसे कवियों को ख़ुश करने के लिए कैसी वाह-वाह चाहिए, ये ऐसी औरतें ही अच्छी तरह जानती हैं।..." मेरे बोलने में पता नहीं इनको मेरे रोने और खीझने की आवाज़ आयी कि नहीं, "...उसकी आँखें मेरे हाथ की तश्तरियों में खाना झाँक रही थीं कि मैंने पकाया क्या है। खाऊ कहीं की! ऐसे ही डाइटिंग के नख़रे करती है।"

"तेरा दिल बड़ा छोटा है। आख़िर रहेगी भटिण्डे की ही!" इन्होंने कुढ़कर कहा और मेरे पिण्ड का नाम भी ग़लत बोल गये। मुझे लगा, ये थोड़े सनक गये हैं।

"मैं जैसी हूँ, ठीक हूँ, हटाओ!" मैंने गरम तवे पर ठण्डा पानी डालने की कोशिश की!

...पर ये तो ऐसा भड़के कि दूसरे दिन खाना ही नहीं खाया। चार दिन मुँह सुजाये बैठे रहे। मैंने भी तवज्जो नहीं दी। रोज का क़िस्सा है। सच और ख़रा-ख़रा बोलना मुहाल हो गया है। मेरे पुरखे तो ठेठ रावलपिण्डी के थे। वहाँ के लोग तो अपनी फ़र्राख़दिली के लिए मशहूर हैं। सच बोलना तो हमारे आँगन की मिट्टी में है। ऐसे फ़िज़ूल में भुलावे दे-देकर झूठ-मूठ की तारीफ़ें करते रहो। मुझसे नहीं होता।...

शायद इन्होंने यह बात उसे बता दी। उसके बाद तो जब भी घर आये, मुझसे ढंग से बात ही न करे। मैंने भी सोचा–छोड़ो, मुझे क्या लेना-देना। मेरे शौहर की ख़ास दोस्त है, इस वास्ते थोड़ा लिहाज़ तो करना ही पड़ता है। वो मैं करती ही थी।

फिर सुना–आजकल शहर के हर अदबी प्रोग्राम में उसे साथ ले-लेकर जाते हैं।

मुझे पता कैसे चला! बताती हूँ। एक बार लन्दन से इनका कोई दोस्त आया था। दोस्त के दोस्त ने हम सबको अपने घर खाने पर बुलाया। इसे भी बुलाया था। हमें भी।

मेरे सामने फ़ोन बजा।

इन्होंने कहा—"हाँ, मैं रास्ते से तुम्हें ले लूँगा।"

जाना था हमें गोरेगाँव। कान्दिवली से हम निकले। मलाड के रास्ते में वह खड़ी थी। दूर से ही मैंने उसे देख लिया। अपना मोटा-ताज़ा हाथ हवा में हिला रही थी! हाथ न हुआ, तिरंगा हो गया। मैं इनके साथ सामने की सीट पर बैठी थी। पीछे हमारा बेटा बैठा था। गाड़ी जैसे ही उसके पास आयी और उसने जैसे ही हम सबको देखा—सड़क पर बुत की तरह खड़ी-की-खड़ी रह गयी।

पीछे से गाड़ियों ने पीं-पीं करना शुरू किया तो इन्होंने डाँटकर कहा—"चलना है कि नहीं। बैठो जल्दी।"

मुझे बुरा लगा। इसलिए नहीं कि उससे डाँटकर बोले पर इसलिए कि डाँट ऐसी जैसे बीवी को डाँट रहे हों। ऐसी डाँट पर तो सिर्फ़ मेरा हक़ था। इनकी डाँट की आवाज़ मुझे पार करती, कार की मेरी साइड की विण्डो से उस तक पहुँची। रब्ब झूठ न बुलवाये, आँखों से ही उसने मुझे कच्चा निगल लिया। उसकी आँखें उस वक़्त उसकी ज़बान का काम कर रही थीं सो बेआवाज़ गालियाँ भी पहुँची मुझ तक। मैंने उन्हें ऐसे उड़ा-फुड़ा दिया जैसे काले बालों पर घूँ-घूँ करते मक्खी-मच्छर उड़ाते हैं। मैं अपनी सीट पर आराम से बैठी थी, कीड़े इसे काट रहे थे।

पीछे की सीट पर बेटे के पास बैठ तो वह गयी, पर मुँह उसका हप्प हो गया। ऐसा मुँह सुजाये बैठी रही कि बस।

मैंने पूछा भी—"क्यों मोहिनी, किसी से झगड़कर आयी हो?"

उसने जवाब न देकर मुँह घुमा लिया। जैसे कह रही हो—तू कौन होती है पूछनेवाली!

इन्होंने बिना पीछे देखे, गाड़ी चलाते-चलाते, मख़ौल में कहा—"ये सड़क अपने बाप की नहीं है मोहतरमा! जहाँपनाह खड़े हैं कि हम तो जब मन आयेगा, तभी चढ़ेंगे!"

वह कुछ नहीं बोली, मुँह फुलाये रही, बस, कजरारी आँखों से तीर-कमान चलते रहे। तिरछी आँखों से देखा उसने। मुझे नहीं, इनको!

वो तो अब मुझे समझ में आता है कि इनके साथवाली अगली सीट पर तो वह अपना पुश्तैनी हक़ समझे बैठी थी। उसने सोचा जैसे हमेशा साथ-साथ अगली सीट पर बैठकर जाती है, यहाँ भी जायेगी। यहाँ बीवी को देखकर तमूड़ियाँ काटने लगीं उसको। जो खुद क़बाब में हड्डी थी, वह बीवी को अपने गले में फँसा काँटा समझ रही थी।

ख़ैर जी, इसे लेकर राम-राम करते उस दोस्त के घर पहुँचे। वहाँ भी जाकर सिर-दर्द का बहाना करके उसके बेडरूम में लेट गयी, जैसे कैकेयी कोपभवन में पड़ी है।

हम दोनों इस रूठी शकुन्तला को मनाने दूसरे कमरे में गये। अपनी सूखी आँखें रूमाल से रगड़-रगड़कर लाल कर रही थी। ग़ुस्से में उसने खाना भी नहीं खाया लेकिन अकेली वापस भी नहीं गयी। जैसे मुँह फुलाये आयी थी, वैसे ही हमारे साथ लौटी। उतरते हुए न बेटू को बाय-बाय किया, न इनको दुआ सलाम। मेरे साथ तो पहले ही चौथ का चन्द्रमा थी। मैंने उसको अपने घर आने से मना जो कर दिया था।

अब मना न करती तो क्या करती? हद से ज़्यादा आगे बढ़ती जा रही थी वो। उसकी हरकतें ऐसी हो गयी थीं कि मेरे लिये उसको झेलना मुश्किल हो गया था। दोस्ती इनसे और आकर मुझे झप्फियाँ डालती फिरे–"बेनू, मनप्रीत तो तुझे बहुत प्यार करता है।" बार-बार एक ही बात–"हाय, तू कितनी क़िस्मतवाली है, तुझे 'मन' जैसा पति मिला।" बीसवीं बार जब उसने कहा तो मुँह से निकलते-निकलते रह गया कि तुझे इतना पसन्द है, तू ले जा इसे! फिर उसके जाते ही अपनी ज़बान को कोसा मैंने–बोलते हुए आगा-पीछा नहीं देखती। फिसल जाती है। कभी लगता–नज़र लगा गयी है, इन पर मैं मिर्चें वार दूँ!

मैं हाथ जोड़ती–तू मुझे बख़्श! इनके आगे-पीछे तो मैंने शुरू से ही लड़कियों को आहें भरते देखा था, कोई नयी बात तो थी नहीं। पर इनकी कोई भी दोस्त मेरे गले नहीं पड़ती थी। घर आतीं, बैठतीं, कभी पार्टी होती तो बाक़ायदा रसोई में मेरा हाथ बँटातीं। यह पहली ही थी जो आहें नहीं भरती थी, फुंकारें मारती थी जैसे मुझे उड़ाने के लिए तो बस इसकी एक फूँक ही काफ़ी है।

घर में कोई जमावड़ा होता तो सबसे पहले ये ज़रूर हाज़िर हो जाती। पथल्ला मार के ठस्स बैठ जाती। अपनी झूमती-लहराती आवाज़ में कहती–"ला बेनू, मैं सलाद काट देती हूँ।" बस, एक ही काम आता था उसे। सलाद कटवा लो, वो भी खीरा बिना छीले। जिसे मरदों की 'पत' (आबरू) उतारने की आदत पड़ी हो, उसे खीरे का छिलका उतारने का सलीक़ा आ सकता है भला! बड़े-बड़े काम आते थे जी उसे। छोटे-मोटे काम तो बीवियों के जिम्मे होते हैं न! रसोई में आती तो न रोटी बेलने का शऊर, न चाय बनाने का। एक कप चाय बनाने को बोलो तो फ्रिज से पूरा एक लीटर दूध का पतीला गैस पर चढ़ा देती। जैसे एक कप चाय में एक लीटर दूध पड़ता है! गैस फुल पर। एक दिन मुझे चक्कर आ रहे थे तो अपने लिये ही एक प्याली चाय बनाने गयी थी रसोई में। दूध के पतीले के किनारे की पूरी मलाई काली हो गयी। आख़िर उस कालिख को घिस-घिस के साफ़ तो मुझे ही करना पड़ा न!

उस दिन हमारे घर पाँच लोगों का डिनर था। इसने सब्ज़ी का डोंगा मेज़ पर रखने के लिए मेरे हाथ से लिया तो सीधा ज़मीन पर। पालक पनीर की मेन डिश तो फ़र्श

को खिला दी। हाय रब्बा! सुबह से लगी हुई थी इसमें। एक ही साइज़ के पनीर के टुकड़े काटे। सुनहरे रंग में एकसार तले। दस बार पालक धोया। कहीं किरकिरी न आ जाये। मक्खन-जैसा पीसा। मसाले भूने। पड़ोस तक ख़ुशबू जा रही थी और अब सारे किये-कराये पर इसने पलक झपकते पानी फेर दिया। मेरा तो ख़ून खौल गया पर मैं ज़ब्त कर गयी। ये ज़ब्त करना तो लड़कियाँ शादी होते ही सीख जाती हैं। गिराया उसने, पोंछा हाथ में लेकर पोंछने बैठी मैं। अन्दर-अन्दर कुढ़-कुढ़कर दिमाग़ की नसें फूल रही थीं और होंठों को मुस्कुराना पड़ रहा था।

ये कहने लगे–'मैं होटल से मँगा लेता हूँ, पालक पनीर की दो प्लेटें।''

एक पालक पनीर की प्लेट साठ रुपये। यानी एक सौ बीस रुपये। पेड़ पर उगते हैं इतने पैसे?

मैंने खीझकर कहा–''कोई ज़रूरत नहीं जी, आज एक सब्जी से काम चलाओ।''

इनके यार दोस्त भी इनकी तरह सीधे साईं। कहने लगे–''भरजाई जी, कोई लोड़ नईं बजारों मँगवाण दी। हमें तो कढ़ी चावल ही बस हैं।''

डोंगा गिराने की माफ़ी माँगना तो दूर, अपनी बड़ी उँगली को हेलीकॉप्टर की तरह उड़ाकर चहककर इनसे कहती है–''मनप्रीत, मैं लड़का होती तो तुम्हारी बीवी को उड़ा ले जाती, इतनी सब्ज़ी ज़मीन पर गिर गयी, पर शिकन नहीं आयी इसके चेहरे पर।''

ये भी हँस-हँसकर शान से बोले–''ऐसे ही थोड़े इतने सालों से निभ रही है।''

मुझे बड़ा बुरा लगा। मेरे साथ इसलिए निभ रही है कि मेरे पैर चाहे सोटी हो जायें, मेहमानों के सामने होंठ मुस्कुराते रहते हैं।

दिल की नसों पर जितनी भी शिकन आये, चेहरे पर शिकन की मज़ाल है, कोई लकीर दिख जाये। बस, इतनी ही सिफ़त है मेरी? सुबह से चार घण्टे कभी दायीं, कभी बायीं टाँग पे खड़े रहकर मैंने हाय-हाय करते खाना बनाया था और इनको मसख़री सूझ रही थी। जले पर नमक छिड़कने का इससे बेहतर नमूना कोई बता दे भला!

मेरी आँखों में पानी तिर आया पर देखनेवाला कौन था वहाँ। बेटू रसोई में पानी के गिलास भर रहा था। एक वही है जो मेरे बिन बोले भी मेरे दिल की बात समझ लेता है। पापा की बेरुख़ी उसे भी दिखती थी पर आख़िर तो बच्चा ठहरा! क्या करता, क्या कहता!

हाँ, और एक दिन–क्या हुआ, मैंने इनकी पतलून वॉशिंग मशीन से निकाली तो हाथ में कुछ चुभा। मैंने सोचा कोई पिन या सुई होगी। देखा तो किसी औरत के कान

के छोटे-से झुमके थे जैसे लोकल ट्रेन में दस-दस रुपये में मिलते हैं। मैं सोचती रह गयी। यह इनकी जेब में कैसे आया।

शाम को ये हमेशा की तरह देर से लौटे तो मैंने कहा—"आजकल क्या चक्कर चल रहा है?"

ये सकपकाये। बोले—"हुआ क्या?"

मैंने झुमका दिखाया—"ये क्या है?"

ये बोले—"ले, अब मुझे क्या पता! कहाँ से मिला यह?"

मैंने कहा—"बेवकूफ़ मत समझो मुझे। और कहाँ से मिलता? आपकी जेब से मिला। कहीं वो आपकी माही का तो नहीं!"

इन्होंने मुझे एकदम बाँहों में ले लिया और सीधे बिस्तर पर ले गये। इतना लाड़ किया, इतना चूमा-चाटा "अरी पगलेट। तेरे जैसी को छोड़कर मैं उस बटखरी से इश्क़ लड़ाऊँगा...इक्क दुहत्थड़ देगी तो पुट्ठा ही जाऊँगा!"

और आप सच मानो, मैं मूरख की जात। इनके लाड़-प्यार ने ऐसा भरमाया कि फिर उसका ख़याल ही उड़न छू हो गया। हम औरतें भी सच्ची, कैसी उल्लू की पट्ठी होती हैं। अपने जीने के लिए जो सोचना-समझना अपने ख़िलाफ़ जाता है, उसे ठण्डे बस्ते में डाल देती हैं। आख़िर घर-गृहस्थी के जंजाल, बच्चों की पढ़ाई-लिखाई, उनकी परवरिश इतनी मोहलत ही नहीं देती कि पतियों की जासूसी करें।

एक बार शक ज़रूर हुआ था जब कानपुर से इनके दोस्त देविन्दर जी आये।

कहने लगे—"भरजाई जी, यह क्या सुन रहा हूँ, अपना मन्ना एक भय्यन के पीछे मतवाला हो रहा है।"

मैं हँस दी। मुझे लगा—लोग भी कहाँ दूर-दूर की कौड़ी खोज लाते हैं। कहाँ वो और कहाँ ये!

देविन्दर ने आँखें मटकाकर कहा—"भरजाई जी, जे दिल आया खोत्ती ते, ते परी क्या चीज़ है।" वाक़ई हम औरतें अपने घर, अपनी दीवारों को लेकर इतनी निश्चिन्त होती हैं कि इस शक को भी घर के कूड़े-कचरे के साथ घर के पिछवाड़े फेंक आती हैं। कई बार शक के कीड़े ने डंक मारा। हर बार उन्हें चिमटे से उठाकर खिड़की से बाहर फेंक आती थी मैं।

एक बार यह अचानक रात को लटपटाते हुए बोल पड़े—"तू अब तक कहाँ थी, माही जान!"

अँय...मैं चौंकी। शादी के इतने सालों में ऐसे अल्फ़ाज़ इन्होंने कभी नहीं बोले थे। फिर यही जुमला दुबारा बोला। मुझे खटका तो हुआ पर सोचा—थोड़ी पी रखी है, खाना भी ठीक से नहीं खाया तो चढ़ गयी होगी। मुझे लगा मेरा मन्ना उस झल्ली के पीछे क्या पड़ेगा!

सच तो ये है कि हम औरतें जिन्हें बेडौल और बदसूरत समझती हैं, उनके जिस्म के लटके-झटके ही हमारे मरदों को लुभाते हैं। उन्हें वो अदाएँ आती हैं जो घरेलू औरतें कभी दिखा नहीं पातीं।

बीस साल पहले की एक बात याद आयी। मेरी तब नयी-नयी शादी हुई थी। अपने ससुराल में मैंने देखा—गुलाबी-सी रंगत लिये दुबली-पतली मेरी बुआ सास! आवाज़ इतनी मीठी कि मुँह से शहद झरे पर बेचारी अकेली बैठी सारा दिन सुखमनी साहब पढ़ें या रंगीन कपड़ों के कटपीस जोड़-जोड़कर बड़ी सुन्दर-सुन्दर कथरियाँ सिला करें। उनके पति खरखरी-सी आवाज़वाली एक गोल-मटोल औरत के पीछे दीवाने। बुआ सास आठ-आठ आँसू रोतीं और पानी पी-पीके उस औरत को कोसतीं।

एक दिन मैंने अपनी सास से पूछा—"बेबे जी, अपनी भैण जी तो इतनी भली हैं, ख़ूबसूरत हैं, कितनी मीठी आवाज़ है, फिर फूफा जी इनके पास क्यों नहीं रहते?"

मेरी सास मुझे गहरी नज़रों से देखतीं उसाँसें भरकर बोलीं—"हनेरे विच खपसूरती ते मिट्ठी अवाज़ नईं दिसदी बल्लिए, जोश चाहिदा एणा मरदाँ नूँ। जनानी होवे थोड़ी मरदानी ते खपसूरती भरे पानी!" (अँधेरे में मीठी आवाज़ और ख़ूबसूरती नहीं दिखती, बच्ची! जोश चाहिए इन मरदों को। औरत हो थोड़ी मर्दानी तो ख़ूबसूरती भरे पानी!) तब मुझे उनकी बात समझ में न आती—ये क्या बात हुई बेबे जी? मैं कहती तो वे हँसकर हिन्दी में बोलतीं—"सुन री बेनू भट्ट, जितनी खपसूरत औरत, उतनी उसकी क़िस्मत फट्ट।"

फिर मुझे समझातीं—"देख पुत्तर, सारा क़िस्मत का खेल है। तेरे फूफा जी ने जब नवीं कोठी ख़रीदी तो उसके काग़ज़ों पर दस्तखत कर व्वो मूँछों पे ताव देते आये, तेरी बुआ से बोले—'अब तो तू हवेली की मालकिन है, अब किसी की धौंस न सहना।' तेरी बुआ की बड़ी जेठानी ज़बरजंग थी, हमेशा छोटी पर रुआब गाँठती थी। अपने देवर से अपनी छोटी बहन का रिश्ता करवाना चाहती थी कि देवर भी उसके कब्ज़े में रहे। वो हुआ नहीं तो तेरी बुआ से सौतिया डाह कर बैठी। अब उसने इस हर वक़्त तमाखू फाँकती, घाट-घाट का पानी पीती एक छमकछल्लो को देवर के पीछे लगा दिया। थोड़े दिन तो देवर जी अपने तेवर दिखाते रहे पर मर्द की जात औरत के मामले में हमेशा से कमज़ोर रही है। सही-ग़लत, ऊँच-नीच कुछ नहीं पहचानते ये मरद! आँखें मटकानेवाली और पल्ला गिरानेवाली औरत इनके सामने आ जाये, इनकी अक्कल घुटनों में आ जाती है। पहले तो हवेली की बड़ी साज़-सँभाल की, बर्मा

टीक की नवीं-नवीं कुर्सियाँ, अलमारियाँ लाये, फिर दीवारों की बेक़द्री करने लगे—कभी खाने की थाली उठा मारी दीवार पर, कभी हुक्का। शरबत कम ठण्डा है, दे मारा दीवार पर। वही हाल तेरी बुआ का किया। अपनी करनी को सही ठहराने वास्ते तेरी बुआ पे हर वक़्त मुक्के ताने रहते। बुआ ने फिर खैहड़ा ही छड्ड दित्ता—जा साईं, जित्थे ख़ुशी मिले, तू जा। जितनी पुरानी हवेली, उतनी पुरानी बुआ। जितने ठोक-पीटके निशान हवेली की दीवारों पर, उतने बुआ के जिस्म पर। दीवारों ने भी कभी शिकायत की है कि उन पर कोई ज़ुल्म हो रहा है। बुआ भी हवेली की एक दीवार बनके रह गयीं। परलोक सुधारने में रात-दिन एक करने लगीं।"

...तब उमर भी कम थी। पूरी बात समझ में कहाँ आती थी। धीरे-धीरे समझ में आने लगा कि आदमी का ख़ूबसूरती और वफ़ादारी से पेट नहीं भरता।...मर्द जात को अपना लट्टू बनाने के लिए प्यार-व्यार, निष्ठा-विष्ठा और समर्पण नहीं, किसी और चीज़ की दरकार होती है—पहले मोहना और रिझाना, फिर पहलक़दमी और बेहयाई। और ये कलाएँ इस भुवनमोहिनी में भरपूर थीं। नाम भी माँ-बाप ने पूरा कर्मकाण्ड जाँचकर रखा था।

अब भुवनमोहिनी ने इनकी देखा-देखी कविताएँ भी लिखना शुरू कर दिया—माही प्रीत के नाम से। तब जाकर समझ में आया—तो ये थी माही जान!

मैंने पहले तो नाम पर एतराज़ किया—"इसने भुवनमोहिनी का माही क्यों कर दिया?"

ये कुढ़कर बोले—"फ़ोन लगा दूँ उसको, पूछ ले!"

मैंने कहा—"पर ये आपका नाम क्यों लगाती है अपने नाम के पीछे?"

इन्होंने मुँह बिचका दिया—"तू भी न, रहेगी वही, जट्टनी! अरे, प्रेम-प्रीत, इश्क़-मुहब्बत पर मेरा पुश्तैनी हक़ है? ये लफ़्ज़ मेरी जागीर हैं?"

सुनकर मेरा रोआँ-रोआँ झुलस गया पर मैंने अपने को सँभालकर कहा—"हज़ारों पन्नों की डिक्शनरियाँ भरी पड़ी हैं, कोई और तख़ल्लुस नहीं ले सकती थी?"

ख़ैर जी, मेरी क्या औक़ात इन लिखने-पढ़नेवालों के बीच बोलने की!

अपने को ख़ुदा से एक सीढ़ी उपर ही समझते हैं ये लिक्खाड़। अब यह भी उस जमात में शामिल हो गयी।

तो जी, माही प्रीत के नाम से उसकी कविताएँ छपने लग गयीं। लिख-लिखकर इन्हें पकड़ा दे। अजीब-अजीब-सी कविताएँ थीं। एक लाइन याद रह गयी मुझे, ऐसा ही कुछ कहती थी—"मैं जब नहाती हूँ, तुम बहुत याद आते हो।" आप ही बताओ, ये

भी कोई कविता हुई? अरे, नहाते समय बन्दा बनियान-चड्ढी ले जाना भूल जाये, तौलिया-साबुन भूल जाये तो वो याद आता है, ये नहाते समय मेरे शौहर को क्यों याद करती है भला?

मैंने सोचा—अगली बार मिली तो पूछूँगी—"नहाते वक़्त ही तुझे कविता क्यों सूझती है...? कभी समन्दर किनारे ढलते सूरज की लाली देख, कभी शाम के वक़्त पंछियों को झुण्ड में इकट्ठे होकर चहचहाते हुए घर लौटते देख। कभी चिड़ियों को अपना घोंसला बनाते देख।" मैंने बनायी थी न एक तस्वीर, जिसमें एक चिड़िया घोंसले में तिनका पिरो रही है और उसका चिड़ा चोंच में तिनका लिये उड़ता हुआ आ रहा है। पर ये घोंसलों के तिनके बिखेरनेवाली औरत, बनते घोंसले देखकर इसकी आँखों को ठण्डक कहाँ पहुँचनी थी। मन तो किया, उससे पूछूँ कि तुझे पता है, तू कर क्या रही है। दीवारों में नये दरवाज़े नहीं बनते। लेकिन अब समझ में आता है—ये मेरी ग़लती थी। मुझे ही पता नहीं था। उसे तो अच्छी तरह पता था—वो क्या कर रही है! उससे तो क्या कहना था, मैंने इनसे कहा—"सुनो जी, बुरा न मानना, पर ये आपकी माही प्रीत कैसी कविताएँ लिखती है! आप-जैसी कविताएँ क्यों नहीं लिखती कि जब ज़िन्दगी में कोई आकर कुहुकता है तो समन्दर का खारा जल भी शीरा हो जाता है, पेड़ों की शाखों पर..."

इन्होंने बीच में टोका—"बस-बस, देख बेनू, मुझ पर तो तेरा असर है। तेरे जैसी पेण्टर बीवी मिली तो क़ुदरत की ख़ूबसूरती तो मुझे ही नज़र आयेगी न!" इन्होंने दीवारों पर टँगी मेरी पेण्टिंग्स की तरफ़ उँगली उठा दी—"अच्छा, तूने बहुत दिनों से पेण्टिंग नहीं की। जा बेनो, ज़रा कुछ काम-वाम कर, तेरा दिमाग़ आजकल बहुत इधर-उधर भटकता है।"

दिमाग़ तो मेरा सुन्न हो रहा था, भटकता कहाँ। दिल को चीरती एक लकीर-सी उठी। शादी के बाद इन्होंने मेरी बनायी भरवाँ भिण्डी और करेलों की तारीफ़ में मेरी उँगलियों को इतना अपने होंठों से लगाया कि मेरी उँगलियाँ ब्रश और कलर बोर्ड भूलकर कड़छी और पोनी में रम गयीं। कितना अच्छा लगता था, जब मैं हाथ में तश्तरी लेकर रंगों से खेलती थी—रुई के फाहे से बादल मेरे सामने मेरी उँगलियों की पोरों पर होते, कभी नीला साफ़ पानी, कभी हरे-भरे दरख़्त, पहाड़ों पर उड़ते पक्षी, फूलों पर ओस-सी गिरती, झरती बारिश की बूँदें...मैं तो अपने मन्ना की नज़्मों और अपने रंगों की ख़ूबसूरत वादियों में टहल रही थी कि किसी ने मुझे उठाकर खुरदुरी ज़मीन पर पटक दिया था। इस मुम्बई ने हमें किस आबोहवा में झोंक दिया था।

अब नयी-नयी पैदा हुई उस कवयित्री के कारनामें सुनो।

एक बार वह स्टेज़ पर से अपनी कविता सुना रही थी। मैं भी सुननेवालों में थी। कविता का 'क' भी उसे आता नहीं था। कहना क्या चाह रही है, पता ही न चले। कभी शब्द दायें भाग रहे हैं, कभी बायें। आँखें भी उसी अन्दाज़ में कभी दायें जायें, कभी बायें। कविता में कभी रेडियो बज रहा है तो कभी ग्रामोफ़ोन। कहीं हिन्दी फ़िल्मों के गानों के टुकड़े चिपकाये हुए, और कहीं-कहीं तो इनकी कविताओं से लाइनें-की-लाइनें उड़ायी हुईं।

वह होंठों से कविता सुना रही थी और नशे से पनीली आँखें पुरानी फ़िल्मों की नायिका देविका रानी की तरह 'बन की चिड़िया' बनकर बन-बन डोल रही थीं—एक लाइन पर दायीं ओर गर्दन मटकाये, दूसरी लाइन पर बायीं ओर—जिसे ये कवि अपने लिए प्रेम का ख़ुमार समझ बैठते हैं। मेरे पीछे बैठे एक बन्दे ने तो कह भी दिया—"हिन्दुस्तान की सबसे मशहूर-ओ-मारूफ शायरा, तू एक ही काम कर! बस, अपनी कविता ही सुना! आँखें और गरदन हम मटका लेंगे।"

प्रोग्राम ख़त्म हुआ तो इन्होंने बेटू से कहा—"ममी को घर ले जा। मैं थोड़ी देर में पहुँचता हूँ।"

बस, ये अपने तीन दोस्तों और एक माही प्रीत के साथ अपनी गाड़ी में बैठ गये। ये गाड़ी चला रहे थे। अब उसे तीन जवान-जहान आदमियों के बीच कैसे सैण्डविच करें तो वह ठाठ से अगली सीट पर बैठी। मैं और बेटू ऑटो रिक्शा पर चढ़े तो उसने आगे की सीट पर बैठकर तिरछी निगाह मुझ पर ऐसे डाली, जैसे अपनी जीत का ऐलान कर रही हो।

उस रात, बारह बजे फ़ोन की घण्टी बजी। "इतनी रात गये कौन था?" मेरे पूछने पर उस वक़्त कुछ नहीं बताया इन्होंने। "ऐवेंई कोई पी-वी के नम्बर घुमा बैठा"—इन्होंने कहा और मैंने सच मान लिया।

अब जाकर बताया कि उस रात मोहिनी की कोई सखी-सजनी बोल रही थी। कह रही थी—"माही तुमसे बहुत प्यार करती है, उससे शादी कर लो, तुम्हारे बिना वो रह नहीं सकती। वो कवि कलाकार ही क्या, जो दो शादियाँ न करे। आख़िर मर्द दो-दो शादियाँ करते ही हैं न!" ख़ुद वो शादीशुदा थी। अपने पति के साथ-साथ एक प्रेमी पाल रखा था।

क्या ज़माना आ गया है सच्ची! मर्द जात तो एक बीवी के साथ-साथ दो-चार सखी-सहेलियाँ रखने के लिए पहले से बदनाम थी, पर आजकल की औरतों को भी ऐसी आख़र आयी हुई है कि चार कविताएँ लिखती हैं और चालीस को रिझाती फिरती

हैं। नहीं, सबकी बात नहीं करती मैं। पर आख़िर यह जमात हमारी बिरादरी में दाख़िल हो ही गयी है—पूरे ठसके के साथ! क्या कर लोगे जी आप?

उसके दस दिन बाद ही करवाचौथ आया। हमेशा की तरह मैंने करवाचौथ का व्रत रखा। हर साल करवाचौथ के दिन मैं सुबह ही रात का खाना बनाकर रख दिया करती थी। सारा दिन निर्जला व्रत रखकर औरत शाम तक निढाल हो जाती है। मेरी अठारह साल की शादीशुदा ज़िन्दगी में यह पहली बार हुआ कि करवाचौथ के दिन ये घर न आये। मैं फ़ोन करती जाऊँ। पहले तो उठायें ही न। फिर उठाया तो आवाज़ में अजीब-सी खीझ—"आज ऑफ़िस में बड़ा काम है। बार-बार घण्टी मार-मारके तंग कर डाला है तूने!"

मैं रुआँसी हो गयी, मरी-सी आवाज़ में कहा—"जी, आज करवाचौथ है।"

कहने लगे—"ओ...हो, मैं तो भूल ही गया था। तो आज खा ले खाना। मेरे बग़ैर खा लेगी तो पाप नहीं चढ़ेगा तुझे!"

उस दिन मेरा निर्जला टूटा ही नहीं। तोड़ने से पहले ही जी मिचलाने लगा। सूखे हलक़ से कुछ भी न निकला। मुँह में निवाला डालने का मन ही न किया। बिना खोले ही डोंगे फ्रिज़ में रख दिये। इनका रास्ता तकते-तकते रात के साढ़े बारह बज गये। बेटू ने कॉम्प्लान डालकर दूध पी लिया। कहने लगा—मुझे भी भूख नहीं। ये लौटे तो मुँह से अजीब-सी बू आ रही थी। जूते के तस्मे पूरे खोले बिना ही बिस्तर पर लुढ़क गये और लगे नाक बजाने। मैं जूते-मोज़े उतारते, आँखों से गंगा-जमुना बहाते, गौरजा माता से मनाती रही कि हे माता राणी, मुझे आज के दिन ही मौत दे दे। पर जिस औरत का पति नहीं सुनता, उसकी कोई माता-वाता भी नहीं सुनती।

करवाचौथ के दिन पापा के वक़्त पर घर न आने से बेटू को बड़ा गुस्सा आया।

अगले शनीचर को, सुबह की सैर से, इनके घर लौटने आने से पहले माही घर आकर जैसे ही मेरे गले में बाँहें डालने को आगे बढ़ी, बेटू उठा और उसकी फैली हुई बाँह को पहले हटाया और फिर कसकर पकड़के उसे घर से निकाल दिया—"आण्टी, मेहरबानी करके आप मेरे घर न आयें। ममी को परेशान मत करिये। पापा से काम है। बाहर मिलिये।"

वह हक्की-बक्की रह गयी। बोली कुछ नहीं। बस, कच्चा चबा जानेवाली आँखों से देखती रही, फिर पीठ घुमाकर ऐसे निकली, जैसे इस बेक़द्री की आदत पड़ी हो।

उस दिन, पहली बार बाप-बेटे में जमकर झगड़ा हुआ—"बेटू को इतनी भी तहज़ीब नहीं कि घर आये मेहमान को बिठाये, उलटे उसे बाहर निकालकर उसकी बेइज़्ज़ती कर दी।" जब इन्होंने उस पर तड़ाक से हाथ जमा दिया तो मुझसे चुप नहीं रहा गया।

मैंने कहा—"देखो जी, बेइज़्ज़ती उसकी होती है जिसकी कोई इज़्ज़त हो। आपने कभी मना किया उसे आने से? आती है आपसे मिलने, झप्फियाँ मुझे डालती फिरती है। मैं उसकी सखी-सहेली नहीं हूँ। और बेटू पर उसके लिए आपने हाथ उठाया, जो हमारे यहाँ पच्चीस बार खाना खा चुकी है, पर कभी जो बेटू के लिए एक चॉकलेट लेकर लायी हो! खाली हाथ में झोला लटकाये आ जाती है—टिफ़िन में कल्ले फूटे साबुत मूँग लेकर। उसके साबुत मूँग खा-खाकर हम दोनों माँ-बेटे की आत्मा तृप्त हो गयी। अब आपको ही मुबारक़ हो उसकी यह डिश।"...

दूसरी बीवी के रोल में आने में उसने ज़रा भी वक़्त बरबाद नहीं किया। हर पाँच-दस मिनट में एक एस.एम.एस.। ऑफ़िस जाने में दस मिनट देर हो जाये तो मिस्ड कॉल का अम्बार लगा देती। हारकर ये हाँ-हूँ-हँ-हाँ-ठीक है—ओ.के.! बस इतना ही कहते और आख़िरी लाइन मुझे फुसलाने के लिए कि मैं अपने ऑफ़िस बात कर रहा हूँ, कहते—"बस, अभी दस मिनट में पहुँच रहा हूँ, आप फाइल रख दीजिये।" या फिर "आय विल टॉक टू यू लेटर!" मुझे शक तो इनकी हाँ-हूँ से ही हो जाता था। कभी मन भी हुआ कि कह दूँ कितनी भी अरबी-फ़ारसी बोल लो, मुझे क्या। कह तो देती थी पर जैसे कहके अपने को ही समझाती थी। इस बार ही ऐसा क्यों लग रहा है। क्यों कलेजा चिरता है! पहले भी तो इतनी सहेलियाँ आयीं-गयीं, कभी मैंने अपने पैर तले की ज़मीन नहीं खोयी। इस बार ऐसा क्यों लगता था, जैसे मुझे कुछ होनेवाला है। लगे, जैसे हाथ-पैरों में से जान निकल गयी है। हाथ-पैर ऐसे ठण्डे-ठार और माथा भट्टी-सा तपे।...

मेरी आबो-हवा बदलने, दो दिन के लिए ये मुझे और बेटू को लोनावला घुमाने ले गये। वहाँ भी इससे पीछा नहीं छूटा। मार एस.एम.एस. पर एस.एम.एस.। मेरा मन होता—इनके मोबाइल को उठाकर खिड़की से बाहर फेंक दूँ। कहीं चैन नहीं था। न शहर से बाहर, न शहर के अन्दर। रात के ग्यारह बजे मिस्ड कॉल आयें। ये कहें, दफ़्तर ने जीना मुश्किल कर रखा है। मुझे कुछ समझ न आये—यह रात-बिरात दफ़्तर क्यों हमारे बीच आ जाता है। ख़ैर जी, बीत गयी जो बीतनी थी।

अपनी तबीयत को सँभालकर ज़रा-सा दुपहर को आँख लगे तो अनजानी-अनसुनी आवाज़ों के फ़ोन-पर-फ़ोन—"पता है, आपके 'उन' का माही के साथ चक्कर है।"

''पता है, वो फलाने गेस्ट हाउस के कमरे में हैं।'' ''आपका पति उसके साथ झवेरी बाज़ार में ज्वेलरी की दूकान में है! आपको पता है?'' फ़ोन करनेवाली आवाज़ को तो मैं झिड़क देती—''हाँ, मुझे सब पता है भाईसाब! मेरे घर की फ़िकर करने की ज़रूरत नहीं। मेरा पति है, मैं ख़ुद सँभालूँगी। आप अपने-अपने घर सँभालो।'' पर अन्दर खलबली तो मच जाती थी—एटेन 25 मिलिग्राम से 50 और फिर 75 खानी पड़ती। मुझे क्या मालूम, कौन लोग फ़ोन करते थे, क्यों करते थे। फ़ोन के मारे मैं परेशान हो गयी थी। घर मेरा, पति मेरा। दुनिया-जहान को मेरी चिन्ता सता रही थी। बेटू ने फ़ोन पर कॉलर आई. डी. लगवा दिया तो पता चला हर बार नम्बर पी.सी.ओ. का होता था। ऐसे लोग अपने घर के नम्बर से तो फ़ोन नहीं ही करेंगे न।

मत पूछो कि मैंने वो दिन कैसे गुज़ारे।...और उन दिनों से गुज़रकर यह सब देखने के लिए ज़िन्दा भी रह गयी जिसके बारे में मैंने सपने में भी कभी नहीं सोचा था।

आप सोचते होंगे, मैंने इन्हें माफ़ क्यों कर दिया। दरअसल ग़लती मेरी भी थी। मैं अपने ख़ेमे में घुसपैठ करते दुश्मन की शिनाख़्त नहीं कर पायी। मैंने कभी किसी बात पर कोई सवाल ही खड़ा न किया। बस, जब-तब वो उठे और हमारे घर चली आये। ये तो अब समझ में आता है कि ये उसे बुलाते थे, तभी तो वो आती थी। आये ऐसे, जैसे उनसे नहीं, मुझसे मिलने चली आयी है। आते ही पहले मेरे गले लगे। मुझे उसका ऐसे गलबँहियाँ डालना खटकता भी था पर कोई चारा नहीं था। सहेली इनकी थी और मैं मना करती तो मुझे कूढ़मगज़, शक्की दिमाग़ की बीवी क़रार दिया जाता। आख़िर मैं करती तो क्या करती!

लेकिन एक काँटा दिल में ज़रूर गड़ता है कि हम बीवियाँ हमेशा दूसरी औरत को बुरा-भला कहती रहती हैं, अपना आदमी हमें बड़ा सुच्चा-सुथरा लगता है। वो सात ख़ून करके आये तो भी मुझ-जैसी बीवियाँ उसे माफ़ करने को तैयार बैठी होती हैं। अब क्या पता कि इस मेरे मनप्रीत ने कितनी सखी-सहेलियों को स्कूटर पर घुमा-घुमाकर कितने सब्ज़बाग़ दिखाये होंगे और फिर जब जी भर गया तो उन्हें दूध में पड़ी मक्खी-सा निकाल फेंका।

मर्द ख़ुद औरतों को छलता रहे, उसका पुश्तैनी हक़ है पर कोई औरत उसे बेवकूफ़ बना जाये, यह उससे बर्दाश्त नहीं होता। इन्हें प्रेम के छूट जाने का दंश शायद उतना नहीं था, जितना छोड़ दिये जाने का। जिसको जीतने की आदत हो, इस तरह पटखनी खाकर हार जाना उसके गले नहीं उतरता। मर्दों की तो आदत होती है—एक को पकड़ा, दूसरी को छोड़ा या फिर दो नावों पर सवार होकर साथ-साथ दोनों को झाँसा दिया। इस खेल पर तो मर्दों की बपौती थी पर जब उसी खेल में एक ऐसी

औरत बाज़ी मार ले गयी जिसने पूरे शहर को अपना कोठा बना रखा था तो चाकू से अपनी चमड़ी छीलने पर उतारू हो गये। आगे जो हुआ, वो तो मैं पहले ही बता चुकी!

रब्ब बचाये ऐसी मोहिनियों से! आपको पता ही नहीं चलेगा कब 'मोहिनी' से 'माही' बनके आपकी वाही-तबाही करके ये जा, वो जा!

आख्यान : तीन

क़त्लगाह यानी माटी कहे कुम्हार से...

सुबह की सैर पर निकलने से पहले इस कसाईबाड़े को पार करना ही पड़ता था जहाँ जाली के एक बड़े-से पिंजरे में मुर्ग़ियों का जत्था ठुँसा-मुसा अधमरा-सा पड़ा रहता था। जैसे ही पिंजरे का दरवाज़ा खुलता और एक हाथ एक गर्दन को मचोड़ता हुआ बाहर खींचता, सभी मुर्ग़ियों के पर फड़फड़ाने लगते और मुर्ग़ियों की आवाज़ घायल चिड़ियों की चीं-चीं में तब्दील हो जाती। मनप्रीत उस ओर देखना नहीं चाहता था। ऐसी डरी हुई चिंचियाती आवाज़ें सुबह-सवेरे उसके मुँह का ज़ायका बिगाड़ देतीं। वह तब कसाई की दूकान से आगे तेज़ी से क़दम बढ़ाता और मेन रोड से होते हुए उस पार्क में दाख़िल हो जाता जहाँ क़तार-की-क़तार इतने रंगों के फूल थे कि उन रंगों को मिलाकर कई इन्द्रधनुष तैयार किये जा सकते थे। इतने सुनहरे-रुपहले, पीले-नारंगी, लाल-गुलाबी रंगों के बीच जब उसका पहला फ़ोन अपनी प्रेमिका माही का नम्बर मिलाता तो उस ओर से रंगों में झूमती-लहराती बल खाती मोहक आवाज़ कानों में गूँजती—गुडमॉर्निंग मनप्रीत! मनप्रीत के कानों से तैरता हुआ मादक खुमार उसके ज़ेहन तक पहुँचता और रात की बेहोशी, चौकन्नी सुबह को भी धुँधला करने लगती। यों मनप्रीत का पहला प्रेम नहीं था यह। पहला तो बेनू से था जिससे उसने शादी की और जो अब हर बीस साल पुरानी बीवी की तरह, बीवी कम और माँ का रोल ज़्यादा निभाने लगी थी। खाने-पीने और दवा-दारू से लेकर उसके रूमाल और मोज़ों तक का हिसाब-किताब उसने रखना शुरू कर दिया था। ऐसी बीवी को लड़ियाने और बाँहों में भरने का ख़याल साथ छोड़ चुका था। ऐसे में भुवनमोहिनी मदमाती बयार की तरह मनप्रीत के जीवन में दाख़िल हुई। उसका एक नज़र देख भर लेना और अपनी भरी आवाज़ में पूछना—"कैसे हो? कहाँ हो?" मनप्रीत को धराशायी करने के लिए काफ़ी था। लेकिन प्रेम को धीरे-धीरे पींगे बढ़ाने का मौक़ा

ही नहीं मिला। प्रेम मनप्रीत की ज़िन्दगी में चौकड़ियाँ भरते हुए आया और एक के बाद एक घटनाक्रम को फलाँगता, ऐसे कूदता-फाँदता निकल गया कि वह अपने को खाई में गिरने से रोक नहीं पाया।

प्रेम के मामले में मनप्रीत भट्ट शुरू से खुशक़िस्मत रहा था। वह खुद भी कम दिलफेंक आदमी नहीं था। कोई लड़की आकर गले पड़ ही जाये तो उसे गले से लिपटाने में अपना क्या जाता है! एक से पल्ला छूटता नहीं कि दूसरी अपनी कविताएँ लेकर हाज़िर हो जाती। कविता लिखकर थोड़ी-सी शोहरत हासिल करने का यह बड़ा फ़ायदा है। दायें-बायें, जिधर नज़र डालो—लड़कियाँ-ही-लड़कियाँ। भुवनमोहिनी उस लिहाज़ से लड़की नहीं थी और मनप्रीत भट्ट से दो-चार साल बड़ी ही होगी, फिर शक्ल-सूरत भी ऐसी नहीं कि कोई दुबारा घूमकर देखे। सो मनप्रीत के आगे-पीछे डोलती रही, मनप्रीत अनदेखा करता रहा। अब घर चूँकि पन्द्रह मिनट के फ़ासले पर था, हर साहित्यिक प्रोग्राम में साथ लग लेती। एक परायी औरत का साथ चलना किस आदमी को अखरता है। चले। फिर उसने बिला नागा फ़ोन शुरू कर दिये। ठीक है, आवाज़ थोड़ी ऐयाश क़िस्म की—मरदाना थी—पर रूमानी लोच लिये, जैसे दो-एक पेग चढ़ाकर आयी है। मनप्रीत ने सोचा—बात करने में अपना क्या जाता है! तब यह नहीं सोचा था कि यह विषबेल उसकी गर्दन को इस क़दर जकड़ लेगी कि साँस लेना दूभर हो जायेगा।

एक दिन चार दोस्तों के बीच मोहिनी अकेली साथ हो ली। वहाँ ह्विस्की के कुछ घूँट भी भर लिये। सब अपनी-अपनी राह चल दिये तो ऐसे डगमगाने लगी कि मनप्रीत को उसे सहारा देना ही पड़ा। कसकर उसने मनप्रीत की कलाई थाम ली और अपने प्रेम की घोषणा कर दी—"मन! मेरे मन! तुम रहो अपनी बेनू के पास पर मैं तुमसे बहुत प्यार करती हूँ। सच, तुम्हारी बेनू बहुत अच्छी है। मैं उसके हक़ पर डाका नहीं डाल रही पर मैं अपने मन का क्या करूँ कि वह तुम्हारे मन से एकमेक हो गया है।"

बोलते-बोलते वह मनप्रीत की बाँह का सहारा लिये सड़क पर झूमती रही। नशे के बहाने से सब-कुछ बोल गयी जिसे बोलने का मौक़ा बहुत दिनों से ढूँढ़ रही थी। मनप्रीत को अपना नया नामकरण 'मन' भा गया और नामकरण से भी ज़्यादा उसे उच्चारने का मोहिनी का मादक अन्दाज़—'मन्न।' लगता जैसे आँखों की मादकता ज़बान का पल्ला थाम रही हो!

महीने भर बाद मनप्रीत ने बताया कि अपनी कम्पनी की एक ट्रेनिंग के सिलसिले में उसे नागपुर जाना पड़ रहा है। सोमवार से बुधवार तक तीन दिन वह नागपुर में रहेगा।

मोहिनी ने लम्बी साँसें भरकर कहा—"यानी तीन दिन तुम्हारी आवाज़ भी सुनने को नहीं मिलेगी?"

मनप्रीत ने कहा—"क्यों, रोज़ शाम को वहाँ से फ़ोन तो कर ही सकता हूँ।"

मोहिनी ने पूछा—"अपने यार-दोस्तों के साथ पीने नहीं बैठोगे?"

"कैसे यार-दोस्त?" मनप्रीत ने टोका—"अपनी कम्पनी से तो मैं अकेला ही जा रहा हूँ। बाक़ी लोगों से कोई जान-पहचान थोड़े ही है।"

मोहिनी ने कहा—"चलो मन, तुम जा रहे हो तो मैं भी पूना के उरलीकाँचन हो आती हूँ। कब से ड्यू है! वज़न बढ़ता जा रहा है। कम करना है!"

शनिवार को दोनों मिले और एक-दूसरे से विदा ली।

सोमवार की दोपहर जब मनप्रीत नागपुर के हवाई अड्डे पर उतरा तो मोहिनी हवाई अड्डे की दर्शक दीर्घा में हाथ में फूलों का गुलदस्ता लिये मनप्रीत के स्वागत के लिए खड़ी थी।

मनप्रीत जैसे आसमान से गिरा—"तुम और यहाँ?"

"तीन दिन कैसे रहती वहाँ?" मोहिनी ने आँखों में आँखों के रास्ते प्रवेश किया, सवाल के जवाब में सवाल किया और वहीं ठिठक गयी—"तुम्हारे बिना!"

"आयी कैसे?" मनप्रीत अपनी हैरानी सँभाल नहीं पा रहा था।

"हवा के झोंकों पे सवार होकर!" सूरजमुखी के खिले हुए नारंगी फूलों का गुलदस्ता थमाने मोहिनी मनप्रीत के क़रीब सरक आयी, "तत्काल से टिकट निकाली, बस, गाड़ी पकड़ ली।"

मनप्रीत दो क़दम पीछे हटा—यह बला तो गले ही पड़ गयी। इस अवान्तर स्थिति के बारे में तो सोचा ही नहीं था।

"यहाँ रहने का कहीं ठौर-ठिकाना है?" मनप्रीत ने व्यावहारिक होते हुए कहा।

"मेरे रहने के लिए तो तुम्हारी आँखें ही काफ़ी हैं, मन!" मूरत बनी मोहिनी, आँखों में ही थिर हो चली।

गुलदस्ता हाथ में लेकर मनप्रीत सहज होने की कोशिश में लगा।

"चलो!" मनप्रीत ने कुटिल मुस्कुराहट के साथ कहा, और सोचा—क्या फ़र्क़ पड़ता है, इस तरह मर मिटी है तो इसे हाथ से जाने क्यों दिया जाये! इस ऐयाश क़िस्म को आजमाया जाये!

टैक्सी में बैठते ही परफ़्यूम की तीखी गन्ध हवा के झोंके के साथ गुज़री तो मनप्रीत को गुज़री एक शाम की बात याद आयी। एक बार मोहिनी जैसे ही पास बैठी, पसीने की ज़बरदस्त गन्ध का भभका मनप्रीत के नथुनों से दिमाग़ तक जा पहुँचा। मनप्रीत

के मुँह से निकला–उफ़्! पसीने की कैसी ज़बरदस्त बदबू आ रही है। बस ट्रेन में बहुत धक्के खाकर आ रही हो क्या?...मोहिनी ने फ़ौरन कन्धे भींचे और गर्दन अन्दर की ओर खींचकर बोली–पसीने की गन्ध? और ठहाका लगा दिया–मुझे तो कभी पसीना आता ही नहीं! मनप्रीत को ब्रेक लगा–अरे, तुम इन्सान नहीं हो क्या, पसीना तो हर एक को आता ही है! उसने हँसकर बात बदल दी–पर आजकल ड्योडरेण्ट ख़ूब मिलते हैं–किसी भी कॉस्मेटिक की मामूली दूकान से लेकर केमिस्ट तक में। अब इस देसी परफ़्यूम की तीखी गन्ध ने मुहर लगा दी कि वह पूरी तैयारी के साथ सूरजमुखी का गुलदस्ता लिये इस नगर में पधारी है।

मिस्टर भट्ट के नाम से बुक किये गये मनप्रीत के कमरे में मिसेज़ भट्ट का नाम जोड़ दिया गया। मोहिनी वहाँ टिक गयी और फिर नागपुर, नागपुर न रहा, नागिनपुर हो गया। कमरे के बाहर झमाझम बारिश होती रही और कमरे के अन्दर राग देह मल्हार बजता रहा। ऐसा ज्वार-भाटा उमड़ा कि मनप्रीत की सारी अराजकता उसमें तार-तार होकर बह गयी। उस बेडौल देह के सारे ढीले सिरे लुप्त हो गये और तराशे हुए अंग निखरकर सामने आ गये। उन तीन रातों ने बेनू के साथ मनाये हनीमून की पन्द्रह रातों को पीछे छोड़ दिया। तीन रातों के ये डंक, अपने सियाह निशान, मनप्रीत के जिस्म पर ऐसे छोड़ेंगे कि उसका जीना मुहाल हो जायेगा, यह मनप्रीत को भी तब कहाँ मालूम था। वह कहाँ जानता था कि वह मोहिनी की शतरंज की बिसात का मोहरा बन चुका है जिसमें मात खा जाना उसकी फ़ितरत है!

"मेरे मन–मेरे प्राण, मेरा-तुम्हारा प्रेम तो गंगा-जमुना का संगम है।" "मन और माही–जैसे हीर और राँझा, शीरीं और फ़रहाद, लैला और मजनूँ..." "मेरी देह पर बलात्कार हुआ है पर मेरे होंठ अब तक कुँवारे हैं!"–ये जुमले जिन्हें, दस साल पहले भुवनमोहिनी ने अपने पति नम्बर दो–शीलभद्र चौबे–की 'समिधा' बनकर शीलभद्र से कहा था, यहाँ भी दोहराये गये। तब हवाई प्यार का मारा, शीलभद्र बेचारा, पहली बार किसी स्त्री देह के नज़दीक आया था और इतने गरिष्ठ जुमलों को पचाने का उसका हाजमा कमज़ोर था, पर यहाँ खाया-पिया अघाया मनप्रीत ढाबे के नये क़िस्म के व्यंजन चख रहा था और उसकी स्वादेन्द्रिय सभी स्वादों का छककर आनन्द लेना चाहती थी।

वहाँ ये जुमले रिश्ता टूटने का सबब बने थे, यहाँ जुड़ने का बन गये।

नागपुर से जो सिलसिला शुरू हुआ कि मुम्बई भी हर वीक एण्ड पर 'नागपुर' बनने लगा। शेर की दाढ़ में ख़ून का स्वाद लग चुका था। अब वह आसानी से छूटनेवाला नहीं था।

दफ़्तर की ओर से मनप्रीत को जिस शहर में ट्रेनिंग के लिए भेजा जाता, मनप्रीत से पहले मोहिनी का सूटकेस रेडी हो जाता पर हर शहर को तो नागपुर बनाया नहीं जा सकता था।

अगली बार मनप्रीत को गौहाटी जाना पड़ा। इधर बेटू को टायफायड हो गया। बेटू को सँभालने के लिए बेनू काफ़ी थी पर मनप्रीत का ध्यान घर की ओर अटका था। एअरपोर्ट पर हवाई जहाज़ के लैण्ड करने और एक्ज़िट से बाहर निकलने के बाद, दर्शकदीर्घा की ओर देखते हुए मनप्रीत को धुकधुकी होने लगती—इस सिरफिरी लड़की का क्या भरोसा—दो दिन पहले ट्रेन पकड़ ले और फूलों का गुलदस्ता लिये स्वागत में खड़ी मिले! यह अलग बात थी कि उसकी आँखें अब हर एअरपोर्ट पर फूलों का गुलदस्ता तलाशने की अभ्यस्त हो गयी थीं।

गौहाटी पहुँचते ही उसने बेनू को फ़ोन लगाया कि बेटू के बारे में जान ले—उसका बुख़ार कुछ उतरा कि नहीं। बेनू से वह बात कर ही रहा था कि इधर मोबाइल पर वेटिंग कॉल का एलर्ट जगमग करने लगा। "चलो, फिर बात करता हूँ"—कहकर उसने बेनू को अचानक लाइन से रुख़सत किया और मोहिनी की ओर मुड़ा—"कहीं एक्सीडेण्ट हो गया क्या, क्यों फ़ोन-पर-फ़ोन किये जा रही हो?" सवाल के जवाब में फ़ोन के स्पीकर का रुख़ रेडियो की ओर था—जहाँ एक पुराना गीत बज रहा था—"ऐ चाँद, जहाँ वो जायें, तू साथ चले जाना, कैसे हैं, कहाँ हैं वो, हर रात ख़बर लाना... ।"

मनप्रीत खीझ गया। जैसे ही मोहिनी की आवाज़ सुनायी दी, वह दहाड़ उठा—"रात को साढ़े ग्यारह बजे यह गाना सुनाने के लिए फ़ोन-पे-फ़ोन किये जा रही हो?"

मोहिनी ने अपने मोहक अन्दाज़ में कहा—"जो मैं नहीं कह पायी, वह बात यह गाना तुम तक पहुँचा रहा है, मन!"

मनप्रीत और ज़ोर से बोला—"सुबह के पावर पॉएण्ट प्रेज़ेण्टेशन के लिए मुझे तैयारी करनी है और तुम इस वक़्त पुरानी फ़िल्मों के गाने सुनाकर मुझे परेशान कर रही हो!"

अब मोहिनी के स्वर में धमक थी—"अच्छा, तो मैं जनाब को परेशान कर रही हूँ? गौहाटी में पहले से कोई मौजूद है इसलिए मुझे ले जाने से क़तरा रहे थे। ठीक है, रहो अपनी गौहाटी बाला के पास। खुदा हाफ़िज़।"

मनप्रीत ने सिर पीट लिया। रेफ़ तो लगाना ही नहीं आता इसे—न ख़ बोलना आता है, न फ़ और न ज़। बावज़ूद में रेफ़ लगाकर बोलेगी और ज़िन्दगी से रेफ़ को खींचकर अपनी काँख में दबा लेगी।

किसी तरह गौहाटी का सेमिनार निबटाकर मुम्बई पहुँचा तो दोनों मोहतरमाओं ने मुँह फुला रखा था।

बेनू ने गुस्से से कहा—"अच्छी रस्मअदायगी की, बेटू का बुख़ार जानने के लिए फ़ोन किया और जब तक मैं पूरा बताऊँ, लाइन ही काट दी! चक्कर क्या है?"

इधर मोहिनी अलग उत्तर-दक्षिण देखती रही—"सच-सच बताना मनप्रीत भट्ट, कितने शहरों में कितनी प्रेमिकाएँ पाल रखी हैं?"

मनप्रीत रुआँसा हो गया। अब समझ में आया, इसीलिए बड़े बुजुर्गों ने बीच मँझधार दो नावों पर सवार होने के ख़तरों से आगाह किया है।

विपरीत दिशा में जाती दो औरतों को लाइन पर लाने में मनप्रीत के सिर से उड़ते बालों की लाइन और चौड़ी होती चली गयी।

कभी मोहिनी सुबह-सुबह फ़ोन करती—"सच बताना मन!" उसका नशीला स्वर फ़ोन के चोगे को चीरकर उसके कान की लवों को दहका देता—"तुम कल रात को बेनू के पास गये थे न? मैंने सपने में देखा।" अब सपने वह ज़रूरत से ज़्यादा देखने लगी थी। जो बातें सीधे न कह पाती, सपनों के बहाने से पूछ बैठती।

मनप्रीत कहता—"माही, तुम अपने और मेरे बीच में बेनू को क्यों ले आती हो बार-बार?"

अब मोहिनी अक्सर कहती—"क्या करूँ मन! मैं तुम्हें अब किसी और के साथ बाँट नहीं सकती। बाँटना चाहती भी नहीं—चाहे वह तुम्हारी बीवी ही क्यों न हो। मन प्रीत और माही प्रीत। माही प्रीत और मन प्रीत। बस, हम दोनों के बीच में कोई तीसरा नहीं आना चाहिए। तुम्हारी बेनू भी नहीं।" फिर वह सीधी आँखों में धँस जाती—"ऐसा नहीं हो सकता मन कि हम एक छोटी-सी कुटिया छवा लें जहाँ बस मैं रहूँ और तुम! तुम और मैं! हम शादी क्यों नहीं कर लेते मन? ऐसा कब तक चलेगा बोलो! एक दिन चलो बान्द्रा कोर्ट चलते हैं...चलोगे न?" और बस, शादी की ऐसी मानसिक तैयारी के बाद कुछ पलों में ही मुम्बई को नागपुर में तब्दील कर देना आसान हो जाता!

आम तौर पर प्रेम आँखों के रास्ते शुरू होकर देह में नीचे उतरता है पर यह प्रेम तो उलटे रास्ते चढ़ा था और उसे सावन का अन्धा बना रहा था। मनप्रीत को पूरा भुवन मोहिनीमय नज़र आ रहा था। अब मनप्रीत जब भी मोहिनी को देखता तो उसकी आँखों में क़ैद होकर रह जाता। इस प्रेम के बिना उसका निस्तार नहीं था। मोहिनी उर्फ माही की 'प्रेम' से अँटी खूँखार नज़रों को देखते हुए मनप्रीत को भी अक्सर लगता कि इस 'प्रेम' की तो क़िस्म ही अनोखी है। इस तरह का हिंसक प्रेम तो कभी बेनू ने किया ही नहीं। कभी-कभी मनप्रीत महसूस करता कि वह इस प्रेम से हाँफने लगा है पर उसे इस फ़ाहश 'प्रेम' की लत लग गयी थी।

अब मोहिनी बेनू से और ज़्यादा प्रेम से बात करती ताकि घर आने-जाने का रास्ता भी खुला रहे। पर भीतर तो कुढ़न पल ही रही थी कि बीस सालों से इस खायी अघायी

बीवी को सिर्फ़ घुमौरी खाकर चक्कर ही आते हैं, कुछ हो क्यों नहीं जाता! हो जाये तो उसकी लाइन क्लियर हो। बेटू का क्या है, उसे हॉस्टल में डाल देंगे, पढ़ लेगा, वहीं पल भी जायेगा। मोहिनी तो कटी पतंग की डोर लोकने को मुस्तैद खड़ी थी, पर डोर बेटू के मज़बूत हाथों में थी और बेटू था कि उसको पापा की यह दोस्त, फूटी आँखों नहीं सुहाती थी। घर के दरवाज़े पर मज़बूत साँकल चढ़ाकर बेटू अपनी ममी के लिए सुरक्षा-कवच बन गया।

कई बार बड़े जो चीज़ें समझ भी नहीं पाते, बच्चे भाँप लेते हैं।

करवाचौथ के दिन मनप्रीत अपनी माही के साथ मढ आइलैण्ड के एक सस्ते पब के ऊपर बने कमरे में बैठा चौथ के चाँद को निहार रहा था और बेनू अपने पति की पन्द्रह साल पुरानी तस्वीर सामने रख गीली आँखों से छाननी के पार धुँधलाया चाँद देख रही थी।

एक दिन ज़िद करके मोहिनी मनप्रीत को अपना घर दिखाने ले गयी। घर क्या था, बस, पैर फैला सकने लायक़ एक लम्बा-सा कमरा था जिसमें चार आदमी सो सकें। एक कमरा किराये पर क्यों नहीं ले लेती? मोहिनी भी जब तब मनप्रीत को कहती—"मन! और कुछ नहीं, बस, एक कमरा चाहिए जहाँ मैं इत्मीनान से बैठकर लिख-पढ़ सकूँ।" और, मनप्रीत ने सचमुच वडाला से लेकर सायन कोलीवाड़ा तक में किराये के कमरे देखने शुरू कर दिये। दो हज़ार महीने पर रमाबाई चॉल में एक कमरा तय भी कर लिया जिसमें मोहिनी ट्यूशन लिया करेगी तो घर की माली हालत भी सुधरेगी और एक्स्ट्रा आमदनी भी होगी। मनप्रीत की सरकारी नौकरी की तो इतनी हैसियत थी नहीं कि दो-दो परिवार पाल सकता। हाँ, मोहिनी अपना कमाती-धमाती तो मनप्रीत ताउम्र उसके हिंसक प्रेम को बख़ुशी झेल ले जाता! पर ट्यूशन किसे लेनी थी! मोहिनी ने जिस इरादे से 'कमरा चाहिए' का राग अलापा था, वह द्रुत तान पर समाप्त हो गया।

मोहिनी की माया—मनप्रीत समझ ही न पाया।

उनका 'नागपुर' गेस्ट हाउस के कमरों में ही फलता-फूलता रहा।

मनप्रीत तो मुम्बई महानगर में नागपुर का भी लुत्फ़ उठाने में मशगूल था। उसे नहीं मालूम था वह नागपुर में क़ैद होकर रह गया है जबकि मोहिनी मुम्बई से पूरे भारत की परिक्रमा करने की योजना में दिन-रात लगी हुई है।

इधर कानपुर के एक डी.आई.जी. से मोहिनी की पहचान हो गयी। उसने एक सम्मेलन में बुलाया। वहाँ से ख़ूब चहक-चहककर फ़ोन करती रही। सम्मेलन में उसका सिक्का जम गया था तो परम प्रसन्न थी पर जिस दिन वहाँ से चलना था,

उस दिन सारा दिन फ़ोन कर-करके बताती रही—अभी ट्रेन फ़लाने स्टेशन पहुँची है, अभी फ़लाने प्लेटफ़ॉर्म पर मैं चाय पी रही हूँ। मनप्रीत सुनता रहा। दिन में पन्द्रह बार फ़ोन आये और हर बार एक ह्वीलर का, बटाटा वड़ा का, पानी की बोतल का, चायवाले का आँखों देखा विवरण। मनप्रीत को खटका हुआ—आँखों देखा हाल कुछ कह रहा है और बैकग्राउण्ड का ध्वनिविहीन विवरण कुछ और।

अगले दिन वह सीधे मोहिनी के घर ही पहुँच गया। देखा तो बैग पर एअरलाइन्स का टैग लगा था। उससे कुछ बोलते न बना—जैसे मोहिनी की नहीं, अपनी ही चोरी पकड़ी गयी हो।

मनप्रीत ने कहा—"तुम्हारे बैग पर यह टैग...?"

"अरे व्वो...व्वो तो भाई दिल्ली से आया था। मेरा बैग ले गया था।"

भाई की टूटी हुई हवाई चप्पल और बग़ल से सीवन उधड़े कुरते पर नज़र डालकर मनप्रीत मन मसोसकर चुप हो रहा।

सच का सामना करने की ताक़त नहीं थी उसमें, इसलिए उसे नज़रअन्दाज़ करना चाहता था।

मनप्रीत को समझ में नहीं आया कि सम्मेलन की सारी बिरादरी जब रेलगाड़ी से लौटी तो इस मोहिनी को डी.आई.जी. ने हवाईयात्रा का टिकट क्यों दिया! और टिकट दिया तो दिया, रेलयात्रा के एक दिन का काल्पनिक प्रसारण सुनाकर उस हवाईयात्रा को ढकने-छिपाने की ज़रूरत क्यों पड़ी? कुछ तो है जिसकी पर्दादारी है—सवाल सामने डटकर खड़ा था पर जवाब मनप्रीत के हक़ में नहीं जाता था।

सोचा—इस बाबत ज़्यादा पूछताछ की तो कहीं मुम्बई में नागपुर पनपना बन्द न हो जाये! मनप्रीत ने इस ब्यौरे पर ही राख डाल दी, बेशक भीतर-ही-भीतर वह धुँधुआता रहा। मोहिनी की माया मोहिनी ही जाने।

अब माया तो चंचल है। वह एक जगह टिककर कहाँ रहती है सो अपने मायावी रूप दिखाने शुरू कर दिये। मनप्रीत के एक पुराने बुज़ुर्ग कवि मित्र गोपाल जी उसके घर पधार रहे थे—दो दिन के लिए।

मोहिनी को बताया तो उसकी आँखों में एक ग़ज़ब की चमक कौंधी—"अरे वाह! सूरत के गोपाल जी आ रहे हैं। मैं तो उनका साक्षात्कार लूँगी।"

मनप्रीत ने कहा—"ज़रूर लेना। पर एक बात याद रखना, नाम बड़े हैं पर दरशन छोटे! आदमी ठीक नहीं है! जन्मजात लम्पट है, इससे बचकर रहना।"

मनप्रीत ने तो आगाह किया। आगाह करने में मोहिनी को सम्भावनाएँ दिखायी देने लगीं।

मनप्रीत के पास तो सिर्फ़ मारुति वैन थी—वो भी बिसूरती हुई, यहाँ तो चमचमाती सिल्वर ग्रे रंग की मारुति ज़ेन और होण्डा सिटी गाड़ी के साथ-साथ, आगे लॉन और पीछे आँगनवाला, ग्राउण्ड प्लस वन का करोड़ों का बँगला भी था। मनप्रीत

की बेनू को तो सिर्फ़ घुमौरियों के बाद चक्कर आते थे, यहाँ गोपाल जी की गोपालन तो हाई ब्लडप्रेशर के साथ-साथ दिल की पुरानी मरीज़ भी थीं तो यहाँ मोहिनी के 'कमरा चाहिए' आवेदन में स्थायी नियुक्ति की सम्भावनाएँ ज़्यादा थीं।

सबसे पहले तो गोपाल दम्पति को, उसाँसें भर-भरकर, अपना छोटा-सा बसेरा दिखाने ले गयी। बिरला ही होगा, उस बसेरे को देखकर, जिसकी आँखें नम न हों, सो गोपाल दम्पति पसीज गये। उन्हें कहाँ मालूम था कि इस बसेरे को देखकर दो दर्जन लोग पहले ही पसीज चुके हैं।

बेचारी भुवनमोहिनी। भुवन को मोह ले, पर अपने रहने का ठौर-ठिकाना नहीं। श्रेष्ठ कुल की मेधावी कन्या और घर में पढ़ने-लिखने की एक मेज़ तक रखने की जगह नहीं। अब मेधा को तराशने के लिए दूसरों के घरों में ठौर न तलाशे तो और करे क्या!

बस, दो महीने बीते और पता चला कि दो महीनों में पाँच बार सूरत हो आयी।

वहाँ भी "कमरा चाहिए" पुराण दोहराया गया। गोपाल जी अपनी फ़ितरत कैसे छोड़ते! अपने नक़ली दाँतों की जोड़ी को दबाकर, लहक-लहककर, मुँह से कम और नाक से ज़्यादा, बोले—"कमराँ? अरे भँइयाँ, यहाँ तों कोंठी खाँली पँड़ी हैं। जब चाँहो, आँओ। जितने दिन चाँहो, रँहो। हम दों हैं, तींन हों जायेंगे। बढ़ियाँ रहेंगा।"

गोपाल जी की गोपालन अड़ गयीं—"अपने नाती-पोते आते हैं, क्या देखेंगे, एक कुँवारी कन्या यहाँ डेरा जमाये पड़ी है।" गोपालन ने मना तो कर दिया पर इसका अंजाम वो भुगतना पड़ा कि दो बार नर्वस ब्रेक डाउन से अस्पताल में भरती हो गयीं और गोपाल जी ने अपनी पचास साल पुरानी पत्नी को देखने अस्पताल जाने से इनकार कर दिया।

मोहिनी और गोपाल जी—दोनों एक-दूसरे का साक्षात्कार करते इगतपुरी घूम आये। दोनों ने मिलकर सोचा—शायद ऊपर बसेरा करनेवाले लड्डू गोपाल मदद करें और इन सत्तरवर्षीय गोपालन को अपने पास बुलाकर इन दोनों को हरी झण्डी दिखा दें। पर ऊपर इन बुढ़ौती के गोपालों की 'मोहिनियों' की लम्बी क़तार के कारण ट्रैफिक जाम था, सो दो-दो नर्वस ब्रेक डाउन के बावज़ूद अस्पताल प्रवास के बाद गोपालन अपनी पदवी पर लौट आयी। कौन जाने, इन 'मोहिनियों' के बोझ से रसातल को जाती धरती को बचाने के लिए ऊपरवाले गोपाल जी रेडलाइट का स्थायी सिग्नल हटाते ही नहीं और गोपालनें आपातकालीन द्वार तक पहुँचकर भी अपने-अपने 'बसेरों' को 'भूत या भूतनी का डेरा' बनने से बचाने के लिए लौट-लौट आतीं।

गोपालन को ख़बर मिल चुकी थी कि इस मोहिनी ने पता नहीं कितनों के नाम के सिन्दूर से अपनी माँग भरी, कितनों के लिए करवाचौथ के व्रत रखे, कितने

मंगलसूत्र इसकी दराज़ में पड़े हैं, कितनों के चरणों पर अपना माथा टिकाकर आँखों से गंगा-जमुना बहा चुकी है—बस, इसलिए कि अपने दड़बे से विदा लेकर होण्डा सिटी गाड़ी में बैठकर लम्बी ड्राइव पर जाये और फिर बँगले के सामने बने लॉन के बीचोंबीच, हरसिंगार के पेड़ को हिला-हिलाकर, झरते फूलों के नीचे बाल खोलकर, दोनों हाथ लहराकर गाना गाये—'पंछी बनूँ, उड़ती फिरूँ... ।''

अब तक गोपालन पर सारे ज़ुल्म-ओ-सितम ढाते हुए भी गोपाल जी उसके साथ दोपहर का खाना खाते रहे थे। लेकिन अब उनके साथ चाय पीनी भी बन्द कर दी। गोपाल जी बँगले के निचले हिस्से में रहते, गोपालन ऊपर के कमरे में टँगी रहतीं। यार-दोस्त आते तो गोपालन शो-पीस की तरह सामने लाकर खड़ी कर दी जातीं! दोस्तों के लिए बोन चाइना के कप-प्लेट में जब गोपालन चाय-नमकीन सर्व करतीं तो गोपाल जी की इज़्ज़त में इज़ाफ़ा हो जाता। दोस्तों के रुख़सत होते ही गोपालन वापस अपने कमरे में पार्सल हो जातीं। पर गोपालन अपनी छोटी-सी स्पेस को बचाने की ख़ातिर अपने फ़ैसले पर अटल रहीं और 'कमरा चाहिए' के गुब्बारे की हवा निकल गयी। आख़िर गोपालन ने मोहिनी के घर आने पर रोक लगा दी तो मोहिनी की फुंकारों से गोपाल जी के बँगले का आसमान थर्रा उठा। गोपाल जी ने गोपालन का जीना हराम कर दिया और उसकें अन्तिम क्रिया-कर्म का बेसब्री से इन्तज़ार करने लगे।

औरतें फिर सख़्तजान औरतें होती हैं। जीती चली जाती हैं।

सूरत में मोहिनी की दाल न गली और वह अपनी मोहिनी सूरत लेकर वापस अपनी खोली में लौट आयी।

इधर मायानगरी मुम्बई में मनप्रीत काम से ज़्यादा शहर में सस्ते दर पर घण्टों के हिसाब से मिलते कमरों में दिलचस्पी ले रहा था।

सो रिपोर्ट उसके दफ़्तर तक जा पहुँची। महीने भर के अन्दर उसे तबादले के काग़ज़ थमा दिये गये। माही के चलते मुम्बई को नागपुर में तब्दील करने की यह सज़ा मुक़र्रर थी ही।

मनप्रीत को तबादले का नोटिस मिलते ही मोहिनी की विकल्प तलाशने की कोशिश ने रफ़्तार पकड़ ली।

एक दिन अपनी पत्रिका के विज्ञापन के लिए मनप्रीत अपनी माही को साथ लेकर अपने एक रईस व्यवसायी मित्र डॉ. अनेजा के दफ़्तर में चन्दा माँगने पहुँचा। पहले

तो दोनों साथ-साथ जाते रहे, फिर मनप्रीत का पत्ता कट गया और माही के लुभावने अन्दाज़ वहाँ रंग जमाने लगे। डॉ. अनेजा—जिनके लिए मशहूर था कि दफ़्तर का काम करते हुए आँखें ऊपर नहीं उठाते थे, ग़लती से माही की तिरछी कजरारी आँखों पर जो निगाहें उठायीं, तो पलकें झपकना भूल गये!

अब भुवनमोहिनी मनप्रीत से कतराने लगी।

मनप्रीत से रहा नहीं गया, एक दिन पूछ ही बैठा—"तुम आजकल डॉ. अनेजा के घर बहुत जा रही हो! कोई ख़ास वजह?"

पलभर को मोहिनी थमी, जीभ को गाल में घुमाया, फिर बोली—"तुम कहना क्या चाहते हो?"

मनप्रीत ने कहा—"वही, जो तुम सोच रही हो।"

तमककर जवाब ऐसे आया जैसे संवाद का रिहर्सल हो चुका हो—"मैं स्साली हरामजादी हूँ, नीच हूँ, कमीनी हूँ, हराम की जनी हूँ, क्या कर लोगे? बोलो।"

मनप्रीत जैसे आसमान से नीचे गिरा, पर अटकने के लिए खजूर की जगह साक्षात् 'नागिनपुर' उसके सामने था—अपने 'पुर' को तिलांजलि देता हुआ। मनप्रीत ने उसकी ऐसी आवाज़ दूसरों को गरियाते सुनी थी। ऐसा जवाब उसके लिए अप्रत्याशित था। उसका मुँह तो ऐसे बन्द हुआ जैसे किसी ने ज़बान काट डाली हो। इससे ज़्यादा क्या कह सकता है कोई। खुद ही अपने को गालियाँ दे रही है। उसका मन तो हुआ कि इसकी पसन्दीदा तीन अक्षर की गाली दे दे पर उस गाली से क्या जुड़ जाता सिनेरियो में? वह गाली उसकी आँखों में लिखी थी। वह गाली उसकी आँखों से बाहर छलकी पड़ रही थी। इससे बड़ी कोई गाली दे सकते हो तो दो, वर्ना रास्ता नापो...यह उसकी एण्टीसिपेटरी बेल थी। तिरछी नज़रों से उसने ऐसे देखा जैसे माटी कुम्हार से कह रही हो—तू क्या रूँदे मोय, इक दिन ऐसा आयेगा, मैं रूँदूँगी तोय...। वह दिन आयेगा क्या, वह तो सज-धजके साथ आकर सामने खड़ा था। अब मनप्रीत को लगा कि धरती फट जाये और वह सीता मैया की तरह उसमें समा जाये। मनप्रीत कहाँ जानता था कि एक दिन वह अपने प्रेम में इस मुकाम पर खड़ा होगा।

मोहिनी तो आगे बढ़ ली—अपने 'मन' को 'जै रामजी की' बोलकर—पूरी धौंस के साथ।

भुवनमोहिनी ऐसी जमात की सिरमौर थी, जो हरेक को सीढ़ी बनाकर मंज़िल की ओर आगे बढ़ती चली जा रही थी और जिस सीढ़ी का काम समाप्त हो जाता, उसे पाँव के अँगूठे से परे धकेल देती। मनप्रीत भट्ट भी अब वह सीढ़ी था जो पानी में डूब

चुकी थी। उसे नहीं मालूम था कि उससे पहले शीलभद्र चौबे, डॉ. गिरधारीलाल पाण्डे, त्रिनेत्र चतुर्वेदी, मिश्रा, भारद्वाज, वाजपेयी यानी इन पोथी पारायण विद्वानों के नामों की कई सीढ़ियाँ जलसमाधि ले चुकी हैं। अब बारी चिकनी चमचमाती सीढ़ी डॉ. सौमित्र की थी। अपने कन्धे का सहारा देकर सीढ़ी बननेवाला हर आशिक़ सोचता रहा कि बाक़ी सब तो पितु-मातु-सहायक हैं, स्वामी-सखा वह अकेला है। प्रेम तो इसने सिर्फ़ मुझसे ही किया है। मेरे लिये ही यह कन्या धरती पर अवतरित हुई है।

उसके बाद भुवनमोहिनी का ग्राफ़ लगातार ऊपर उठता गया। अब उसकी आँख प्रतिष्ठित-सम्मानित वरिष्ठ नागरिकों पर गड़ गयी थी। अब उसे किसी सम्मानित वरिष्ठ नागरिक की प्रेमिका ही बनना था, बीवी नहीं। उसने प्रेमिकाओं को पहाड़ों पर ऐश करते और बीवियों को एण्टीडिप्रेसेण्ट गोलियाँ खा-खाकर नर्वस ब्रेक डाउन से अस्पतालों में भरती होते देखा था। वह बीवी बनकर मानसिक चिकित्सा केन्द्रों में सायकिएट्रिस्ट के चक्कर लगाना नहीं चाहती थी। उसे तो फाइव स्टार रिसॉर्टों का डबल बेड चाहिए था, जहाँ सामाजिक रूप से प्रतिष्ठित तबक़े के मर्द अपनी बीवियों को नहीं, प्रेयसियों को लेकर जाते हैं।

आख़िर मोहिनी की गिरफ़्त में डॉ. सौमित्र-जैसा एक तगड़ा मुर्ग़ा आ ही गया। उसने ताड़ लिया कि मुर्ग़ा अब कटने के लिए गर्दन खुद ही आगे कर चुका है! अब उसे एक अच्छे क़साई की भूमिका में आने से भला कौन रोक सकता था!

खचाक! उसका पहला ही वार इस बार काम कर गया! मुर्ग़े को पर फड़फड़ाने का मौक़ा भी नहीं मिला!

उसका यह हश्र देखकर हलाल होने के लिए क़तार में खड़े बाक़ी सभी मुर्ग़ों में हड़कम्प मच गया और वे अपनी सलामती की दुआ माँगते दरवाज़े की फाँक से बाहर निकल भागने की कोशिश में आपस में भिड़ने लगे।

आगे रास्ता बन्द था।

परिशिष्ट

आज के जटिल समय में प्रेम: एक साक्षात्कार

क्या प्रेम एक सामन्ती धारणा है?

प्रेम को सामन्ती अवधारणा कहना ग़लत है। जो धारणा स्त्री विरोधी और सामन्ती है, अव्वल तो वह प्रेम है ही नहीं। पुरुष अगर उसमें एक आका, एक मालिक की भूमिका में है तो यह अवधारणा सामन्ती लग सकती है। सामन्ती समाज में स्त्रियों के अधिकारों की बात कभी की ही नहीं गयी। त्याग और एकनिष्ठता, सेवा और बिना किसी शर्त के समर्पण, किसी भी स्त्री की अलिखित आचार-संहिता के अनिवार्य गुण थे। सामन्ती समाज के बाद ही स्त्री-पुरुष के प्रेम में परस्पर सम्मान और निजी पहचान को बरक़रार रखने की अनिवार्यता महसूस की गयी।

प्रेम को किसी कालखण्ड में बाँटकर कैसे देखा जा सकता है। सामन्तवाद और पूँजीवाद, उत्पादन से जुडी अर्थव्यवस्थाएँ हैं। सामन्ती व्यवस्था के बनिस्बत पूँजीवाद में आज़ादी के मायने ज़्यादा खुले। सामन्ती व्यवस्था में ज़मींदार और सामन्त मज़दूरों के मालिक थे। उनकी पुश्त-दर-पुश्त सामन्तों की ग़ुलाम रहीं, जबकि पूँजीवाद में पूँजीपतियों ने पैसा देकर श्रम को ख़रीदा पर उद्योग से बाहर श्रमिक आज़ाद था। इन व्यवस्थाओं ने मानव-समाज में प्रेम की अवधारणा को प्रभावित ज़रूर किया पर प्रेम हर काल में और आर्थिक समीकरणों की सीमाओं के बावज़ूद उपस्थित रहा।

आदिम काल से जिस आदम हव्वा की कहानियों को हम धार्मिक किताबों में पढ़ते हैं, वह वस्तुतः प्रेमाख्यान ही है और जिस सेब को खाने के कारण उन्हें स्वर्ग से बहिष्कृत करके धरती की मुश्किलें झेलने के लिए भेज दिया गया था, वही आज भी प्रेम का प्रतिसार दिखायी देता है। भारत के गाँवों में ऑनर किलिंग के बावज़ूद, अपनी जान को हथेली पर रखकर, अनेक युवा प्रेमी प्रेम कर लेते हैं तो इसका मतलब यह नहीं कि वे किसी सामन्ती समाज को मज़बूत बना रहे हैं बल्कि वे एक नया

समाज रचने की कोशिश कर रहे हैं, बेशक इसके लिए उन्हें अपनी जान की आहुति देनी पड़ती है। विश्व साहित्य की महानतम कृतियाँ वस्तुतः प्रेम आख्यान हैं।

आज पूरी दुनिया में स्त्री-पुरुष दैहिक सम्बन्धों में लिप्त दिखायी पड़ते हैं। लेकिन जब कभी वे कहीं मानसिक रूप से जुड़ते हैं तो एक ऐसी परिघटना होती है जिसे हम प्रेम के रूप में जानते हैं। प्रेम किसी को भी धारा के विरुद्ध बहने और विपरीतता से लड़ने की ताक़त देता है और ज़ाहिर है, ये बातें सामन्ती और रूढ़िग्रस्त पुरुषवादी समाज को ध्वस्त कर एक नया समाज गढ़ने की प्रेरणा देती हैं। कबीर ने जब 'ढाई आखर प्रेम का' पढ़ने की बात की तो निश्चित रूप से प्रेम को वृहत्तर सन्दर्भों में देखा, सिर्फ़ दैहिक वासना के रूप में नहीं।

क्या प्रेम स्त्रीविरोधी धारणा है?

प्रेम अगर स्त्रीविरोधी होगा तो क्या पुरुष समर्थक होगा? क्या आप ऐसे किसी प्रेमी को जानते हैं जिसने सच्चे मायने में प्रेम किया हो और स्त्री को बराबरी का दर्जा न दिया हो? जब एक स्त्री से कोई प्रेम करता है और एकनिष्ठता बरतता है, तो वह प्रेम स्त्रीविरोधी कैसे हो सकता है। किसी को दबाकर या आतंकित कर प्रेम तो किया ही नहीं जा सकता। प्रेम दरअसल स्त्री को मुक्त करता है क्योंकि जो भी प्रेम करेगा वह केवल एक देह से प्रेम नहीं करेगा। वह एक दिल से और एक दिमाग़ से प्रेम करेगा और ज़ाहिर है कि कोई भी प्रेमी एकदम बने-बनाये, सही साँचे में नहीं मिल सकता। उसकी समझ, उसके स्वभाव और संवेदना की ढेरों ग्रन्थियाँ होंगी जिसे दोनों को मिलकर तोड़ना और एक-दूसरे के अनुकूल बनना होगा। प्रेमी या प्रेमिका की विलक्षणता यह होती है कि वे प्रेम को चोरों की क्रिया नहीं मानते बल्कि खुलेआम स्वीकार करते हैं। अगर प्रेम का स्वीकार नहीं है तो वह प्रेम नहीं है।

प्रेम में लैंगिक विभाजन एक शक्ति-सम्बन्ध नहीं बनता। मानवीय भावना का विकास और सहज साहचर्य ही प्रेम है। स्त्री विरोधी प्रवृत्ति दरअसल पुरुष की श्रेष्ठता की भावना और विचार का हासिल है। कबीर कहते हैं कि "शीश उतारे भुइँ धरे, तब पैठे घर माहिं।" प्रेम के घर में अहंकार को विसर्जित किये बिना तो प्रवेश ही नहीं पाया जा सकता। यहाँ भेद की गुंजाइश नहीं है। और जहाँ भेद नहीं वहाँ ग़ैरबराबरी और शोषण क्यों हो।

क्या प्रेम जैसी कोई चीज़ होती भी है अथवा प्रेम केवल एक सुविधा है?

प्रेम कोई चीज़ नहीं है कि एक मीटर से आप सारा थान नाप लें। प्रेम को सुविधा ही नहीं, सेक्स का भी पर्याय मान लिया गया है। प्रेम जैसी कोई चीज़ होती भी है,

यह आप तभी जान पायेंगे जब किसी से प्रेम करेंगे। अगर कभी प्रेम किया ही नहीं तो आपको यही लगेगा कि स्त्री-पुरुष एक साथ अगर हैं तो सिर्फ़ दैहिकता में लिप्त हैं। बेशक आदमी प्रेम के लिए मारा-मारा फिरता है, लेकिन उसे प्रेम सिर्फ़ देह के आधिपत्य से हासिल नहीं होता। प्रेम उसे तभी मिलता है जब वह जीवन की सहज गुनगुनी धूप में बैठ जाय। वह आँसू और पश्चात्ताप की भाषा में प्रेम निवेदन करता है और उसे एक मानवीय प्रेम हासिल होता है लेकिन जो प्रेम को एक सीढ़ी बनाते हैं और उस 'प्रेम' सम्बन्ध के माध्यम से कुछ हासिल करना चाहते हैं, उनके लिए प्रेम सुविधा ही है। और कुछ हो भी नहीं सकता। अलबत्ता हर सुविधा देर-सवेर ख़त्म हो जाती है तब कोई भी बिना किसी दुविधा के उसे कूड़ेदान में फेंक ही देता है। इसलिए आज के अधिकांश तथाकथित प्रेम सम्बन्ध अन्ततः कूड़ेदान की ही शोभा बढ़ाते देखे जा सकते हैं।

वैसे तो सभी मानवीय रिश्तों के दो विपरीत पहलू हैं। हर इन्सान के साथ उसकी परस्पर टकराती ज़रूरतें और भावनाएँ होती हैं। जैसे परिवार में रहते हुए भी व्यक्ति अपना एक निजी स्पेस बनाये रखना चाहता है और उसी वक़्त वह परिवार से या मित्रों से जुड़ा भी रहना चाहता है। इसी तरह प्रेम में दूसरे के प्रति पूर्ण समर्पण होते हुए भी व्यक्ति अपनी पहचान पूरी तरह तिरोहित करना नहीं चाहता। स्त्रीवादी आन्दोलनों में स्त्री के लिए अपनी आज़ादी को हासिल करने की बात पर हमेशा ज़ोर दिया गया लेकिन अन्ततः इस नतीजे पर पहुँचा गया कि एक स्वस्थ समाज को बनाने के लिए अपनी आज़ादी के साथ-साथ परस्पर निर्भरता और जुड़ाव जो प्रेम की ही विशिष्टताएँ हैं—भी बहुत ज़रूरी हैं। एक अन्तर्मुखी वैयक्तिक इकाई से बेहतर है, एक वृहत्तर परिवार और समाज से जुड़ाव।

आदर्श या एकनिष्ठ प्रेम जैसा कोई भाव है भी या नहीं अथवा यह मात्र एक यूटोपिया है?

आख़िर एकनिष्ठता किसके प्रति हो? क्या यह कोई गणित का सवाल है कि प्रेम में पड़ने से पहले ही इस समीकरण का हल निकाल लिया जाय। यह तो वह रास्ता है जिस पर चलते हुए ही समझा जा सकता है कि दोनों पक्षों में एकनिष्ठता की किसको कितनी ज़रूरत है। हर प्रेम का एक वर्ग चरित्र होता है जो प्रेमी या प्रेमिका के व्यवहार से सामने आता है और उनके छिपे हुए हितों को उजागर करता है। अगर किसी का व्यवहार सच्चा, उद्देश्य नेक और आदर्श ऊँचा होगा तो दूसरा या तो उसके साथ ताउम्र रहेगा या उसे ख़ारिज कर देगा। टालस्टॉय के उपन्यास 'रेनेसाँ' और शरत्‌चन्द्र के उपन्यास 'देवदास' के मुख्य पात्रों के जीवन-व्यवहार से हम यही देखते

हैं कि सच्चा प्रेम अन्ततः आदर्श, एकनिष्ठता और उत्सर्ग पर ही ख़त्म होता है। भारत में भी साहित्यिक और दुनियावी तौर पर ऐसे सैकड़ों उदाहरण मिलते हैं। यों तो प्रेम किसी भी यूटोपिया को यथार्थ में बदलने की ताकत रखता है, यूटोपिया से आप बहुत-सी भीतरी बाधाओं को लाँघ सकते हैं लेकिन किसी कर्महीन के लिए यथार्थ और सौन्दर्य भी महज यूटोपिया ही बनकर रह जाता है और वे सारी जड़ताओं को शाश्वत मान लेते हैं।

भूमण्डलीकरण और बाज़ारवाद ने प्रेम को किस रूप में और किस तरह प्रभावित किया है? क्या प्रेम का कोई नया स्वरूप सामने आ रहा है? प्रेम के क्या नये आयाम प्रकट हो रहे हैं? इधर बन रहे सम्बन्ध प्रेम के किस पक्ष को रेखांकित करते हैं?

भूमण्डलीकरण और बाज़ारवाद ने मानव समाज के अन्तर्सम्बन्धों को न सिर्फ़ प्रभावित किया है, उन पर अपनी सत्ता भी क़ाबिज़ की है। ये दोनों ही संस्थाएँ मुनाफे के विस्तार की समर्पित संस्थाएँ हैं और इसके मुताल्लिक़ उन्हें जिस भी चीज़ में फ़ायदा दीखता है, उसे प्रोत्साहित और जिसमें घाटा दीखता है उसे निरुत्साहित करती हैं। भले ही वे मानवीय भावनाएँ हों या कोई और जीन्स। इन दोनों ने प्रेम को भी पर्याप्त रूप से प्रभावित किया है।

भूमण्डलीकरण और बाज़ारवाद ने प्रेम की स्वीकृति को बढ़ाया है और देह के प्रति जिज्ञासा को कम कर उसे साधारणता बख़्शी है और कई बन्दिशों को फ़िजूल भी साबित किया है। इससे प्रेम की हवाई परिकल्पनाएँ कम हुई हैं, प्लेटॉनिक क़िस्म का प्यार अतीत की चीज़ बनकर रह गया है और अभिव्यक्तियाँ बढ़ी हैं। स्त्री ने देह को एक अनुभव की तरह जीना सीखा और एक हद तक उसने चुनाव की आज़ादी भी हासिल की। प्रेम एक साधारण परिघटना बनने लगा और उसकी सामूहिक स्वीकृति बढ़ी। इसके विपरीत प्रेमविरोधी कठमुल्लाओं ने भी अपने जलवे दिखाये लेकिन प्रेम के लोकतान्त्रिक स्वरूप को दबा पाना उनके लिए असम्भव है। भूमण्डलीकरण और बाज़ारवाद ने इसे सुगम बनाया है। लेकिन इसके ठीक विपरीत उसने सामाजिक भागीदारी और आदर्शों को बेकार साबित किया और निजता की एक गुफा ही बना डाली जिससे बाहर निकलना प्रेमियों के लिए असम्भव हो गया है। व्यक्ति अपनी ज़रूरतों और अधिकारों को दूसरों की स्पेस और ज़रूरत से ज़्यादा प्राथमिकता देता है। परिवारों में, दाम्पत्य में और प्रेम सम्बन्धों में यही प्रवृत्ति टकराव का कारण बनती है। पहले सिर्फ़ पुरुष अपनी स्पेस को अहमियत देता था, आज स्त्रियाँ भी इसकी माँग करने लगी हैं तो ज़ाहिर है टकराव पहले से ज़्यादा बढ़े हैं तो

टूटन भी उतनी ही बढ़ेगी। निजी स्वार्थ की जगह बराबरी और समानता, सहयोग और सम्मान की भावना प्रेम सम्बन्धों को स्वस्थ रूप में विकसित करती है।

इधर कॉलेज और कार्यस्थलों पर पनपनेवाले प्रेम की मात्रा बढ़ गयी है लेकिन उनमें आदर्श ऊँचे नहीं दिखायी पड़ते। दूसरे शब्दों में प्रेम ज़रूरतों का पूरक बन गया है। कई अर्थों में उसमें संकीर्णता भी आ गयी है जबकि उसमें उदात्तता और उत्सर्ग की एक सहज अभिव्यक्ति होनी चाहिए। आज के समय में प्रेम को भी मिट्टी की हाँड़ी की तरह ठोक-बजाकर पहले जाँच लिया जाता है कि वह कितना टिकाऊ है और कितने बरस चलने की गुंजाइश बनती है। अफ़सोस इस बात का है कि जाँचने-परखने के बावज़ूद वह अपनी एक्सपायरी डेट पर समय से पहले ही पहुँच जाता है क्योंकि दो व्यक्ति जब साथ आते हैं तो वे जो होते हैं, समय के साथ-साथ उनमें भी बदलाव होता है। उस बदलाव से तालमेल बिठा पाना ही प्रेम की अग्निपरीक्षा है और इस अग्निपरीक्षा में बहुत छोटा प्रतिशत ही कामयाब होता है।

बदलाववाली मानसिकता के युग में प्रेम की शाश्वतता क्या प्रश्नांकित है?

प्रेम अन्ततः है तो दो अस्तित्वों का मिलन ही। वह प्रेम चाहे कितना भी अल्पजीवी क्यों न हो, लेकिन वह एक महान और शाश्वत परिघटना है। इसके बिना कोई भी व्यक्ति और समाज पंगु और निर्जीव हो जायगा। प्रेम की शाश्वतता को जो प्रश्नांकित करते हैं, वे किसी सौदेबाज़ी की परिभाषा में ही प्रेम को देखते हैं।

प्रेम की शाश्वतता पर सवाल करने से पहले यह मानकर चलना चाहिए कि प्रेम किसी भी व्यक्ति के अन्तर्मन का, कोमल-सी नमी और भीगापन लिये एक तरल कोना है जो बहुत-सी पुरानी और ख़ूबसूरत स्थापत्य की इमारतों की तरह पुराने समय में एक दर्शनीय स्थल था जिसकी कलात्मकता को देखने, पहचानने और छूने के लिए भी एक बारीक़ नज़र की ज़रूरत है और उस नज़र के अभाव में वह आज के बदले हुए समय में एक खँडहर ही रह गया है, जिसे अन्य मानवीय मूल्यों की तरह आउटडेटेड (प्रचलन से बाहर) और ऑब्सोलीट (आज के समय के लिए अनुपयुक्त) क़रार दिया गया है। इन ढहते हुए खँडहरों और घिसे हुए सिक्कों की पुरानी चमक को लौटा पाना आज के मानवीय समाज और संवेदना को बचाये रखने के लिए बहुत ज़रूरी है।

नैतिकता और प्रेम में क्या सम्बन्ध है? है भी या नहीं?

दो व्यक्तियों के बीच परस्पर सहमति से अगर कोई सम्बन्ध बनता है तो वह नैतिक है। जहाँ प्रेम है, वहाँ नैतिकता का प्रतिशत बहुत ऊँचा हो सकता है लेकिन अगर

प्रेमी कायर है तो यह कपूर की तरह उड़ जाता है और अपनी ख़ुशबू भी नहीं छोड़ता। दुनिया की सारी प्रेम कहानियों में कोई भी प्रेमी हत्यारा नहीं होता, लेकिन कोई हत्यारा प्रेमी हो सकता है और वह नैतिक रूप से अपने कुकृत्य को प्रेमविरोधी मानकर उससे मुँह मोड़ सकता है। कोई भी बुरी बात जो प्रेमिका को या प्रेमी को नागवार गुज़रती हो या उसे क्षति पहुँचाती हो या उसके सम्मान को घटाती हो, यह कोई कैसे बर्दाश्त कर सकता है...यह दावा करते हुए कि वह प्रेमी है। ये मनोभाव ही आगे बढ़ते-बढ़ते व्यक्ति, समाज, देश और दुनिया के सामने एक मूल्यवान उदाहरण बनते हैं। निश्चय ही यह प्रेम और नैतिकता के निकट सम्बन्ध को दर्शाता है।

अफ़सोस इस बात का है कि आज लड़कियों की भी एक ऐसी ब्रीड पनप रही है जिसके लिए नैतिकता और एकनिष्ठता कोई मूल्य नहीं रही। इन मूल्यों के छूटते ही, संकोच और संवेदना दोनों तिरोहित हो जाते हैं। इस जमात के सामने कोई अवरोध और रुकावटें (इनहिबिशन्स) नहीं हैं, इसलिए ये कोई हर्ट अपने साथ लेकर नहीं चलतीं। जैसे पुरुष अपनी एकनिष्ठ पत्नी की बेक़द्री कर, उसे छोड़ने में और दूसरा सम्बन्ध बनाने में कोताही नहीं बरतते थे, ये लड़कियाँ भी न अपने पतियों की परवाह करती हैं, न छूट गये प्रेमियों की। संकोच और आचार-संहिता को ताक पर रखकर इनके लिए जीना ज़्यादा आसान हो गया। देहयुक्त और भावनामुक्त होने के, आज के प्रैक्टिकल या बाजार-प्रमुख समय में बड़े शुभ लाभ हैं। प्रेम अब अपने साथ आहत भावनाओं का पैकेज लेकर नहीं आता क्योंकि वह 'प्रेम' की पुरानी परिभाषा से बाहर आ चुका है। अब वह प्रेम कम और अर्थशास्त्र का नफ़ा-नुक़सानवाला बहीखाता ज़्यादा बन गया है।

समलैंगिकता, थर्ड जेण्डर और उससे जुड़े तमाम आन्दोलनों पर आपके विचार?

समलैंगिकता कोई अपराध नहीं है। पुराने समय में मानसिक अस्वस्थता को पागलपन कहकर उसका मखौल उड़ाया जाता था। धीरे-धीरे समझ में आने लगा कि मानसिक अस्वस्थता के रोगी को शारीरिक रोग से ज़्यादा गम्भीरता और संवेदनशीलता से हैण्डल करने की ज़रूरत है।

स्त्रियों में प्रजनन की अद्‌भुत क्षमता है और अपने ही रक्त, मांस से वह एक बच्चे को जन्म देती है पर यह भी प्रकृति की ही देन है कि कई बार उस बच्चे के अंगों में कुछ ऐसे मिश्रण हो जाते हैं कि उसका सिर ज़रूरत से ज़्यादा बड़ा हो जाता है, कभी पेट के अंगों का स्थान बदल जाता है, किसी भी अंग में कोई विकृति आ जाती है, कई बार वह नर या मादा न रहकर कुछ और ही हो जाता है और इसका पता भी 12-13 साल की उम्र में बहुत देर से चलता है, जब उसमें लिंगगत

विभिन्नताएँ उभरने लगती हैं। इस विषमता या विकृति का ज़िम्मेदार ज़ाहिर है, वह बच्चा नहीं है और न ही उसकी माँ। यह प्रकृति की ही विडम्बना है लेकिन समाज उस असामान्य अंग लेकर पैदा हुए बच्चे को ताउम्र इस विकृति की सज़ा देता है।

सच तो यह है कि प्रकृति की थोड़ी-सी भिन्न संरचना को हमने कभी स्वीकृति नहीं दी। अगर यह पता चल जाता था कि फलाने घर में असामान्य बच्चा पैदा हुआ है तो बजाय उसके प्रति एक सहानुभूति के हम उसे तिरस्कार या उपेक्षा की नज़रों से ही देखते रहे। यही वजह है कि किन्नरों को हमने ताली पीटनेवाले और बच्चे के जन्म और शादी पर नाचने-गानेवाले हिजड़े मानकर उन्हें कभी बराबरी का हक़दार नहीं समझा और उनके प्रति सामान्य आचरण नहीं रखा। प्रकृति का हर सामान्य व्यक्ति ख़ुद को इन भिन्न अंगवाले लोगों से श्रेष्ठ और इन्हें कमतर मानता रहा।

समलैंगिकता भी एक प्रवृत्ति है, जिसे समाज से हमेशा छिपाया जाता है जबकि उसमें भावना का स्थान दैहिकता से कम नहीं है। समलैंगिकता के ख़िलाफ़ भारतीय संविधान की धारा 377 हटाने की जब बात की गयी तो कई प्रतिष्ठित हस्तियों ने असहमति जतायी। बाबा रामदेव ने कई मंचों से इसके ख़िलाफ़ कहा कि यह अप्राकृतिक आचरण है, इसलिए इसे क़ानूनी सहमति नहीं दी जानी चाहिए। ये लोग नहीं जानते कि विवाह-जैसे क़ानूनसम्मत और प्राकृतिक सम्बन्धों में भी कितने अप्राकृतिक आचरण किये जाते हैं जहाँ पत्नियाँ कुछ बोल भी नहीं पातीं और आजीवन एक असुरक्षित और दहशतज़दा ज़िन्दगी जीती हैं।

2012 की घटना है। शिकागो में एक शाम हम घूमने निकले तो देखा—कुछ दूरी पर हर लैम्पपोस्ट पर इन्द्रधनुषी रंगवाले झण्डे सड़क के दोनों ओर लटक रहे हैं। मैंने अपने दामाद से पूछा—यह किस देश का फ्लैग है और यहाँ क्यों डिस्प्ले किया जा रहा है। मेरे दामाद ने बताया—"यह इलाका बॉएज टाउन कहलाता है—गे और लेस्बियन फ्रेण्डली इलाक़ा! रेनबो फ़्लैग्स उनका साइन है! हम जहाँ रहते हैं, वहाँ भी आप बग़लवाली बिल्डिंग में छत पर यह रेनबो फ़्लैग देख सकते हैं।" यानी हर गे या लेस्बियन ऐसी जगहों में जाकर महसूस करता है कि वह अपने कम्फर्ट जोन में है।

समाज में उनके प्रति अलगाववादी रवैया है इसीलिए तो ऐसे विकल्प जन्म लेते हैं। उन्हें भी सामान्य लोगों में जगह दी जानी चाहिए। ठीक है, वे अपना एक समूह बना लें जैसे समाज में कई तरह के वर्ग अपनी रुचि के लोगों के बीच उठना-बैठना पसन्द करते हैं, अपना एक ग्रूप बनाते हैं पर समाज उन्हें त्याज्य भाव से नहीं देखता। उन्हें भी सामान्य व्यक्ति-जैसी ही स्वीकृति मिलनी चाहिए!

समलैंगिकों को समाज की सहानुभूति से ज़्यादा सहमति की ज़रूरत है, उपेक्षा या उपहास की नहीं। उन्हें भी एक आम नागरिक की तरह जीने का अधिकार है। क़ानून या समाज को यह हक़ उनसे छीनने का कोई कारण नहीं है।

और लिव इन रिलेशनशिप?

लिव इन रिलेशनशिप एक बेहद संश्लिष्ट और जटिल स्वतन्त्रता है। एक तरह से यह विवाह की प्रतिबद्धता, सन्नद्धता और दायित्वबोध का विलोम है। आज की पीढ़ी ने विवाह को स्त्री के लिए बन्धन और गुलामी का दर्जा दिया इसलिए बन्धन से आज़ाद रहने के ख़याल से लिव इन रिलेशनशिप का चुनाव किया गया जहाँ वह एक साथी के साथ, एक ही छत के नीचे रहते हुए भी अपने को बन्धनमुक्त समझे लेकिन क्या ऐसा हो पाता है। साथ रहना शुरू करते ही पुरुष शासन और नियन्त्रण करनेवाले पति के रोल में आ जाता है। लड़कियाँ यहाँ भी भावात्मक रूप से जुड़ाव महसूस करती हैं और सम्बन्ध टूटने पर अवसाद और निराशा के गर्त में चली जाती हैं।

भारतीय परिवेश में लिव इन रिलेशन्स के नकारात्मक पक्ष ही ज़्यादा उभरकर सामने आते हैं। जब तक इन अस्थायी और सुविधाजनक सम्बन्धों में विच्छेद होने पर किसी तरह के मुआवज़े और समाज से स्वीकृति की कोई माँग नहीं थी, इन्हें भावात्मक सम्बन्ध मानकर इनकी गरिमा क़ायम थी। लेकिन जहाँ सम्पत्ति से मुआवज़ा और ऐसे सम्बन्धों से पैदा हुए बच्चों के लिए पैतृक चल-अचल सम्पत्ति में अधिकार का दख़ल हुआ तो यह भावना से अधिक एक सुनियोजित गणित और लेन-देन का सम्बन्ध होने लगा, जायज़ और नाजायज़ रिश्तों में हिंसा और प्रतिहिंसा जगने लगी।

फ़िल्म और टी.वी. की दुनिया में यह एक मजबूरी भी बन गया है। दृश्य मीडिया में अपनी जगह बनाने के लिए आये हुए युवा मुम्बई-जैसे महानगर में एक अदद घर अफोर्ड नहीं कर सकते इसलिए वे एक अस्थायी पार्टनर के साथ घर शेअर करते हैं। यह इसका भौतिक और व्यावहारिक पक्ष है।

विवाह संस्था और पारिवारिक मूल्यों का बचा रहना बच्चों के स्वस्थ मानसिक विकास के लिए आज भी बहुत ज़रूरी है। लिव इन रिलेशन्स में इसकी गुंजाइश बहुत कम है और अपवादस्वरूप ही ऐसे रिश्ते सफल हो पाये हैं। अमृता प्रीतम और इमरोज का नाम इसमें लिया जा सकता है पर वहाँ रोल रिवर्सल है। इमरोज ने वैसा ही समर्पित का रोल अदा किया जो बहुतायत में आम तौर पर स्त्रियाँ ही करती रही हैं। दूसरा नाम सार्त्र और सिमोन द बुवा का लिया जा सकता है पर उनकी जीवन-शैली में जितना खुला और विस्तृत स्पेस एक-दूसरे के लिए था, वैसा भारतीय परिवेश में

सम्भव ही नहीं है क्योंकि भारतीय समाज में समाज द्वारा बिना लांछित हुए पुरुष तो विवाह में रहते हुए भी अपने लिये खुला स्पेस हमेशा पाता ही रहा है पर विवाहित स्त्री अगर वैसा स्पेस चाहे या चुने तो उसे छिनाल या कुलटा ही कहा जायगा। परस्पर छूट देते हुए आज के समय में आज़ादख़याल दम्पति मिल जायेंगे पर वहाँ निष्ठा और प्रेम की अनुपस्थिति में सुविधा और अवसरवादी अनुबन्धवाला साथ ही ज़्यादा दिखायी देगा।

(कथाक्रम : प्रेम विशेषांक जनवरी-मार्च, 2013 के लिए सुधा अरोड़ा से एक साक्षात्कार)

●●●